李兰 编著

中国企业家成长30年

企业家精神引领企业迈向高质量发展

清华大学出版社

北京

本书封面贴有清华大学出版社防伪标签，无标签者不得销售。
版权所有，侵权必究。举报：010-62782989，beiqinquan@tup.tsinghua.edu.cn。

图书在版编目（CIP）数据

中国企业家成长 30 年：企业家精神引领企业迈向高质量发展 / 李兰编著 . —北京：清华大学出版社，2023.7

ISBN 978-7-302-64312-8

Ⅰ.①中… Ⅱ.①李… Ⅲ.①企业家－人才成长－研究－中国 Ⅳ.① F272.91

中国国家版本馆 CIP 数据核字 (2023) 第 137830 号

责任编辑：左玉冰
封面设计：李召霞
版式设计：方加青
责任校对：王荣静
责任印制：沈 露

出版发行：清华大学出版社
网　　址：http://www.tup.com.cn，http://www.wqbook.com
地　　址：北京清华大学学研大厦 A 座　　　邮　编：100084
社 总 机：010-83470000　　　　　　　　　邮　购：010-62786544
投稿与读者服务：010-62776969，c-service@tup.tsinghua.edu.cn
质 量 反 馈：010-62772015，zhiliang@tup.tsinghua.edu.cn

印 装 者：三河市东方印刷有限公司
经　　销：全国新华书店
开　　本：148mm×210mm　　　印　张：9.25　　　字　数：229 千字
版　　次：2023 年 8 月第 1 版　　印　次：2023 年 8 月第 1 次印刷
定　　价：129.00 元

产品编号：101899-01

序　言

这是一本中国企业家三十年调研报告合集，记录了中国企业家队伍三十年的成长之路，也部分记录了中国经济改革艰难而辉煌的历程。

三十年前（1993年），党的十四届三中全会提出了建立现代企业制度和造就企业家队伍的历史任务。正是在这样的背景下，我们以课题调研的形式开启了第一次企业家问卷调查工作，并每年一度坚持进行追踪调研。

调研工作主要围绕"服务政府决策，探索企业家人才成长规律"两大主线展开，并不断完善深入，主要涉及企业家对宏观经济形势、企业经营状况的判断及对未来发展的预期，对企业经营外部环境的评价，对宏观经济政策及经济体制改革成效的看法。同时，还涉及与企业家成长相关的问题，包括：企业家行为特征和价值取向，素质与能力，企业家队伍建设的职业化、制度化与市场化，企业家激励与约束机制，企业家精神与企业创新，企业家个人学习、组织学习和学习型企业文化建设，以及企业社会责任、企业信用、企业发展战略、企业数字化转型等多方面内容。

经过三十年的努力，课题组已初步建立起企业家对宏观经济、企业外部环境判断的追踪体系以及企业家人才成长规律的研究体系，且这项课题研究已成为国内连续时间最长的企业跟踪调查研究工作，弥补了目前国内此类实证调查研究工作的不足。尤其不容易的是，这种关注和研究不是一次性的、截面式的，而是连续性的、持之以恒的，这些连续性的数据具有历史对比性，为政策制定和决策参考提供了大量的数据信息,为我国经济改革历程和企业发展、企业家成长轨迹的回顾留下了一系列真实、完整、形象、科学的数据记录。

在社会快速变革时期,能够将一项调查研究工作持续开展三十年,与国务院发展研究中心历届领导的支持和来自相关政府部门、学术界、企业界的指导、参与是分不开的。参与课题的同仁们在设计问卷、开展试调查、分析数据、报告撰写等工作中,秉持严谨认真的工作态度,保证了调查结果的客观性、科学性和规范性。在此,向所有支持这项工作的领导、专家和课题组成员致谢!向所有参与这项工作的企业家致谢!

回顾这三十年的发展,伴随着市场化、全球化、技术进步的进程,我国建设企业家队伍的各种基础包括综合实力、配套制度、企业家自身能力素质不断迈上新的台阶。经过30年的发展和积累,中国企业家队伍的综合素质和能力明显提升,面对一系列的困难和冲击,企业家队伍表现出较高的韧性。企业家队伍的这种能力和韧性是逐渐积累而成的,随着30年中国经济的市场环境的发展,经历了四个不同的发展阶段。

一是市场经济体制创建期(1993—2002年)。1993年到2002年是计划经济向社会主义市场经济转型的重要时期,也是建立现代企业制度、开启企业家队伍的职业化、专业化、市场化发展的关键时期。这个时期的企业家队伍自我职业角色意识初步形成,关于什么是企业家、中国有没有企业家的内涵界定在理论上和实践中逐渐明确,企业家对现代企业制度的理解和建设也逐步深入。不过,这个阶段企业家队伍的量与质都还处于发展初期。在这个阶段,企业家成长的关键是成为合格的企业家,重点是以职业化为核心的能力基础建设。这个破旧立新的时期,对企业家的自我认知、自我革新和顽强生长是很好的历练。

二是经济发展转型期（2003—2012年）。 2003年的十六届三中全会提出了完善公有制为主体、多种所有制经济共同发展的基本经济制度。同时，2001年中国加入世界贸易组织（WTO），标志着中国进入全面对外开放的新阶段。这段时期我国市场经济制度与环境不断改善，经济发展方式加快转变，产业结构不断优化升级，现代市场体系基本健全。2007年党的十七大明确了发挥市场在资源配置中的基础性作用。这个时期，企业家队伍的职业化和专业化已经达到一定水平。同时，企业家个人与组织学习能力明显提升。在这个阶段，企业家成长的关键是成为适应国际竞争和经济转型需要的学习型企业家，重点是以学习及变革为核心的能力扩展与提升。通过个人学习、建设"学习型组织"、对标国际先进管理水平，企业家的国际视野、学习和变革管理能力、责任意识与精神境界等提升明显。

三是改革开放攻坚期（2013—2017年）。 2013年十八届三中全会审议通过《中共中央关于全面深化改革若干重大问题的决定》，正式确立了"市场在资源配置中起决定性作用"，第一次明确产权保护。这个阶段，我国处于深化改革开放、加快转变经济发展方式的关键时期。同时，互联网等新技术变革不断发展，不少企业开始推动和实施创新驱动发展战略。这个时期的企业家大都以积极开放的心态拥抱变革，重视创新驱动转型的新发展模式，重研发、担风险、抓机会的管理风格逐渐形成。同时，企业家精神内涵与社会责任意识提升，普遍认同人性本善与心怀感恩，不少优秀的企业家树立了"人本管理"理念，并开始以回馈社会为己任。在这个阶段，企业家成长的关键是成为胜任自主创新管理的创新型企业家，重点是以创新为核心的能力提升。通过提升创新意识与组织创新能力，打造组织的创新文化，企业家的创新管理能力全面提升，同时面对创新中必须应对的失败和风险管理，企业家的韧性也明显提高。

四是高质量发展推动期（2018年至今）。 这个时期，我国经济已由高速增长阶段转向高质量发展阶段，正处在转变发展方式、优化经济结构、转换增长动力的攻关期。2022年党的二十大进一步提出构建高水平社会主义市场经济体制，高质量发展全面推进中国式现代化。同时，这个时期企业外部环境复杂性和不确定性、科技创新的颠覆性、平台经济等新商业模式的突破性等，对制度环境和企业生态系统提出了更高的要求。这个时期企业家成长的关键是成为能够系统思考、有效应对高复杂性、高不确定性的战略型企业家，企业家需要实现以管理复杂性为核心的能力提升，企业家的危机感知与适应能力得到磨炼，高韧性的特征更加突出。这个时期，企业家高质量发展意识与创新导向明显提升，更加重视企业数字化等新技术和新模式的发展变革，积极寻求未来高质量可持续的发展机会。

2023年是全面贯彻落实党的二十大精神的开局之年，也是全面建设社会主义现代化国家开局起步的重要一年，做好经济工作至关重要，企业家肩负带领企业迈向高质量发展的重要使命。当前，世界风云变幻、百年未有之大变局给中国企业的发展带来了很多不确定性，企业家队伍的成长也面临新的困难与挑战。面对新时代、新阶段，中国企业家队伍已奠定了哪些基础？还面临哪些困难和挑战？企业家自身需要在哪些方面加强学习、自我超越，引领企业高质量发展？政府及全社会应如何持续改善企业外部环境？如何营造企业家健康成长的生态环境，促进企业家更好地弘扬企业家精神，带领企业迈向高质量发展的新台阶？这项自20世纪90年代开始的对企业家进行的连续追踪调查，为这种总结和思考提供了丰富的素材。

本书分为总论与分论两部分，总论以改革开放以来中国社会经济发展历程为背景，基于企业内外环境的变化和新时代企业高质量发展的新考验，以1993—2022年连续30年的调查数据为基础，通过大量翔实、客观的第一手数据，真实记录了中国企业家队伍的成长轨迹与历史阶段，分析了其中影响因素及变化规律、取得的进步和存在的问题，并提出了以不断丰富升华的企业家精神引领企业高质量发展的政策建议。分论则以企业家精神为主题，对近三年企业家精神与企业传承、企业韧性、企业数字化转型进行了专题研究。

现有的相关企业家研究较少会从宏微观相结合的视角以及历史发展来分析企业家队伍的发展。本书基于中国企业家调查系统课题组三十年的追踪调查，采用理论与实证相结合的方式，试图提供一种动态和系统分析思路，希望能帮助大家理解企业家在不同发展阶段的不同发展目标和能力见识，并对中国企业家未来发展有很好的展望。

希望本书的出版，能为相关政府部门的政策研究和研究机构的学术探索提供依据和资料。同时，本书也可以作为企业领导人的读物，有助于更好地了解企业家成长及企业发展所处的外部环境变迁，更好地引领企业迈向高质量发展新征程。

三十年，似箭如梭。对于中国，这是一个大国崛起与民族复兴的时代；对于个人，这是一个为国家贡献力量、实现个人价值的黄金时期。感恩这个时代，有幸能为其奉献最重要的事业生命期，记录了一段历史，分享了一些成果，同时见证了一群人的成长与发展，一切努力与付出皆因此变得有意义、有价值。

疫去安来春已至，万物复苏正当时。借本书记录大家三十年共创的成果，祝愿中国更快更好地经济复苏，迈向高质量发展新阶段。愿与各位朋友一起，为中国企业家队伍的健康成长、为中国经济的持续健康发展、为实现中华民族的伟大复兴而努力。

国务院发展研究中心
公共管理与人力资源研究所所长、研究员　李兰
2023年3月15日

第一篇 总论
企业家成长 30 年：企业家精神引领企业迈向高质量发展

002		引言
007	第一章	企业家队伍成长 30 年：进步与成就、变革与韧性
007	第一节	企业家队伍不断壮大，成为推动社会经济发展的重要力量
014	第二节	体制与环境不断改善，企业竞争力不断增强
032	第三节	企业家队伍的能力和素质全面提升
038	第四节	企业家精神内涵不断丰富升华，韧性不断增强
047	第五节	企业家队伍成长四个阶段特征
053	第二章	新发展阶段，企业家引领企业高质量发展面临的新挑战
053	第一节	外部环境的不确定性明显增加
063	第二节	企业内部经营管理的五大挑战
069	第三节	企业家对未来的预期趋于谨慎，信心有待进一步加强
080	第三章	促进企业家成长进入新阶段，开创企业高质量发展新格局
080	第一节	新时代对企业家提出了更高更全面的要求
081	第二节	强化企业家的使命感、责任感
084	第三节	提升企业韧性和企业家的变革管理能力
087	第四节	鼓励长期主义和战略定力
093	第五节	坚持自主创新，提升企业竞争力

097	第六节	打造积极应变的组织文化和组织生态
100	第七节	健全法治、优化营商环境、稳定政策预期、保障企业高质量发展
102	结语：企业家队伍的新期望和新征程	

第二篇 分论
企业家精神专题研究

106	**第四章**	**企业家精神与事业传承：现状、影响因素及建议（2020年）**
110	第一节	当前企业传承的现状
121	第二节	影响企业传承的因素
139	第三节	企业传承的解决之道
161	**第五章**	**新冠病毒疫情危机下的企业韧性与企业家精神（2021年）**
166	第一节	新冠病毒疫情下企业的外部环境与经营发展挑战
172	第二节	组织韧性及其影响因素
188	第三节	组织韧性与企业创新的关系分析
195	第四节	提升组织韧性、有效应对危机，保证企业健康持续发展
211	**第六章**	**企业家在数字化转型中的战略选择与实践推进（2022年）**
216	第一节	企业家对数字化转型的认知、动机与目标
226	第二节	企业数字化转型的组织保障与战略投入
233	第三节	数字化能力建设及对绩效的影响
240	第四节	企业数字化转型的问题及对策建议

250	附录一	中国企业家调查系统历年调查对象基本情况
254	附录二	历年调查主题及样本量（1993—2021年）
278	附录三	企业外部营商环境分省（自治区、直辖市）比较
280	附录四	企业家人生观、价值观和心理担忧的调查

第一篇 总论

企业家成长30年：企业家精神引领企业迈向高质量发展

本篇以中国企业家调查系统课题组自1993年到2022年的问卷追踪调查内容和主要发现为基础，以近三十年的经济社会变迁和企业发展为背景，从企业家队伍的成长历程、企业发展面临的挑战与企业家引领企业高质量发展三个方面，回顾总结了中国企业家队伍的成长轨迹与历史阶段，分析了其中的影响因素及变化规律、取得的进步和存在的问题，提出了以不断丰富升华的企业家精神引领企业高质量发展的政策建议。

引言[①]

伴随着改革开放尤其是市场化、全球化和技术进步的进程，中国经济持续增长，中国企业家队伍经历了孕育、发展、壮大的成长过程，逐渐成为推动中国经济发展、制度变革和社会进步的重要力量。中国共产党第二十次全国代表大会会议报告提出，实现第二个百年奋斗目标，是要以中国式现代化全面建成社会主义现代化强国，全面推进中华民族伟大复兴。高质量发展是全面建设社会主义现代化国家的首要任务。开创新发展格局、实现高质量发展需要一大批优秀的企业家来承担重任。

当前，世界风云变幻，百年未有之大变局给中国企业的发展带来了很多不确定性，企业家队伍的成长也面临新的困难与挑战。在这样的历史时刻，回顾中国企业家队伍成长和企业外部环境变化的历程，梳理企业家在成长过程中取得的成就、存在的问题与需要提升的能力，了解企业家的期望与建议，对于推动企业高质量发展、推进社会主义现代化建设具有十分重要的意义。面对新时代、新阶段，中国企业家队伍奠定了哪些基础？还面临哪些困难和挑战？企业家需要在哪些方面加强学习、自我超越，引领企业高质量发展？如何持续改善企业外部环境？中国企业家调查系统课题组自20世纪90年代开始的对企业家进行的连续追踪调查，为这些总结和思考提供了丰富的素材。

1993年中国共产党第十四届中央委员会第三次全体会议确定了建立社会主义市场经济体制，提出了建立现代企业制度和造就企业家队伍的历史任务，开启了30年的企业家队伍建设之路。正是在这样的背景下，中国企业家调查系统课题组开启了企业家调查研究

---

① 课题组执笔人：李兰、王锐、彭泗清、王云峰、高原等。

工作，并连续 30 年进行每年一度的问卷追踪调查（见附录一），及时、全面、客观、准确地反映企业家对宏观经济政策和经济体制改革的意见和建议，深入研究和把握我国企业家队伍的变化情况和成长发展规律，为政府决策提供科学依据，为理论研究提供实证数据，为企业家队伍健康成长提供支持。调查内容主要涉及了企业家对宏观经济形势、企业经营状况的判断及对未来发展的预期，企业家对企业经营外部环境的评价、对宏观经济政策及经济体制改革成效的看法，以及进一步深化改革的意见和建议。同时，还涉及了与企业家成长相关的问题，包括企业家行为特征和价值取向，素质与能力，企业家队伍建设的职业化、制度化与市场化，企业家激励与约束机制，企业家精神与企业创新，企业家个人学习、组织学习和学习型企业文化建设，以及企业社会责任、企业信用、企业发展战略、企业数字化转型等多方面内容（见附录二）。

30 年来，调查研究工作得到了多个部门和理论学术界的大力支持，得到了企业家们的积极参与，受到了社会各方面的关注和肯定。在调查工作实施过程中，课题组广泛听取政府部门、学术界、企业界的意见，精心设计调查问卷，科学抽取调查样本，及时组织座谈会和试调查，确保了调查工作的科学性。在样本选取方面，以全国范围（不包括港澳台地区）的企业为调查总体，以企业法人代表为主的企业家群体为调查对象，按照企业的行业、规模分布进行分层随机抽样，30 年来，每年回收有效问卷数量平均 3000 份左右[①]。调查问卷多由企业法定代表人填答，保证了回收问卷的质量。

本篇以改革开放以来中国社会经济发展历程为背景，基于企业内外环境的变化和新时代企业高质量发展的新考验，以企业家调查

---

① 本调查在首次随机抽样的基础上，此后每年均采用固定样本追踪调查方式开展调查，同时每年根据固定样本中企业自然消亡的情况对样本进行随机轮换。

系统课题组 1993—2022 年连续 30 年的调查数据为基础，从企业家队伍的成长历程、企业发展面临的挑战与企业家引领企业高质量发展 3 个方面，回顾总结了中国企业家队伍的成长轨迹与历史阶段，分析了其中的影响因素及变化规律、取得的进步和存在的问题，并提出了以不断丰富升华的企业家精神引领企业高质量发展的政策建议。

中国企业家调查系统课题组 30 年追踪调查结果显示如下。

1993 年以来，伴随着市场化、全球化、技术进步的进程，中国经济持续增长，企业家队伍经历了孕育、发展、壮大的成长过程，逐渐成为推动中国经济发展、制度变革和社会进步的重要力量。30 年来，企业家队伍的成长、企业营商环境的改善与企业管理水平的提升相互促进。

经过 30 年的发展，中国企业家队伍不断壮大，企业家群体的构成也不断优化，教育程度与专业知识水平显著提高，任职方式趋于市场化，整体素质和职业声望不断提升，企业家的社会地位和经济地位也不断提高。具体来说：一是企业家使命感和角色意识不断增强，企业的持续发展成为企业家首要追求，企业家已经逐渐认识到高质量可持续发展的重要性；二是不断提升商业信用和商业文明水平，信守承诺和守法经营已经成为多年来企业家一直最认可的企业家特征；三是企业家创新能力与综合素质不断增强，尤其是自主创新能力不断提升；四是企业家社会责任意识不断增强，关注生态环境、重视员工发展、参与社会公益在企业家群体中渐成风尚；五是企业家精神内涵不断深化和丰富，造福社会、乐于奉献成为企业家新的精神内涵。

在持续的变革中，中国企业家队伍展现出高韧性的特征，为未来发展打下良好的基础。这种高韧性体现在多个方面：企业家队伍不断增强的各种基础能力、带领企业应对困难和挑战的组织韧性、企业家个人面对各种压力体现出的心理韧性等。总结企业家队伍30年的成长规律，发现其具有明显的阶段性特征。其具体表现在以下四个方面。

一是社会主义市场经济体制创建期（1993—2002年），企业家成长的关键是成为适应市场化转型需要的合格的企业经营者，重点是以职业化为核心的能力基础建设。以建设现代企业制度为目标，企业家的职业化水平、专业化能力和市场化意识明显提高。

二是经济发展转型期（2003—2012年），企业家成长的关键是成为适应国际竞争和经济转型需要的学习型企业家，重点是以学习及变革为核心的能力扩展与提升。通过个人学习与建设"学习型组织"、对标国际先进管理水平，企业家的国际视野、学习和变革管理能力、责任意识与精神境界明显提升。

三是改革开放攻坚期（2013—2017年），企业家成长的关键是成为胜任自主创新管理的创新型企业家，重点是以创新为核心的能力提升。通过提升创新意识与组织创新能力，打造组织的创新文化，企业家的创新管理能力全面提升，同时在应对创新失败和管理经营风险的过程中，企业家的韧性也明显增强。

四是高质量发展推进期（2018年至今），企业家成长的关键是成为能够系统思考、有效应对不确定性环境、驾驭复杂性管理的战略型企业家，企业家需要实现以管理复杂性为核心的能力提升。新时代对企业家提出了更高的要求，企业家的社会责任意识、家国情怀、可持续发展理念不断增强，主动承担时代使命、诚信经营、创新驱动、长期导向成为企业家普遍认同的经营宗旨和价值追求。

进入新时代，中国企业发展面临诸多挑战。调查发现，企业外部环境不确定性明显增加：全球经济紧缩、国际市场变化、供应链不稳定；技术变革带来的挑战；国内营商环境仍需进一步改善，新冠病毒疫情的冲击、行业政策波动等影响企业经营预期的稳定性；等等。调查同时发现，目前企业经营还面临不少困难：资源、环境约束不断加大，成本压力大，企业所需专业人才供应不足，未来发展的不确定性高，企业自主创新能力和企业家信心仍需进一步提升；等等。

30年来，中国改革开放取得了巨大成绩和进步，中国企业家队伍规模和结构不断优化，在社会经济中的作用越来越显著。党的二十大报告指出，高质量发展是全面建设社会主义现代化国家的首要任务，要进一步完善中国特色现代企业制度，弘扬企业家精神，加快建设世界一流企业。

新时代对企业家队伍建设提出了新的要求和期待，企业家要引领企业迈向高质量发展新阶段。一方面，企业家自身需要加强学习，不断超越，不断丰富升华企业家精神，持续增强自主创新能力，坚持长期主义战略，更好地应对不确定的外部环境，实现企业的高质量发展。另一方面，企业家们期待政府部门进一步深化改革，构建高水平社会主义市场经济体制，激发市场主体活力，营造市场化、法治化、国际化一流营商环境；完善法制环境，依法保护民营企业产权和企业家权益，促进民营经济发展壮大，真正发挥法治固根本、稳预期、利长远的保障作用。同时，期待全社会重视和肯定企业家的价值，营造企业家健康成长和企业持续发展的良好环境，建设企业家"安心经营、放心发展、用心创新"的社会生态系统，共同努力为全面建设社会主义现代化国家，为国家繁荣富强、社会进步和民族复兴做出更大的贡献。

第一章
企业家队伍成长30年：进步与成就、变革与韧性

回顾1993—2022年30年的发展，我们见证了社会主义市场经济体制的建立和飞速发展。从市场主体来看，改革开放初期我国市场主体数量只有49万户，截至2021年年底，我国市场主体总量达到1.54亿户。从国内生产总值（gross domestic product，GDP）来看，1993年中国的GDP只有0.44万亿美元，连同期美国GDP（6.86万亿美元）的1/15都不到。2021年中国GDP达到17.73万亿美元，稳居世界第二，并且达到同期美国GDP（23.32万亿美元）的约76%（注：GDP数据源自世界银行）。

伴随市场主体规模和经济总量的持续扩大和增长，我国建设企业家队伍的各种基础，包括综合实力、配套制度、企业家自身能力素质及精神面貌，不断迈上新的台阶。同时，不断应对困难和挑战也使企业家队伍展现出强韧性的明显特征，为新时代高质量发展打下良好的基础。这种强韧性体现在：企业家队伍不断增强的各种基础能力、带领企业应对困难和挑战的组织韧性、企业家个人面对各种压力体现出的心理韧性等方面。

第一节 企业家队伍不断壮大，成为推动社会经济发展的重要力量

一、企业家队伍的规模和结构不断优化

伴随经济的快速发展，企业家队伍的规模和素质不断迈上新的

台阶，比较30年来调查对象的基本情况，企业家队伍构成的变化非常明显（见表1-1和附录一）。从年龄来看，企业家群体整体倾向年轻化，2022年44岁以下企业家接近四成。从文化程度来看，企业家文化程度明显提高，大学本科及以上学历的提高了近三成。从所学专业来看，专业背景更加丰富，经济与管理类专业背景的企业家增加至半数以上。从现任职务来看，为"厂长"的企业家从1994年的44.2%下降到2022年的1.5%，为"董事长"的企业家从1994年的4.2%上升到2022年的45.3%；从就职方式来看，由"主管部门任命"逐渐向"董事会任命"和自主创业等方式转变。这些变化体现了企业家队伍构成不断优化及现代企业制度和公司治理结构的建立和不断完善。此外，2013年有44.7%的企业家是"自己创业"，比2003年（15.7%）提高了近三成。

表1-1 调查对象和企业的基本情况（%）

调查年份			1993	1998	2003	2008	2013	2018	2022
有效样本/份			2620	3180	3192	5920	3545	1562	2034
企业家信息	性别	男	—	95.4	96.1	95.8	93.6	89.7	92.1
		女	—	4.6	3.9	4.2	6.4	10.3	7.9
	年龄	44岁及以下	27.4	36.1	27.7	26.7	19.8	24.2	37.3
		45～49岁	24.3	22.8	24.4	19.7	17.0	13.5	18.5
		50～54岁	27.7	21.7	25.4	24.3	19.4	17.5	18.3
		55岁及以上	20.6	19.4	22.5	29.3	43.8	44.8	25.9
		平均年龄（岁）	48.5	47.2	48.7	49.7	52.5	52.9	48.8
	文化程度	高中及以下	30.9	18.2	13.9	23.1	19.6	17.7	7.9
		大专	35.2	40.2	37.6	35.7	35.2	33.8	28.7
		大学本科	33.9	34.3	32.6	25.3	26.6	35.1	47.9
		研究生及以上		7.3	15.9	15.9	18.6	13.4	15.5
	所学专业	文史哲法律	—	5.2	7.7	6.6	6.7	6.3	8.8
		经济	—	9.0	35.2	33.2	31.4	17.1	17.7
		管理	—	31.0	47.0	48.5	48.5	38.6	38.1
		理工农医	—	32.6	28.3	24.9	23.9	19.1	21.9
		其他	—	12.9	6.0	13.2	13.3	18.9	13.5

续表

		调查年份	1993	1998	2003	2008	2013	2018	2022
		有效样本/份	2620	3180	3192	5920	3545	1562	2034
企业家信息	现任职务	董事长	—	39.6	53.6	61.9	60.3	61.0	45.3
		总经理	—	58.0	59.9	58.8	54.1	47.4	53.4
		厂长	—	26.7	13.3	8.0	5.0	2.7	1.5
		党委书记	—	23.4	27.6	16.3	12.6	9.2	2.7
		其他	—	8.6	4.7	6.1	7.2	8.7	14.7
	就职方式	主管部门任命	85.8	48.3	38.3	14.5	11.1	—	—
		董事会任命	3.8	40.3	38.6	44.7	38.4	—	—
		自己创业	—	—	15.7	34.2	44.7	—	—
		其他就职方式	10.4	11.4	7.4	6.6	5.8	—	—
企业信息	地区	东部地区企业	—	58.2	54.0	62.5	65.2	58.5	67.3
		中部地区企业	—	26.0	23.1	23.2	21.6	27.3	11.1
		西部地区企业	—	15.8	22.9	14.3	13.2	14.2	21.6
	规模	大型企业	37.0	33.8	21.2	9.3	11.1	7.9	5.9
		中型企业	48.7	38.1	50.2	43.4	31.1	20.7	19.6
		小型企业	14.3	28.1	28.6	47.3	57.8	71.4	74.5
	经济类型	国有企业	75.0	38.5	26.1	9.1	6.4	2.8	3.0
		私营企业	0.1	12.2	6.3	12.3	19.7	27.1	37.0
		股份有限公司	3.1	22.1	15.2	16.5	16.4	16.7	14.2
		有限责任公司	—	—	33.7	47.9	46.2	45.1	36.8
		外商及港澳台投资企业	3.6	15.8	8.3	7.5	5.1	3.0	2.6
		其他	18.2	11.4	10.4	6.7	6.2	5.3	6.4
	成立时间	1978年及以前	—	37.0	31.2	15.8	13.1	10.1	4.3
		1979—1992年	—	33.7	22.9	18.3	16.8	12.3	7.3
		1993年及以后	—	29.3	45.9	65.9	70.1	77.6	88.4
	盈亏	盈利企业	—	50.7	63.1	62.8	48.8	51.9	30.4
		持平企业	—	29.7	15.8	16.9	22.8	26.9	22.1
		亏损企业	—	19.6	21.1	20.3	28.4	21.2	47.5

注：1. 由于存在跨专业和职务兼任情况，因此所学专业和现任职务比例合计大于100%。
2. 其他任职方式包括职代会选举、企业内投标竞争以及企业外部招聘等。
3. "—"表示该年度没有涉及此项调查内容，空白处表示答题者未选择此项。下同。

从企业的总体构成来看，企业规模从早期的大中型企业为主到近年来的中小型企业为主。比如：1993年，大、中、小型企业分别占37.0%、48.7%和14.3%；而2022年的调查显示，大、中、小型企业分别占5.9%、19.6%和74.5%。企业经济类型的分布也从以国营企业为主转向多种所有制共存的企业生态。调查发现，样本中，国有企业和非国有企业的比例从1993年的75.0%和25.0%演变成2022年的3.0%和97.0%。

伴随市场主体总量的持续增长，结构和质量的同步优化和升级成为我国市场主体发展的显著趋势之一。新技术、新产业、新业态、新模式不断为我国经济发展和国际竞争力的提升积蓄新动能。调查发现，样本中，高新技术企业的比重上升明显，从2000年的15.4%提高到2022年的27.1%（见表1-2）。

表1-2 历年调查企业中高新技术企业占比情况（%）

年份	比重	年份	比重
2022	27.1	2010	21.4
2021	28.6	2009	21.9
2020	28.7	2008	22.1
2019	31.2	2007	22.2
2018	29.0	2006	20.5
2017	27.1	2005	20.0
2016	24.0	2004	19.3
2015	25.3	2003	20.6
2014	27.7	2002	16.3
2013	22.2	2001	18.3
2012	22.1	2000	15.4
2011	21.7		

这些都说明了我国30年发展中企业和企业家队伍的多元化情况。接下来本报告以企业家队伍成长30年历史进程为背景，以市场化改革深入和全球环境带来的新挑战为基础，来揭示不同阶段外部

环境变化、企业家队伍的整体能力素质成长,以及其在精神面貌方面表现出的转型态势。

二、企业家队伍的贡献和地位不断提升

30年来,中国企业家带领企业积极参与经济建设,在助推国家进步与人民富裕等方面做出了巨大的成就与贡献。2017年的调查显示,企业家认为,国有企业对中国社会的进步做出的贡献排在前3位的是:"增强了国家的经济实力"(75.66%)、"确保了国有资产的保值增值"(56.83%)、"提升了中国企业在世界上的竞争力"(53.62%)。同时,民营企业对中国社会的进步做出的贡献排在前3位的是:"促进了人民生活水平的提高"(71.02%)、"造就了一大批优秀的企业家"(62.03%)、"促进了中国市场经济体制的建立"(50.81%)(见表1-3)。

表1-3 企业发展对中国社会的贡献(%)

项 目	年份	国有企业认知			民营企业认知			
		总体	国有企业	民营企业	外资企业	总体	国有企业	民营企业	外资企业

项 目	年份	总体	国有企业	民营企业	外资企业	总体	国有企业	民营企业	外资企业
促进了人民生活水平的提高	2017	32.15	59.34	29.52	30.43	71.02	60.26	72.62	75.51
	2013	33.98	50.77	30.56	37.16	70.79	49.12	72.91	64.74
造就了一大批优秀的企业家	2017	11.18	14.29	10.19	13.04	62.03	74.36	61.77	63.27
	2013	17.30	22.19	16.47	18.24	56.89	47.06	55.39	25.64
促进了中国市场经济体制的建立	2017	45.72	53.85	43.80	43.48	50.81	50.00	51.30	46.94
	2013	43.38	49.74	42.58	35.81	61.55	62.94	61.96	59.62
促进了经济体制改革的进程	2017	37.42	37.36	38.13	32.61	43.12	50.00	41.79	44.90
	2013	38.41	42.09	37.65	37.16	50.45	56.47	49.92	48.72
增强了国家的经济实力	2017	75.66	80.22	74.89	86.96	42.20	30.77	43.71	34.69
	2013	77.29	82.91	75.47	85.14	46.65	25.59	48.99	32.69
促进了工业化、城镇化的发展	2017	36.43	38.46	35.92	36.96	41.51	38.46	42.27	34.69
	2013	32.58	35.97	31.66	36.49	45.43	42.35	46.66	35.26

续表

项　　目	年份	国有企业认知				民营企业认知			
		总体	国有企业	民营企业	外资企业	总体	国有企业	民营企业	外资企业
形成全球最大的制造业基地	2017	30.67	21.98	31.93	26.09	38.66	46.15	38.04	46.94
	2013	28.50	21.17	29.85	25.00	42.54	48.24	41.34	51.92
较好地履行了企业社会责任	2017	27.88	39.56	27.21	39.13	36.28	20.51	38.71	14.29
	2013	27.00	40.56	24.48	27.03	29.54	20.59	32.45	17.95
提升了中国企业在世界上的竞争力	2017	53.62	42.86	55.15	47.83	26.98	28.21	25.55	28.57
	2013	54.95	42.60	57.42	59.46	23.33	47.94	22.71	45.51
促进了对外开放水平的提高	2017	28.54	24.18	29.31	30.43	25.37	23.08	24.69	42.86
	2013	29.76	30.36	29.85	25.68	30.69	39.12	28.18	46.79
提高了中国商业文明的水平	2017	12.66	5.49	12.71	10.87	24.06	28.21	23.05	30.61
	2013	10.59	7.40	11.05	10.81	15.93	7.94	14.81	2.56
建立了一批世界级的中国品牌	2017	32.65	18.68	34.87	19.57	23.44	34.62	21.90	28.57
	2013	27.72	10.97	30.96	27.03	15.41	19.71	14.33	16.03
确保了国有资产的保值增值	2017	56.83	57.14	56.72	73.91	3.31	2.56	3.36	0
	2013	55.12	54.85	55.61	50.68	2.28	27.06	2.33	42.31

对比2013年和2017年的调查发现，无论是国有企业还是民营企业，对于中国企业做出的成就和贡献在大部分指标上都呈现出认同感逐渐加强的趋势。例如：国有企业认识显著提升的是"建立了一批世界级的中国品牌"（上升了4.93%）和"促进了工业化、城镇化的发展"（上升了3.85%）；民营企业认识显著提升的是"提高了中国商业文明的水平"（上升了8.13%）、"建立了一批世界级的中国品牌"（上升了8.03%）、"较好地履行了企业社会责任"（上升了6.74%）。

与此同时，企业家的相关地位也逐渐提升。调查结果表明，1993—2022年，企业家群体对自己的"经济地位"和"社会地位"满意程度呈上升趋势，其中，对"经济地位"的满意程度评价值由1.82上升到2.27（3分制），"社会地位"的满意程度由2.18上升到

2.34。企业家对"政治地位"的满意度从往年的三成左右升至2022年的近五成,评价值升至2.36(3分制,相当于百分制的78.7分),处于近30年来的最高水平(见表1-4)。这一结果体现了市场化建设进入正轨后,企业家自我身份认识的理性回归,也证明了近10年来我国在建设企业家队伍、充分发挥企业家主观能动性方面的努力卓有成效。

表1-4 企业家对经济、社会及政治地位的满意程度(%)

项目	年份	满意	一般	不满意	评价值
经济地位	2022	41.9	43.4	14.7	2.27
	2012	38.4	40.5	21.1	2.17
	2007	40.6	46.9	12.4	2.28
	2002	47.7	39.8	12.5	2.35
	1996	30.3	36.9	32.8	1.98
	1994	27.4	31.9	40.6	1.87
	1993	24.4	32.9	42.7	1.82
社会地位	2022	44.5	44.5	11.0	2.34
	2012	48.3	30.2	21.5	2.27
	2007	38.7	43.6	17.6	2.21
	2002	39.7	48.2	11.9	2.27
	1996	43.4	45.3	11.4	2.32
	1994	34.4	47.7	17.9	2.17
	1993	46.0	26.2	27.8	2.18
政治地位	2022	47.2	41.3	11.5	2.36
	2012	30.3	36.9	32.8	1.98
	2007	27.4	31.9	40.6	1.87
	2002	24.4	32.9	42.7	1.82
	1996	33.1	52.2	14.7	2.18
	1994	35.4	49.3	15.3	2.20
	1993	33.2	48.8	18.1	2.15

注:评价值是由("满意"×3+"一般"×2+"不满意"×1)/100 计算得出的。最高为3分,最低为1分,分值越大,表示企业家对该地位的满意度越高;反之则越低。

第二节 体制与环境不断改善，企业竞争力不断增强

一、改革开放成效显著，经济体制和政策环境不断优化

改革开放极大改善了生产关系，推动了我国社会经济的发展，创造了社会主义现代化建设的巨大成就。2012年关于推动经济发展要素作用的调查显示，企业家认为"改革开放"是过去30年中对经济发展作用最大的原因（评价值为4.50，5分制），其次才是经济发展各种要素的投入，包括"资本投入""自然资源利用"及"劳动力投入"。调查表明，企业家普遍认为改革开放是中国经济和企业发展最重要的推动力（见表1-5）。

表1-5 企业家关于过去和未来推动经济发展要素作用的判断（2012年）

项目	过去30年对推动经济发展的作用						未来对推动经济发展的作用			
	非常小	←	←→	→	非常大	评价值	下降	不变	上升	评价值
改革开放	0.7	1.9	9.2	23.2	65.0	4.50	8.2	34.1	57.7	2.50
资本投入	1.6	3.9	12.5	31.2	50.9	4.26	23.5	27.8	48.7	2.25
自然资源利用	2.1	6.5	17.9	28.4	45.2	4.08	37.8	28.0	34.2	1.96
劳动力投入	2.8	6.2	20.3	32.4	38.3	3.97	49.5	30.5	20.0	1.71
企业家的创新	2.8	7.1	19.3	36.5	34.2	3.92	2.2	13.0	84.8	2.83
科技创新	5.4	12.6	24.0	25.7	32.4	3.67	1.0	7.1	91.9	2.91
地方政府间的竞争	7.8	11.7	33.6	29.0	18.0	3.38	30.8	43.4	25.8	1.95

注：第7列评价值是由（"非常大"×5＋…＋"非常小"×1）/100计算得出的，最高为5分，最低为1分，分值越大，表示作用越大，反之则越小；第11列评价值是由（"上升"×3＋"不变"×2＋"下降"）/100计算得出的，最高为3分，最低为1分，分值越大，表示作用上升越多；反之则下降越多。

这30年我国实施了大量的配套改革，主要集中于垄断性行业改革、产权制度改革、投资体制改革、健全社会保障体系、土地制

度改革、金融体制改革、财税体制改革等方面。历年调查数据显示，在健全社会保障体系（评价均值为 2.32，4 分制）和产权制度改革（评价值为 2.22）方面成效较大，其他方面的配套改革均呈现不断改善的趋势（见表 1-6）。

表 1-6 企业家对有关改革成效的评价（%）

项　目	年　份	效果很好	效果较好	有些效果	尚未见效	评价值	评价均值
垄断性行业改革	2015	2.60	14.50	48.30	34.60	1.85	1.63
	2007—2009	0.60	5.67	31.73	61.97	1.45	
	2004—2006	0.90	8.93	38.30	51.90	1.59	
产权制度改革	2007—2009	2.97	29.37	55.83	11.87	2.24	2.22
	2004—2006	2.97	28.67	53.53	14.33	2.19	
投资体制改革	2007—2009	2.37	25.33	54.10	18.20	2.12	1.96
	2004—2006	1.67	24.33	53.40	20.57	2.07	
	2002	1.50	17.30	42.70	26.70	1.70	
健全社会保障体系	2007—2009	6.67	35.17	49.53	8.60	2.40	2.32
	2004—2006	3.73	30.77	50.53	14.93	2.23	
土地制度改革	2007—2009	2.77	21.73	50.30	25.20	2.02	1.99
	2004—2006	2.60	18.50	50.90	27.95	1.96	
金融体制改革	2007—2009	2.47	23.93	51.10	22.50	2.06	1.94
	2004—2006	1.50	16.65	47.45	34.40	1.86	
	2002	2.40	23.90	41.50	26.60	1.91	
财税体制改革	2015	5.10	21.60	47.90	25.40	2.06	1.99
	2007—2009	2.63	22.70	50.13	24.57	2.04	
	2004—2006	2.35	16.55	47.05	34.05	1.88	
国有企业改革	2007—2009	3.87	25.93	51.30	18.87	2.15	2.09
	2004—2006	3.25	21.65	52.20	22.90	2.06	
	2002	4.80	20.50	51.60	21.80	2.06	

注：第 3～6 列的数据为企业家选择相应答案的比重，第 7 列的数据为以 4 分制（"效果很好"×4＋"效果较好"×3＋"有些效果"×2＋"尚未见效"×1）/100 计算得出的。分值越大，表示企业家认为该项改革成效越大；反之则越小。

外部环境的各种要素构成了企业家成长和企业发展的软环境，其重要性在不断提升。2002—2022年追踪调查数据反映了不同环境要素对企业家成长和企业发展的影响力变化。总体而言，经济体制和政策环境是历年来对企业家队伍成长影响的最重要因素，历年综合评价值分别为3.30和3.24，排在所列六个影响因素的前2位（5分制，见表1-7）。近年来，法律环境的重要性显著上升，评价值从2002年的2.97上升为2022年的3.22，成为对企业家队伍影响因素评价值最高的相关因素之一。其中，36.8%的企业家认为法律环境的好坏对企业家队伍成长非常重要（见表1-8）。

表1-7　有关因素对企业家队伍成长的影响（评价值）

项　目	2022年	2019年	2017年	2014年	2013年	2011年	2007年	2002年	历年综合评价值
经济体制	3.14	3.20	3.48	3.02	3.34	3.10	3.77	3.38	3.30
政策环境	3.22	3.30	3.39	3.08	3.18	3.02	3.54	3.17	3.24
市场环境	2.99	3.13	3.27	3.00	3.17	3.03	3.61	3.42	3.20
文化环境	3.22	3.33	3.30	3.09	3.15	3.05	3.28	3.15	3.20
法律环境	3.22	3.30	3.28	2.89	3.02	3.03	3.27	2.97	3.12
社会舆论	3.06	3.22	3.13	2.96	3.05	2.94	3.24	3.09	3.09

注：评价值是由（"很有利"×5＋"比较有利"×4＋"一般"×3＋"不太有利"×2＋"很不利"×1）/100计算得出的，最高为5分，最低为1分，分值越大，表示该因素对企业家队伍成长越有利；反之则越不利。"历年综合评价值"为各年度相应数据的算术平均值。

表1-8　有关因素对企业家队伍成长的影响（%）

项目	年　份	很有利	比较有利	一般	不太有利	很不利	评价值
经济体制	2022	5.2	30.2	42.2	17.9	4.5	3.14
	2019	4.8	31.9	46.0	13.3	4.0	3.20
	2017	9.4	42.7	35.7	10.7	1.5	3.48
	2014	3.4	31.2	36.3	21.7	7.4	3.02
	2013	6.4	41.1	35.6	13.9	3.0	3.34
	2011	5.2	33.5	33.4	21.5	6.4	3.10

续表

项目	年份	很有利	比较有利	一般	不太有利	很不利	评价值
经济体制	2007	13.8	56.8	22.7	5.6	1.1	3.77
	2002	8.7	43.4	27.1	18.3	2.5	3.38
法律环境	2022	6.4	30.4	46.5	12.4	4.3	3.22
	2019	5.5	34.9	46.4	10.7	2.5	3.30
	2017	7.0	32.8	44.6	12.5	3.1	3.28
	2014	2.4	21.2	46.6	22.8	7.0	2.89
	2013	3.2	24.4	48.7	18.3	5.4	3.02
	2011	3.7	25.9	45.6	18.8	6.0	3.03
	2007	5.4	32.9	48.0	10.7	3.0	3.27
	2002	3.7	20.6	49.3	22.2	4.2	2.97
政策环境	2022	7.0	32.1	41.6	14.2	5.1	3.22
	2019	6.7	35.2	43.2	11.4	3.5	3.30
	2017	8.9	38.0	38.0	13.0	2.1	3.39
	2014	4.8	29.1	41.2	19.3	5.6	3.08
	2013	4.5	31.3	45.1	15.6	3.5	3.18
	2011	3.6	28.0	41.3	21.2	5.9	3.02
	2007	9.9	44.1	37.0	7.7	1.3	3.54
	2002	5.7	28.5	45.3	18.1	2.4	3.17
社会舆论	2022	4.1	24.8	49.5	15.9	5.7	3.06
	2019	4.8	29.0	51.9	11.9	2.4	3.22
	2017	4.9	27.9	45.5	18.2	3.5	3.13
	2014	2.4	22.3	49.4	20.6	5.3	2.96
	2013	2.4	25.5	49.8	18.9	3.4	3.05
	2011	3.0	23.0	45.2	22.7	6.1	2.94
	2007	5.3	31.5	47.0	14.5	1.7	3.24
	2002	3.8	27.0	47.3	18.6	3.3	3.09
文化环境	2022	5.2	29.2	51.1	10.9	3.6	3.22
	2019	4.8	34.3	51.6	7.7	1.6	3.33
	2017	5.7	34.4	46.6	11.1	2.2	3.30
	2014	2.3	24.5	55.3	15.1	2.8	3.09
	2013	3.0	26.3	55.7	13.1	1.9	3.15

续表

项目	年 份	很有利	比较有利	一般	不太有利	很不利	评价值
文化环境	2011	2.8	24.4	51.6	17.2	4.0	3.05
	2007	4.3	31.5	53.2	9.5	1.5	3.28
	2002	2.8	25.1	57.6	13.2	1.3	3.15
市场环境	2022	5.6	22.6	44.1	21.0	6.7	2.99
	2019	5.0	28.8	44.2	17.8	4.2	3.13
	2017	7.0	34.5	40.1	14.9	3.5	3.27
	2014	4.5	27.3	37.9	24.0	6.3	3.00
	2013	4.8	32.2	41.8	17.2	4.0	3.17
	2011	4.5	28.9	37.5	23.3	5.8	3.03
	2007	12.4	48.0	29.6	8.4	1.6	3.61
	2002	8.2	44.3	30.8	14.2	2.5	3.42

注：评价值是由（"很有利"×5＋"比较有利"×4＋"一般"×3＋"不太有利"×2＋"很不利"×1）/100 计算得出的，最高为 5 分，最低为 1 分，分值越大，表示该因素对企业家队伍成长越有利；反之则越不利。

在经济体制和政策环境上，各级政府部门的作用至关重要。调查数据显示，在市场化初建时期，32.7% 的企业家认为政府机构与职能调整"尚未见效"，到了深化改革时期，这个比例显著下降，说明相应变革初见成效（见表1-9）。另外，2011—2022 年的调查数据显示，"地方政府干预较多"上升较快，从 2018 年的 9.0% 持续上升至 2022 年的 14.2%（见表2-11），可见地方政府的体制改革和简政放权仍然很重要，尤其是在后疫情时代，减少政府直接干预依旧是企业家的普遍希望。

表1-9　企业家对政府机构改革与政府职能转变成效的评价（%）

年 份	效果很好	效果较好	有些效果	尚未见效	评价值
2015	6.60	23.10	47.60	22.70	2.14
2007—2009	4.00	23.97	55.40	16.60	2.15
2004—2006	2.77	23.43	56.57	17.20	2.12
2002	2.10	15.10	48.80	32.70	1.84

二、市场化进程稳步推进,营商环境不断改善

市场化指数是衡量市场经济制度确立的一个重要指标。① 调查分析发现,我国的市场化进程总体呈逐年稳步上升趋势(见图1-1和表1-10),市场化指数从4.17提升到8.77(10分制)。从具体指数来看,非国有经济得以长足发展,要素市场发育程度及中介组织发育和法律制度环境也呈现出显著良好态势。而在政府与市场关系及产品市场发育程度的维度上,指数有些波动调整,值得重视。

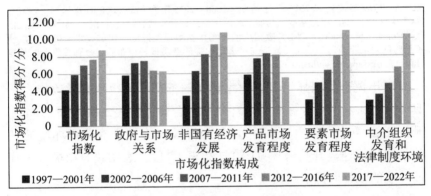

图1-1　市场化指数(1997—2022年)

表1-10　市场化指数(1997—2022年)

年　　份	1997—2001	2002—2006	2007—2011	2012—2016	2017—2022
总得分	4.17	5.92	7.02	7.70	8.77
政府与市场关系	5.83	7.26	7.52	6.36	6.28
非国有经济发展	3.44	6.27	8.23	9.36	10.73
产品市场发育程度	5.82	7.71	8.29	8.11	5.47
要素市场发育程度	2.92	4.86	6.31	8.04	10.91

---

① (1)市场化指数来源于"樊纲市场化指数"数据库,是衡量全国(不含港澳台)各省(自治区、直辖市)市场化相对进程的指数体系。(2)市场化指数包含"政府与市场关系""非国有经济发展""产品市场发育程度""要素市场发育程度""市场中介组织发育和法律制度环境"5个分项。

续表

年　份	1997—2001	2002—2006	2007—2011	2012—2016	2017—2022
中介组织发育和法律制度环境	2.83	3.51	4.76	6.63	10.44

注：1. 市场化总指数反映的是省份与省份之间市场化进程的相对情况，由五个方面指数合成。每个方面指数各自反映市场化的一个特定方面，五个方面指数分别由若干下辖分项指数合成。
2. 基础指数的计算以基期年份作为基准，在基期年份采用 0～10 分的相对评分系统，以该分项市场化程度最高的省份为 10 分，最低的省份为 0 分；其余省份的评分为 0～10 分，根据其该项指标与评分最高和最低省份的相对差距计算，后续年份评分仍以基期年份为基准，允许超过 10 分或低于 0 分。
3.2016—2019 年数据以 2016 年为基期，2008—2015 年数据以 2008 年为基期，1997—2007 年数据以 2001 年为基期。基期不同的年份，评分不可直接进行比较。中国市场化指数（China market index，CMI）数据库的市场化指数已经过进一步的技术衔接处理，使不同时间段的指数跨年度可比，但与过去已出版的纸质报告公布的指数有数值上的差异（https://cmi.ssap.com.cn/instruction）。

历年调查数据显示，企业家感知的营商环境得到有效改善。从具体评分来看，企业家对营商环境的综合评价值从 2006 年的 2.84 上升到 2021 年的 3.41（5 分制）。2010 年来，企业家对营商环境的评价呈现出快速提升趋势（见图 1-2 和表 1-11），表明政府积极改善营商环境的政策取得了明显成效。

图1-2　企业家对营商环境的综合评价（评价值）

表1-11　企业家对外部营商环境的评价

企业外部营商环境	评价值（5分制）						
	2021年	2019年	2018年	2012年	2010年	2008年	2006年
综合评价	3.41	3.36	3.25	3.04	3.01	3.05	2.84
政府行政管理	3.72	3.64	3.54	3.00	2.99	3.14	2.98

续表

企业外部营商环境	评价值（5分制）						
	2021年	2019年	2018年	2012年	2010年	2008年	2006年
法制环境和市场秩序	3.81	3.69	3.59	3.28	3.20	3.35	3.12
金融服务	3.21	3.21	3.03	3.01	2.93	2.84	2.52
人力资源供应	2.80	2.85	2.79	2.79	2.69	2.75	2.48
中介组织和技术服务	3.36	3.29	3.22	3.03	3.07	3.04	2.92
诚信的社会环境	3.57	3.46	3.35	3.16	3.14	3.17	3.02

营商环境涉及多个维度，从年度数据的跨指标横向对比来看（见表1-12），企业家评价最好的是"法制环境和市场秩序"，其次是"政府行政管理"和"诚信的社会环境"，尤其是政府行政管理从2012年以来明显提升；评价居中的是"中介组织和技术服务""金融服务"；评价相对较低的是"人力资源供应"（见图1-3）。

表1-12 企业家对外部营商环境的整体评价（评价值）

企业外部营商环境	评价值（5分制）						
	2021年	2019年	2018年	2012年	2010年	2008年	2006年
政府行政管理	3.72	3.64	3.54	3.00	2.99	3.14	2.98
政府政策和规章制度是否公开透明	3.66	3.63	3.55	3.18	3.20	3.37	3.28
行政执法机关（工商、税务等）执法是否公正	3.73	3.69	3.60	3.10	2.93	3.20	2.97
不同企业是否享受同等的国民待遇	3.37	3.26	3.15	2.74	2.89	3.11	2.86
各种行政登记注册和审批手续是否方便简捷	3.86	3.78	3.65	2.96	3.05	3.12	3.03
政府官员是否廉洁守法	3.99	3.86	3.73	3.01	2.86	2.90	2.75
法制环境和市场秩序	3.81	3.69	3.59	3.28	3.20	3.35	3.12
公检法机关执法是否公正	3.80	3.69	3.55	3.06	2.93	3.11	2.79
公检法机关执法效率如何	3.62	3.48	3.37	2.96	2.86	2.97	2.71

续表

企业外部营商环境	评价值（5分制）						
	2021年	2019年	2018年	2012年	2010年	2008年	2006年
企业合同能否得到正常履行	3.72	3.70	3.58	3.45	3.55	3.62	3.53
经营者的人身和财产安全是否有保障	4.03	3.89	3.81	3.58	3.44	3.58	3.35
企业知识产权、品牌是否得到保护	3.86	3.67	3.62	3.36	3.22	3.45	3.21
金融服务	3.21	3.21	3.03	3.01	2.93	2.84	2.52
企业从银行贷款是否很难	3.25	3.17	2.94	2.86	2.90	2.57	2.44
企业从民间渠道筹资是否很难	3.16	3.25	3.12	3.16	2.95	3.10	2.59
人力资源供应	2.80	2.85	2.79	2.79	2.69	2.75	2.48
在当地找到需要的技术人员是否很难	2.75	2.82	2.76	2.73	2.61	2.67	2.43
在当地找到需要的管理人员是否很难	2.84	2.88	2.82	2.81	2.73	2.74	2.49
在当地找到需要的熟练工人是否很难	2.81	2.86	2.79	2.83	2.73	2.83	2.51
中介组织和技术服务	3.36	3.29	3.22	3.03	3.07	3.04	2.92
当地律师、会计师等市场服务条件如何	3.56	3.49	3.40	3.29	3.27	3.32	3.18
当地行业协会发展如何，对企业是否有帮助	3.16	3.10	3.08	2.81	2.82	2.78	2.69
当地技术服务和出口服务条件如何	3.35	3.27	3.19	3.00	3.11	3.03	2.90
诚信的社会环境	3.57	3.46	3.35	3.16	3.14	3.17	3.02
当地有无适合企业经营的诚信社会环境	3.57	3.46	3.35	3.16	3.14	3.17	3.02
综合评价	3.41	3.36	3.25	3.04	3.01	3.05	2.84

注：1."政府行政管理""法制环境和市场秩序""金融服务""人力资源供应""中介组织和技术服务""诚信的社会环境"是由各自包含的具体指标的评价值进行算术平均后得出的结果。
2."综合评价"是由当年外部环境的各方面的评价值进行算术平均后得出的结果。

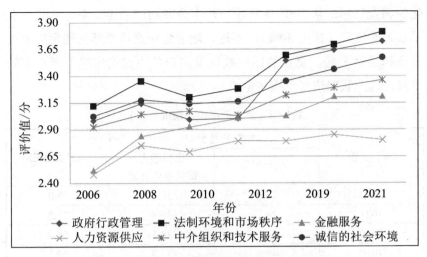

图1-3 企业家对营商环境的整体评价（评价值）

调查还发现，企业家对技术创新支持的评价稳中有升，尤其对知识产权保护的评价呈现明显提高的趋势，从2006年的3.21上升到2022年的3.86。这表明了国家在提高知识产权保护、鼓励企业创新方面的政策产生了一定的效果。

总体来看，尽管企业家认为企业营商环境总体上有改善趋势，但企业家对营商环境指数的打分较低，表明改善营商环境还任重道远。尤其需要改善的是营商环境中的人力资源供应和金融服务。调查显示，营商环境的人力资源供应维度表现欠佳，不仅历年来是营商环境中评价较低的维度，而且近年来有所下降。相较于2019年数据，2021年该指标出现下降，新冠病毒疫情对人才市场的冲击需要妥善处置。企业的金融融资环境也不佳，尤其近几年企业家对获得融资服务难度的评价是"变得更难"。

三、全球化进程全面推进，在国际对标中提升管理能力

30年来，不断开放的国内市场促使中国经济逐步融入世界经济体系，中国对外贸易体制改革不断深入。对1998—2022年企业国际

化的调查显示,从 2005 年开始,样本企业的产品出口海外的比重有了显著的提升(接近 50%)。不过,随着近年来逆全球化现象的出现及全球经济放缓,企业的出口数量及出口额占比均出现不同程度的下降,这一状况值得重视(见表 1-13)。

表1-13 企业产品出口情况(%)

年份	有产品出口		无产品出口
	占比	出口额占销售收入比重	
2022	22.0	36.6	78.0
2021	28.7	36.8	71.3
2020	34.1	38.1	65.9
2019	40.9	37.7	59.1
2018	35.3	36.0	64.7
2017	36.1	—	63.9
2016	35.9	38.8	64.1
2014	38.5	38.7	61.5
2013	37.6	40.3	62.4
2012	44.3	41.2	55.7
2011	46.9	43.1	53.1
2010	41.3	39.6	58.7
2009	44.0	42.5	56.0
2008	49.3	42.7	50.7
2007	47.7	—	52.3
2006	46.8	—	53.2
2005	45.4	—	54.6

注:"—"表示该年度没有涉及此项调查内容。以下同。

在企业不断融入国际竞争的背景下,中国经济的全球化进程不断加快。全球化也对中国经济产生了积极影响。1999—2003 年连续 5 年的调查数据显示,关于"加入 WTO 对企业经营状况的影响",年均约 38.6% 的企业家认为"好转",比认为"恶化"的多 12.6 个百分点。对于非国有企业而言,积极影响还要更大些,认为"好转"的比认为"恶化"的多 22.3 个百分点。

加入全球竞争对国内商业信用的增加、不正当竞争的减少都产生了积极影响。关于企业所处的商业信用环境的调查发现,从 2001 年开始,企业的商业信用环境有了显著的改善。与之相对应的是,企业面临的不正当竞争大致保持平稳下降趋势(见图 1-4)。在 2022 年的调查中,58.7% 的企业家表示在市场中从未受到不公平竞争,1995 年数据显示,在市场化初建时期这一比例仅为 23.5%(见表 1-14)。

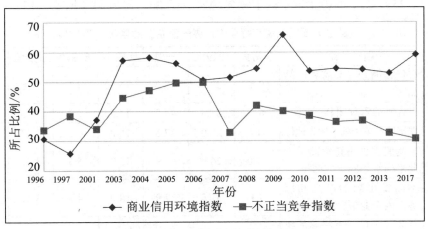

图1-4 企业所处的商业信用环境

表1-14 企业在市场中是否受到不公平竞争(%)

不同分组		是	否
总体	2022年	41.3	58.7
	1995年	76.5	23.5
东部地区企业		40.7	59.3
中部地区企业		42.9	57.1
西部地区企业		42.4	57.6
大型企业		37.9	62.1
中小型企业		41.6	58.4

续表

不同分组	是	否
国有企业	31.6	68.4
外资企业	32.0	68.0
民营企业	42.4	57.6
"专精特新"企业	42.0	58.0

历年调查也显示,大多数企业家已经意识到企业在各项管理和创新上与国际先进水平的差距。2013年的调查显示,中国企业与世界一流企业较大的差距体现在"有优良的企业品牌和产品品牌"(评价值为3.26,5分制,分数越大,差距越大)、"有优秀的管理团队"(3.25)、"在市场竞争中处于领先地位"(3.23)等方面(见表1-15)。

表1-15 企业各方面的表现与行业中世界一流企业的差距(2013年,%)

项目	非常大	比较大	一般	比较小	非常小	评价值
有优良的企业品牌和产品品牌	9.5	32.5	37.2	16.5	4.3	3.26
有优秀的管理团队	6.5	31.6	44.7	14.5	2.7	3.25
在市场竞争中处于领先地位	11.3	29.0	37.5	16.0	6.2	3.23
能为股东创造持续高于行业平均水平的价值回报	11.0	26.9	40.9	15.9	5.3	3.22
不断推出新的产品和服务,为企业带来持续价值	8.1	31.5	37.9	18.0	4.5	3.21
企业各个层面有很强的执行战略的能力	6.1	28.6	47.1	15.2	3.0	3.20
有优秀的企业领导人	6.2	30.4	43.9	15.9	3.6	3.20
有明确的企业愿景和清晰的企业战略	7.1	32.1	38.1	18.0	4.7	3.19
能够有效应对外部环境变化,不断创新	5.7	30.8	42.9	17.0	3.6	3.18
有良好的企业文化和价值观来支撑企业战略	6.5	30.2	41.5	17.5	4.3	3.17
最大限度地发挥了现有资源和资产的潜力	6.4	28.4	43.5	17.6	4.1	3.15

续表

项　　目	非常大	比较大	一般	比较小	非常小	评价值
环境保护方面处于行业领先水平	6.7	27.0	43.7	17.1	5.5	3.12
有效履行企业社会责任	6.1	29.9	38.6	18.8	6.6	3.10
国际化程度高，在全球市场有比较大的影响力	20.2	19.3	22.9	19.2	18.4	3.04

总体来看，在技术、制度、管理、利益相关者等方面，中国企业仍存在较大提升空间。具体来说：在技术方面，虽然有一些企业已经达到世界先进水平，但是大多数企业家认为企业的自主创新能力不强，还没有形成高效的技术创新体系和品牌形象；在制度方面，大多数企业的产权制度改革和公司治理结构的规范化还任重道远，优秀领导人、管理团队和人才仍然匮乏；在管理方面，企业管理的组织方式、决策方式和技术手段等方面都有待改善；在利益相关者方面，大多数企业的最大化利用资源的能力、环境保护及履行企业社会责任方面仍存在较大提升空间。值得肯定的是，通过对标学习，企业各个方面的管理水平在稳步提升。

2022年针对新期望、新要求的调查数据显示，25.1%的企业家感受到外部环境近10年来对其领导企业"提升国际化水平"的要求，大型企业与国有及国有控股企业（以下简称"国有企业"）对此感受更深。作为拉动经济发展与核心技术创新的有生力量，"专精特新"群体中也有可观比例的企业感受到外部环境对企业开放发展的新期望（见表3-1）。

四、技术变革不断加快，自主创新逐渐成为主流

技术创新逐渐成为企业成长的核心动力。2012年调查显示，企业家认为对未来经济发展最重要的要素为"科技创新"和"企业家的创新"（见表1-5）。调查表明，企业家普遍认同技术不断变革是越来越普遍的现象（见表1-16）。

表1-16 对"新技术的涌现和新产品的推出很普遍"这一说法的认同程度（%）

年份	很不同意	较不同意	中立	较同意	很同意	评价值
2020	2.5	8.8	29.2	40.1	19.4	3.65
2019	1.3	7.4	30.8	45.7	14.8	3.65
2017	1.1	9.5	23.2	48.1	18.1	3.73
2016	2.1	10.9	27.9	43.9	15.2	3.59
2014	1.3	10.1	29.4	46.1	13.1	3.60

注：评价值是由（"很同意"×5＋"较同意"×4＋"中立"×3＋"较不同意"×2＋"很不同意"×1）/100计算得出的，最高为5分，最低为1分，分值越大，表示越认同该说法；反之则越不认同。

而对技术变化的调查显示，近七成企业家认为当前技术变化很快及技术竞争激烈，从2008年到2017年呈现递增的趋势。同时，技术变化和新产品的推出成为增强企业的创新努力的主要驱动力（见表1-17）。

表1-17 市场竞争、技术变革与企业创新努力（%）

项目	年份	非常不同意	←	↔	→	非常同意	评价值	创新努力
企业之间的市场竞争非常激烈	2008	65.4	24.3	8.0	1.5	0.7	1.48	-0.004
	2009	1.2	3.3	10.1	26.1	59.4	4.40	0.001
	2014	1.0	4.3	10.5	53.4	30.8	4.09	-0.046*
	2017	0.7	2.6	12.5	54.9	29.4	4.10	0.025
竞争对手的市场行为难以预测	2008	13.6	29.6	33.3	18.2	5.3	2.72	-0.01
	2009	4.6	19.6	34.3	27.7	13.7	3.26	0.012
新企业进入较多	2008	20.6	30.3	27.6	15.3	6.2	2.56	0.007
	2014	4.1	17	27.6	38.1	13.1	3.39	-0.028
	2017	4.0	19.2	27.6	36.7	12.5	3.35	0.032
技术变化非常迅速	2008	22.6	29.6	29.1	14.2	4.5	2.48	0.028
	2009	3.8	11.5	28.1	34.2	22.4	3.60	0.013
	2014	0.8	8.4	27.4	44.7	18.6	3.72	0.098**
	2017	0.8	9.2	24.0	45.2	20.8	3.76	0.143**

续表

项　　目	年份	非常不同意	←	↔	→	非常同意	评价值	创新努力
技术发展趋势很难预测	2008	10.9	23.7	34.9	22.7	7.8	2.93	0.007
	2009	6.6	25.5	35.9	21.7	10.3	3.04	-0.002
技术环境很不确定	2008	9.3	22	38.8	22.8	7.0	2.96	0.018
	2009	6.1	17.8	35	24.1	17.0	3.28	0.018
新技术的涌现和新产品的推出很普遍	2014	1.3	10.1	29.4	46.1	13.1	3.60	0.083**
	2017	1.1	9.5	23.2	48.2	18.1	3.73	0.123**

注：表中数据基于2016年企业家年度追踪调查问卷；第3～7列数据为选择相应答案的比重，第9列数据为相关系数，** 代表 $P \leq 0.05$，* 代表 $P \leq 0.10$。

另外，2015—2022年的数据对比反映了企业所在地的创新氛围逐步好转，具体表现在"对创新失败的容忍度"在逐步上升，"对'山寨'产品接受程度"也在不断降低（见表1-18）。但环境中对开拓性创新的鼓励氛围不足，鼓励冒险和开拓进取的程度停滞不前，企业间模仿程度没有降低。

表1-18　企业所在地的创新氛围

项　　目	年　份	很高	较高	较低	很低	评价值
对创新失败的容忍度	2022	11.4	43.2	34.4	11.0	2.55
	2020	9.3	50.4	33.6	6.7	2.62
	2016	6.4	49.6	38.9	5.1	2.57
	2015	5.3	45.2	43.0	6.5	2.49
鼓励冒险和开拓进取的程度	2022	10.6	38.2	38.9	12.3	2.47
	2020	8.7	41.1	43.2	7.0	2.52
	2016	5.4	33.4	54.1	7.1	2.37
	2015	4.6	32.2	54.4	8.8	2.33
对"山寨"产品接受程度	2022	5.8	25.5	40.6	28.1	2.91
	2020	3.2	25.5	47.9	23.4	2.92
	2016	3.0	34.5	44.4	18.1	2.78
	2015	2.6	38.3	42.9	16.2	2.73

续表

项目	年份	很普遍	较普遍	较少见	很少见	评价值
企业间产品模仿程度	2022	24.7	46.4	21.8	7.1	2.11
	2020	20.5	52.1	22.5	4.9	2.12
	2016	17.4	61.0	19.5	2.1	2.06
	2015	18.9	61.7	16.4	3.0	2.04

注：评价值是由（"很高"×4＋"较高"×3＋"较低"×2＋"很低"）/100 计算得出的，其中"对'山寨'产品接受程度"的计分方式与之相反；"企业间产品模仿程度"评价值是由（"很少见"×4＋"较少见"×3＋"较普遍"×2＋"很普遍"×1）/100 计算得出的。最高为 4 分，最低为 1 分，分值越大，表示企业所在地创新氛围越浓；反之则越淡。

新技术革命带来了新产业、新商业模式、新业态发展的历史机遇，新时代的高质量发展需要企业家提升创新发展的新动能。对比 1995 年与 2022 年调查发现，与早年相比，我国企业对外部技术的依赖度在下降。关于"企业当前技术进步主要依靠的模式"，企业家选择"引进国外技术、设备"的外部直接获取模式下降了 20.4%，"依靠本企业的技术力量自行开发"的技术进步模式由 1995 年的 43.7% 增加到 2022 年的 56.7%，上升了 13%（见表 1-19）。这表明虽然仍然有近 1/4 的企业采用跟随模仿式创新，但是已经有超过半数的企业采用自主式创新。调查还发现，相较而言，大型企业及非国有企业"依靠本企业的技术力量自行开发"的比例较高。

表1-19　企业当前技术进步主要依靠的模式（%）

模式		引进国外技术、设备	购买国内技术专利	聘请高校或研究所开发研制	依靠本企业的技术力量自行开发	模仿开发、创新
总体	2022年	4.9	4.8	9.6	56.7	24.0
	1995年	25.3	3.6	9.0	43.7	18.4

技术创新带来商业模式的创新，这也成为近 10 年来中国企业的创新特色。关于企业创新的自我评价，2012 年调查显示，41.0% 的企业家认为企业在"商业模式上适应了'网络经济'的需求"；2020 年调查显示，在应对新冠病毒疫情时，41.9% 的企业家考虑通过"创

新商业模式"渡过难关。2021年调查显示，49.2%的企业家认为启动数字化转型的主要目标是"创造新的商业模式"。

五、公司治理逐步规范，现代企业制度不断健全

以《有限责任公司暂行管理条例》和《股份有限公司暂行条例》为标志，我国从1992年开始建立真正的现代企业制度。1993年颁布的《中华人民共和国公司法》进一步加速了我国企业发展的过程。中国企业家调查系统课题组30年长期追踪调查涉及股份制改造、理顺产权关系、转换企业经营机制、完善公司治理结构、建立现代企业制度等诸多方面。

改革开放初期，国有企业的现代化企业制度建设重点关注制度变革，打破计划经济时代形成的旧体制的束缚。1998年的调查表明，有59.3%的企业家认为自己企业"完成了公司制改造"。同时，促进民营企业等非国有经济发展的制度改革不断深入推进。2003年有32.8%的非国有企业表示"已经或打算"参与兼并国有企业；在2014年推出混合所有制后，有12.9%的企业表示"非常积极"参与混合所有制改革；2021年，已有54.7%的企业"非常积极"和"比较积极"参与混合所有制改革（见表1-20）。

表1-20 企业参与混合所有制经济改革的积极性（%）

不同分组		非常积极	比较积极	不太积极	不感兴趣
总体	2021年	14.9	39.8	21.3	24.0
	2015年	5.9	39.9	30.3	23.9
	2014年	12.9	45.4	17.9	23.8
东部地区企业		13.9	39.2	21.6	25.3
中部地区企业		11.8	34.7	23.6	29.9
西部地区企业		21.2	45.1	18.8	14.9
大型企业		14.6	34.1	29.3	22.0
中型企业		13.1	44.0	25.1	17.8
小型企业		15.4	39.1	19.5	26.0

续表

不同分组	非常积极	比较积极	不太积极	不感兴趣
国有企业	29.2	50.0	8.3	12.5
外资企业	10.8	27.0	35.2	27.0
民营企业	14.2	40.0	21.0	24.8

随着改革的深入，现代企业制度变革的主要任务不断向更高层次上的制度创新转变。2006年的调查显示，企业家对自己"企业治理结构比较健全"的符合程度的评分为5.34（7分制），表明建立现代企业制度已经取得显著成效。59.0%的企业家支持2007年推出的《中华人民共和国物权法》，认为该法规从根本上可以保护个人财产安全。2009年的调查数据表明，42.9%的企业家对创业板的推出持正面态度。随后，88.0%的企业家认为，新《中华人民共和国环境保护法》的实施"成效很大"和"成效较大"。2013年，95.3%的调查企业认为已经部分或完全实现"完善公司治理结构"。

第三节　企业家队伍的能力和素质全面提升

一、企业家队伍整体素质和职业声望逐步提高

关于"对目前中国企业家队伍状况的评价"，对比2022年和2007年的数据可以看出：认同企业家队伍整体素质"非常高"和"比较高"的百分比由2007年的29.9%提升到2022年的40.2%；认同企业家队伍职业声望"非常高"和"比较高"的百分比由2007年的28.3%提升到2022年的33.3%（见表1-21）。

表1-21　对目前中国企业家队伍状况的评价（%）

项　目	年　份	非常高	比较高	一般	比较低	非常低	评价值
整体素质	2022	3.1	37.1	51.8	7.1	0.9	3.34
	2007	0.7	29.2	55.9	13.4	0.8	3.16

续表

项　目	年　份	非常高	比较高	一般	比较低	非常低	评价值
职业声望	2022	2.8	30.5	53.9	11.4	1.4	3.22
	2007	1.3	27.0	57.7	12.9	1.1	3.14

注：评价值是由（"非常高"×5＋"比较高"×4＋"一般"×3＋"比较低"×2＋"非常低"×1）/100计算得出的，最高为5分，最低为1分，分值越大，表示企业家队伍整体素质/职业声望越高；反之则越低。

调查发现，企业家大都秉持社会推崇的价值观。在2003年和2022年的调查中，都涉及了企业家对自身群体最喜欢/最不喜欢的特征选择（见表1-22）。从"最喜欢的优秀特征"来看，前3位均为"信守承诺""守法经营"和"尊重员工"；而"回报社会""照章纳税""重视家庭""善于创新"也逐渐成为最喜欢的特征。这说明企业家群体越来越注重承担社会责任、关爱员工和家庭、努力造福社会。

表1-22　企业家最喜欢/最不喜欢的特征（%）

最喜欢的优秀特征	2022年	2003年	最不喜欢的特征	2022年	2003年
信守承诺	76.6	67.5	不守信用	83.6	77.4
守法经营	72.7	62.7	违法经营	75.2	68.4
尊重员工	60.4	46.9	偷税漏税	52.0	28.3
回报社会	53.0	36.0	自私自利	49.9	32.0
照章纳税	37.1	20.0	不尊重下属	30.7	32.7
重视家庭	34.9	22.2	贪婪	26.1	33.9
善于创新	31.0	51.9	妄自尊大	24.5	32.3
善于合作	26.4	28.5	不务正业	22.1	23.8
高瞻远瞩	20.6	30.7	不顾家庭	19.7	20.6
认真负责	17.6	28.8	视野狭隘	18.5	27.6
锲而不舍	14.8	22.7	不善合作	14.2	20.4

续表

最喜欢的优秀特征	2022年	2003年	最不喜欢的特征	2022年	2003年
永不停步	10.5	17.8	冷酷无情	12.4	13.8
开朗乐观	8.5	11.7	独断专行	10.1	22.7
才能杰出	3.8	26.8	孤芳自赏	9.7	5.6
关系丰富	2.4	2.6	犯忌别人	6.7	15.1
依赖别人	2.9	8.9	因循守旧	5.5	19.2
形象出众	0.9	1.9	缺乏魅力	2.0	4.7

从"最不喜欢的特征"来看，"不守信用"和"违法经营"都高居前列，超过三成的企业家还选择了"偷税漏税""自私自利""不尊重下属"等。这说明在新时期企业家群体更加注意合法经营和维护共同利益，法治化建设成效显著，企业家群体参与社会治理、助推社会进步的意识也有了显著提升。

二、企业家队伍的能力全面拓展提升

企业家队伍健康成长的基础是能力和素质培养。30年来，企业家能力经历了快速提升的过程。早期阶段，职业化能力和市场经营能力是企业家比较重视培养的能力，1993—1998年的多次调查都将企业家的角色意识、职业化追求、素质能力与培训情况作为调查的重点之一。2000年的调查发现，一半以上的企业家认为自己企业的核心竞争力主要体现在市场营销能力、经营组织能力和战略决策能力三个方面。

在1997年、2002年、2009年的调查中，都涉及了企业家对自己各方面技能的评价。当问及"作为企业经营者，您认为自己最强和最弱的3项能力是什么"时，调查结果显示，在"最弱的能力"中，企业家选择比重较高的"公关能力"（61.2%～65.6%）、"市场营销能力"（32.4%～40.0%）和"表达能力"（31.3%～35.5%）与企业的市场开拓和客户沟通关系密切，而"最强的能力"中，企业家选择比重较高的"决策能力"（60.5%～79.6%）、"组织协调能力"（54.1%～61.6%）与企业的内部管理关系更密切，这反映了我国企业家能力结构的一些特征：内部管理能力强，对外开拓能力弱。在市场化改革不断深化、国际化竞争不断加剧的环境下，企业家的对外开拓能力有待加强（见表1-23）。

表1-23 企业家认为自己最强/最弱的能力（%）

最强的能力	2009年	2002年	1997年	最弱的能力	2009年	2002年	1997年
市场营销能力	29.4	25.5	22.9	市场营销能力	40.0	32.4	34.5
组织协调能力	54.1	61.6	54.9	组织协调能力	11.7	6.7	10.8
决策能力	60.5	61.7	79.6	决策能力	7.0	4.5	2.7
预见能力	35.3	29.5	31.5	预见能力	34.2	25.7	20.5
公关能力	12.4	8.9	10.4	公关能力	65.6	61.2	61.4
创新能力	26.8	33.0	23.9	创新能力	35.9	28.9	31.3
知人善任能力	32.6	31.8	40.2	知人善任能力	17.8	18.1	15.3
表达能力	9.9	11.9	15.0	表达能力	35.5	31.4	31.3
学习能力	35.0	19.8	13.8	学习能力	19.3	22.4	20.7

随着市场化改革的不断深化、国际化竞争的加剧，企业家不断优化能力结构，注重培养战略决策能力、学习创新能力等来助力企业发展壮大。2002年的调查显示，企业家认为最需具备的素质和技能中，选择领导与创新类技能（包括果断决策、接受新思想、统筹能力、智慧）的比重最大（41.8%～86.7%），高于人际沟通与个人能力修养类技能。2005年、2016年的调查也发现，企业家越来越重视高管团队的学习和企业创新组织能力的提升。虽然近年来受到了新冠病毒疫情的影响，但"企业创新组织能力"一直稳步上升，从

2015年的49.43上升到2020年的54.45（见表1-24）。但"企业家创新精神"和"高管团队创新管理"的指数得分略有下降，这一现象值得关注。

表1-24 企业"创新潜力"指数得分及分组比较（分）

项目	年份	总体	经济类型		规模		行业		
			国有企业	非国有企业	大型企业	中小型企业	劳动密集型行业	资源密集型行业	技术密集型行业
创新潜力	2022	63.47	63.51	63.38	68.55	63.01	62.44	63.67	64.35
	2020	65.90	66.87	65.69	70.97	65.41	64.65	66.01	67.25
	2019	64.77	65.30	64.57	69.71	64.28	63.57	64.76	66.05
	2017	65.63	67.19	65.39	70.96	65.08	64.89	65.55	66.23
	2016	63.18	63.93	62.96	68.11	62.69	62.54	63.19	63.78
	2015	64.68	65.25	64.38	69.10	64.21	64.10	65.43	64.86
企业家创新精神	2022	72.90	74.03	72.73	77.76	72.41	70.89	73.00	74.41
	2020	72.90	74.03	72.73	77.76	72.41	70.89	73.00	74.41
	2019	72.90	74.03	72.73	77.76	72.41	70.89	73.00	74.41
	2017	72.90	74.03	72.73	77.76	72.41	70.89	73.00	74.41
	2016	73.51	74.49	73.14	77.85	73.04	71.86	74.18	74.63
	2015	73.51	74.49	73.14	77.85	73.04	71.86	74.18	74.63
高管团队创新管理	2022	70.35	68.71	70.24	75.12	69.87	68.99	70.58	71.12
	2020	70.35	68.71	70.24	75.12	69.87	68.99	70.58	71.12
	2019	70.35	68.71	70.24	75.12	69.87	68.99	70.58	71.12
	2017	71.11	70.12	70.97	74.66	70.70	70.80	72.26	70.42
	2016	71.11	70.12	70.97	74.66	70.70	70.80	72.26	70.42
	2015	71.11	70.12	70.97	74.66	70.70	70.80	72.26	70.42
企业创新组织能力	2022	47.16	47.78	47.18	52.76	46.75	47.44	47.44	47.53
	2020	54.45	57.86	54.10	60.03	53.94	54.08	54.45	56.23
	2019	51.05	53.16	50.74	56.26	50.55	50.83	50.68	52.64
	2017	52.86	57.43	52.48	60.46	52.14	52.97	51.39	53.87
	2016	44.93	47.18	44.78	51.83	44.32	44.96	43.14	46.27
	2015	49.43	51.16	49.03	54.80	48.89	49.62	49.84	49.53

近年来，企业家积极提升变革管理能力，以应对各种困难与挑战。2020年调查发现，面对新冠病毒疫情，企业家重视企业的危机

感知能力和危机适应能力的提升,同时,也注重危机中的机遇把握。2021年的调查发现,企业家高度关注企业数字化能力;2022年的调查显示,企业应对各种变化的能力中"创新精神及协调能力"自我评价最优(见表1-25)。企业尤其注重培养"鼓励员工不断学习并提供良好的培训机会"和"注重通过各种渠道从外部获取有用的信息"两项与组织内部和外部学习相关的能力。

表1-25 企业应对各种变化的能力(2022年,%)

项 目	非常弱	比较弱	一般	比较强	非常强	评价值
行业趋势及潜在竞争者预见能力	1.4	6.2	40.9	44.6	6.9	3.49
能准确预测本行业市场需求的变动情况	1.8	7.0	44.1	41.9	5.2	3.42
能意识到本行业先进技术的发展变化趋势	1.2	5.5	38.2	47.8	7.3	3.55
能识别潜在竞争者的出现及其影响程度	1.1	5.7	39.9	46.7	6.6	3.52
能及时了解各级政府对本行业的相关政策	1.5	6.5	41.5	42.2	8.3	3.49
创新精神及协调能力	1.4	4.8	34.2	48.7	10.9	3.63
能够在全体员工之间分享公司的发展愿景	1.1	4.0	33.5	50.4	11.0	3.66
鼓励员工不断学习并提供良好的培训机会	0.8	3.9	29.0	51.8	14.4	3.75
注重通过各种渠道从外部获取有用的信息	0.7	3.3	29.2	53.9	12.9	3.75
能够根据所获取的信息更新原有知识	0.8	3.5	31.3	52.9	11.5	3.71
对创新活动投入大量人力、物力和财力	2.2	7.8	41.0	39.9	9.1	3.46
管理者和员工具有不断创新的探索精神	1.4	5.7	36.9	46.3	9.7	3.57
有鼓励员工变革和创新活动的企业文化	2.0	5.5	35.8	47.0	9.7	3.57

续表

项　目	非常弱	比较弱	一般	比较强	非常强	评价值
对变革和创新提供卓有成效的激励机制	1.7	5.6	37.3	46.4	9.0	3.55
与供应商、客户等一起探讨问题解决方案	1.6	4.3	33.4	50.1	10.6	3.64
市场开拓及风险掌控能力	7.0	10.9	45.3	31.0	5.8	3.18
具有推动数字化转型并取得实效的能力	3.9	10.3	45.4	33.8	6.6	3.29
具有驾驭各种不确定性的能力	2.2	7.3	47.2	37.3	6.0	3.38
具有成功开拓国际化市场的能力	15.0	15.2	43.0	21.9	4.9	2.87

注：评价值是由（"非常强"×5＋"比较强"×4＋"一般"×3＋"比较弱"×2＋"非常弱"×1）/100计算得出的，最高为5分，最低为1分，分值越大，表示应变能力越强；反之则越弱。

第四节　企业家精神内涵不断丰富升华，韧性不断增强

历年调查涉及企业家精神、价值取向、行为特征与自我认知等多个方面，以深入探寻企业家的精神动力和人生追求。调查表明，随着市场化、全球化、技术进步的进程，企业家精神内涵不断丰富和升华，韧性不断增强。

一、企业家的精神内涵不断丰富升华

企业家精神是企业家创业创新的精神资源，也是企业可持续高质量发展的动力源泉。调查显示，30年来中国企业家注重的精神内涵不断丰富和升华。总体来看，市场经济体制创建期（1993—2002年），企业家精神的内涵主要是"勇担风险""奉献""善抓机会"和"敬业"等；经济发展转型期（2003—2012年），企业家精神内涵

主要包括"创新""善抓机会""勇于突破"和"与众不同"等。改革开放攻坚期（2013—2017年），"创新""精益求精""诚信""勇于突破"等推动企业从粗放式发展向高质量发展转型，且致力于优化合作生态的企业家精神逐渐涌现。高质量发展推进期（2018年至今），"诚信""敬业""创新"仍然受到高度重视，同时"奉献""造福社会"也凸显其价值（见表1-26）。

表1-26　各个时代的企业家精神（%）

项　　目	市场经济体制创建期（1993—2002年）	经济发展转型期（2003—2012年）	改革开放攻坚期（2013—2017年）	高质量发展推进期（2018年至今）
勇担风险	50	24	18	17
奉献	42	8	21	44
善抓机会	41	35	21	21
敬业	41	21	18	54
节俭	40	5	8	29
渴望成功	31	25	16	10
坚韧	29	11	16	26
诚信	24	29	42	65
自我实现	21	30	24	23
勇于突破	18	35	29	9
造福社会	14	14	28	38
创新	9	64	56	48
与众不同	9	31	26	5
精益求精	8	17	42	28

注：由于选项为最想传承的五项企业家精神，因此各选项比例合计大于100%。

迈入全面建设社会主义现代化国家新阶段后，企业家精神境界进一步升华，开始关注更广阔的人类福祉。对可持续竞争优势的追求与更多迈向美好生活所必需的现代商业文明，正成为不少优秀企业家的价值共识和不懈追求。企业家精神具体体现在企业家个人的价值追求上，1997年的调查显示"最大利润"是大部分企业家的主要追求,而从 2007—2022 年的调查数据来看,"企业的持续发展"成为企业家的首要追求且比重持续上升,而选择"为股东创造价值"的排位明显退后(见表1-27)。调查表明,企业家已经逐渐认识到高质量可持续发展是企业经营的核心。此外,可以看到企业家对体现个人价值的方式有更多层次的理解,除了对社会地位、美好生活、家庭幸福的个人追求,企业家个人对于"服务社会、回报社会""参政议政"等价值追求 2022 年较 2007 年上升了 10 个百分点以上。

表1-27 企业家个人的主要追求(%)

项目	总体			规模		经济类型			"专精特新"企业
	2022年	2011年	2007年	大型企业	中小型企业	国有企业	外资企业	民营企业	
为股东创造利润	37.8	39.5	40.2	45.4	37.3	41.2	51.0	37.3	38.4
企业的持续发展	83.8	85.9	75.8	78.7	84.1	72.5	81.6	84.7	91.8
实现个人价值	46.1	46.3	40.4	48.1	46.0	63.7	40.8	45.3	42.3
提升生命意义	26.0	22.1	—	26.9	26.0	33.3	18.4	25.8	28.0
较高的社会地位	12.4	9.8	3.4	15.7	12.2	17.6	8.2	12.4	8.6
享受美好生活	14.3	13.8	4.5	17.6	14.1	16.7	16.3	14.1	11.5
家庭美满幸福	31.8	35.9	14.6	27.8	32.0	25.5	36.7	32.0	26.9
个人/家族财富的积累	9.1	6.4	5.1	9.3	9.1	6.9	6.1	9.3	6.1
员工收入提高与成长	50.0	64.5	48.3	47.2	50.2	31.4	61.2	50.4	62.7
服务社会、回报社会	53.8	52.0	41.0	52.8	53.9	43.1	51.0	54.9	60.6
参政议政	15.8	5.8	3.8	16.7	15.7	18.6	14.3	15.6	12.5
实业报国	—	—	13.0	—	—	—	—	—	—

当前面对百年未有之大变局,企业家需要有更加坚定的精神支撑迎接困难和挑战。企业家精神内涵不断丰富,企业家群体实现了

从市场参与者向经济建设者的角色认知转变,在创造价值的同时也能"造福社会"。2018年以来,调查新增了对"家国情怀"的统计,数据显示外部压力激发了企业家以回报祖国、回馈社会为内核的企业家精神,2022年有41.3%的企业家表示"家国情怀"是"最想传承的企业家精神"(见表1-28)。

表1-28 最想传承的企业家精神(%)

项　　目	2022年	2019年	2018年
乐于奉献	52.2	40.6	39.8
勇于冒险	24.0	9.3	16.7
勤俭节约	34.3	27.9	25.5
自我实现	36.6	16.0	17.7
创新	42.7	44.5	55.3
造福社会	53.8	29.2	31.3
敬业	33.1	64.1	64.0
渴望成功	8.7	7.5	13.0
诚信	51.5	71.3	71.2
善于突破	9.0	9.9	9.4
善抓机会	11.4	21.5	28.8
坚韧	20.5	28.7	29.8
与众不同	2.7	5.8	6.3
精益求精	21.8	33.9	26.8
不断超越	18.0	20.4	21.8
家国情怀	41.3	24.1	26.8
韬光养晦	3.5	3.1	2.7

二、企业家心理韧性不断增强

作为精神面貌的重要体现,企业家对压力的感知和积极应对的情绪,也反映了企业家的心理韧性。积极乐观的情绪状态与较高的幸福感对未来企业家的成长与企业发展有着积极的心理支撑。企业家是否具有这种积极的情绪状态,在很大程度上反映了过去一段时间内企业家在组织经营管理与个人价值的实现上是否顺利或感到满意,也体现了企业家对于未来事态走向的潜在判断。从历年调查数据来看,企业家群体感到"很幸福"或"幸福"的比例多年来稳定保持在60%～70%(见图1-5、表1-29)。

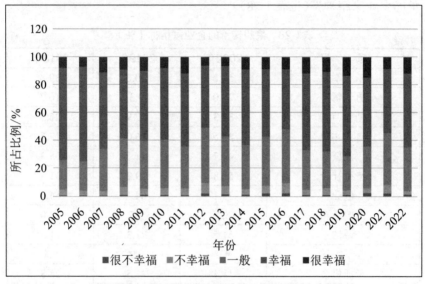

图1-5 企业家的幸福感图

表1-29 企业家对自己幸福的感受(%)

年 份	很不幸福	不幸福	一般	幸福	很幸福	均值
2022	1.3	2.5	31.4	53.2	11.6	3.72
2021	2.1	6.1	37.4	46.0	8.4	3.53
2020	2.3	3.4	30.0	49.7	14.6	3.71
2019	0.9	3.3	24.5	57.9	13.4	3.80
2018	0.9	4.9	26.4	57.3	10.5	3.72
2017	0.9	3.7	28.4	55.4	11.6	3.73
2016	2.2	7.2	38.9	43.1	8.6	3.49
2015	2.1	5.6	35.2	48.6	8.5	3.56
2014	1.1	4.0	31.8	54.3	8.8	3.66
2013	1.4	6.0	35.7	50.5	6.4	3.55

续表

年　份	很不幸福	不幸福	一般	幸福	很幸福	均值
2012	1.9	7.5	39.8	44.7	6.1	3.46
2011	0.7	4.8	30.3	52.6	11.6	3.70
2010	0.8	5.0	34.9	51.5	7.8	3.61
2009	1.0	4.2	34.4	50.7	9.7	3.64
2008	0.9	5.8	35.1	49.3	8.9	3.60
2007	0.4	3.1	30.7	54.9	10.9	3.73
2006	0.5	3.3	21.3	68.0	6.9	3.78
2005	0.5	4.2	21.4	66.4	7.5	3.76

注：均值为（"很幸福"×5＋"幸福"×4＋"一般"×3＋"不幸福"×2＋"很不幸福"×1）/100计算得出的。最高为5分，最低为1分。分值越大，表示企业家的幸福感越强；反之则越弱。

企业家对人性善恶的判断也体现了其价值追求，大多数企业家认同人性向善。2011年、2018年、2022年的调查发现，企业家认为"人性趋善"的比例分别为77.4%、78.7%、80.6%，远高于"人性趋恶"的比例（见表1-30）。

表1-30　企业家对人性的看法（%）

对人性的打分	2022年	2018年	2011年	对人性的打分	2022年	2018年	2011年
1分	1.2	0.3	1.6	6分	14.5	16.3	16.5
2分	0.7	0.2	1.8	7分	15.4	18.9	14.0
3分	3.0	3.4	4.1	8分	22.6	23.6	18.8
4分	3.7	5.0	6.1	9分	11.2	10.6	14.3
5分	10.8	12.4	9.0	10分	16.9	9.3	13.8
人性趋恶（1～5分）	19.4	21.3	22.6	人性趋善（6～10分）	80.6	78.7	77.4
总体分值					7.26	7.00	7.02

注：调查用打分的方式了解了企业家对人性的看法，分数的取值范围为1～10分，分值越大，表示越认同"人性趋善"；反之则越认同"人性趋恶"。

这种积极的精神面貌和心理韧性也支撑着企业家面对各种压力。

调查发现，企业家对压力的感受在不同年份有所波动，从新冠病毒疫情以来大幅上升，对压力的自我评价均值上涨0.28。具体来看，认为自己"压力很大"或"压力较大"的占比自2020年以来明显提高（见图1-6和表1-31）。

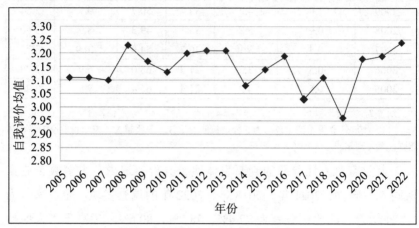

图1-6　企业家对自己压力的感受（均值）

表1-31　企业家对自己压力的感受（%）

年　份	压力很大	压力较大	压力较小	没有压力	均　值
2022	33.9	56.2	9.4	0.5	3.24
2021	30.5	58.8	10.0	0.7	3.19
2020	31.6	56.2	10.9	1.3	3.18
2019	18.2	60.8	19.3	1.7	2.96
2018	26.5	59.0	13.4	1.1	3.11
2017	20.6	63.3	14.6	1.5	3.03
2016	30.3	59.8	8.9	1.0	3.19
2015	28.1	58.7	12.1	1.1	3.14
2014	24.6	60.2	13.4	1.8	3.08
2013	31.0	60.4	7.6	1.0	3.21
2012	30.1	61.7	7.3	0.9	3.21
2011	31.0	59.0	8.8	1.2	3.20
2010	25.3	63.2	10.2	1.3	3.13

续表

年　份	压力很大	压力较大	压力较小	没有压力	均　值
2009	28.1	61.4	9.6	0.9	3.17
2008	34.3	55.4	9.0	1.3	3.23
2007	23.6	63.9	11.1	1.4	3.10
2006	24.5	62.8	11.6	1.1	3.11
2005	25.7	60.8	12.2	1.3	3.11

注：均值是由（"压力很大"×4＋"压力较大"×3＋"压力较小"×2＋"没有压力"×1）/100 计算得出的，最高为 4 分，最低为 1 分。分值越大，表示压力越大；反之则压力越小。

关于"企业家个人付出的最大代价"的调查显示，2007—2022年最大的 3 项代价都是"大量透支时间和精力""承受很大的心理压力""对家庭/亲人关照不够"（见表 1-32）。近些年企业家相较于 15 年前投入更多时间、精力应对难关。关于"企业家个人付出的最大代价"的调查显示，选择会"舍弃个人志趣爱好"为企业经营管理让步的企业家和选择"影响个人身体健康"的企业家与 2007 年相比上升 10.2、4.9 个百分点（见表 1-32）。

表1-32　企业家个人付出的最大代价（%）

项　目	总　体			规　模		经 济 类 型			"专精特新"企业
	2022年	2009年	2007年	大型企业	中小型企业	国有企业	外资企业	民营企业	
大量透支时间和精力	69.1	68.0	67.2	70.1	69.1	66.7	67.3	69.5	70.6
舍弃个人志趣爱好	25.8	16.2	15.6	25.2	25.8	33.3	14.3	26.7	25.1
影响个人身体健康	31.9	29.0	27.0	31.8	31.9	41.2	30.6	31.1	28.7
承受很大的心理压力	65.9	59.5	61.1	71.0	65.5	52.7	69.4	67.0	69.5
人身与财产安全受到威胁	3.6	2.9	2.6	2.8	3.6	3.9		3.8	4.7

续表

项　目	总　体			规　模		经济类型			"专精特新"企业
	2022年	2009年	2007年	大型企业	中小型企业	国有企业	外资企业	民营企业	
遭受各方面诸多误解	9.0	13.1	15.2	7.5	9.1	3.9	14.3	8.9	10.8
失去了其他发展机会	9.7	18.7	17.9	13.1	9.5	16.7	10.2	9.1	6.1
在一些人生原则上让步	9.9	14.3	13.3	7.5	10.0	5.9	14.3	9.8	9.3
对家庭/亲人关照不够	49.6	52.8	53.3	55.1	49.3	52.0	46.9	49.9	55.2

环境的复杂和竞争的加剧，给企业家带来不断增加的压力，但调查同时发现企业家的韧性也在增强。调查涉及了企业家对自身群体的评价，2017年选择排在前3的为"坚持不懈的"（56.2%）、"有活力的"（52.8%）、"坚强的"（43.3%）。2022年排名最高的依旧是这3个，但"有活力的"选择比例显著上升为65.2%，并成为最多人的选择，相关的"热情奔放""坚决的"等代表企业家精神中积极昂扬的词汇占比都显著提升。整体来看，选择企业家精神中积极正向的词汇占比显著提升（见表1-33），这些都体现了企业家队伍的坚定与坚韧。

表1-33　企业家最想用来形容其周围企业家的词汇（%）

项　目	总　体		性　别	
	2022年	2017年	男	女
有活力的	65.2	52.8	65.0	68.5
坚持不懈的	46.8	56.2	46.0	55.9
坚强的	40.6	43.3	40.5	42.7
有雄心壮志的	36.9	40.5	36.3	44.1

续表

项 目	总体		性别	
	2022年	2017年	男	女
专心的	36.0	41.7	36.2	34.3
热情奔放	28.8	16.5	28.7	29.4
紧张的	24.3	25.0	24.6	21.0
坚决的	20.9	15.7	20.4	28.0
心烦/苦恼的	17.9	19.3	18.5	9.8
悲观失望	17.1	16.7	17.7	9.8
自豪的	16.7	22.2	16.6	18.2
主动的	15.5	22.8	15.6	14.7
心情沮丧	12.9	8.7	13.2	8.4
疑虑重重	12.7	16.9	13.3	4.9
高兴的	8.4	6.0	8.6	5.6
挫折感强	7.8	9.5	7.9	7.0
烦躁易怒	7.3	8.6	7.4	5.6
神经过敏的	5.3	3.8	5.4	4.9
有负罪感的	0.9	2.8	1.0	0.7
羞愧的	0.5	1.3	0.5	0.7

第五节　企业家队伍成长四个阶段特征

经过30年的发展和积累，中国企业家队伍的综合素质和能力明显提升，面对一系列的困难和冲击，企业家队伍表现出较高的韧性。企业家队伍的这种能力和韧性是逐渐积累而成的，随着30年中国经济的市场环境的发展，经历了四个不同的发展阶段。调查发现，这些不同阶段都对应着企业环境的改善、企业的发展及企业家队伍的成长（见表1-34）。

表1-34 30年来宏观政策环境的演进与企业家队伍的成长：四个阶段的比较

项目	市场经济体制创建期（1993—2002年）	经济发展转型期（2003—2012年）	改革开放攻坚期（2013—2017年）	高质量发展推进期（2018年至今）
党的重大决议	十四届三中全会：《关于建立社会主义市场经济体制若干问题的决定》 中国共产党第十五次全国代表大会：建立比较完善的社会主义市场经济体制	十六届三中全会：《中央关于完善社会主义市场经济体制若干问题的决定》 中国共产党第十七次全国代表大会：从制度上更好发挥市场在资源配置中的基础性作用	十八届三中全会：《中央关于全面深化改革若干重大问题的决定》 我国发展进入新阶段，改革进入攻坚期和深水区加快推进建设创新型国家 市场在资源配置中起决定性作用	中国共产党第十九次全国代表大会：新发展理念，我国经济由高速增长阶段转向高质量发展阶段 中国共产党第二十次全国代表大会：高质量发展是全面建设社会主义现代化国家的首要任务
国家经济发展重要战略	建立社会主义市场经济体制，"造就企业家队伍"	提高开放型经济水平； 经济转型、产业结构优化升级； 健全现代市场体系，发挥市场在资源配置中的基础性作用	全面小康； 创新驱动发展； 紧紧围绕使市场在资源配置中起决定性作用深化经济体制改革	贯彻新发展理念，建设现代化经济体系； 转换增长动能； 高质量发展； 新发展格局
企业发展关键目标	建立现代企业制度，提高企业管理水平	企业转型升级，提高企业国际化水平	企业自主创新，提高企业创新管理能力	企业韧性与高质量发展，提高企业管理复杂性的能力

续表

项目	市场经济体制创建期（1993—2002年）	经济发展转型期（2003—2012年）	改革开放攻坚期（2013—2017年）	高质量发展推进期（2018年至今）
企业家进步方向	成为适应市场化改革要求、具备职业化素质的合格企业家；企业家队伍制度化建设，向市场化、职业化、专业化迈进	成为带领企业国际化和转型发展的学习型企业家；企业家的学习与成长、责任担当	成为带领企业自主创新发展的创新型企业家；企业家创新意识与能力提升	成为带领企业系统应对高复杂性、实现高质量发展的战略型企业家；企业家精神与心理韧性提升；开创新发展格局
本课题组调查重点	对企业家队伍基本信息画像、基础素质培养、市场化制度初步建立等情况进行调查	对企业家与企业精神文化建设、发展规划制定、资源获取、变革转型认知与应对等情况进行调查	对企业家与企业创新投入产出、创新能力、创新环境等情况进行调查	对企业家精神提升与转型、传承与创新、抗压韧性、数字化转型等情况进行调查
企业家核心能力	以职业化为核心的能力基础建设。自我职业角色意识初步形成；现代企业制度的理解和创建；企业家数量与素质有待提升	以学习及变革为核心的能力拓展与提升。学习意识强；积极变革转型；责任意识与精神境界提升	以创新为核心的能力提升。风险承担与突破式创新意识与能力表现突出	以管理复杂性为核心的能力提升。家国情怀；危机感知能力与危机应对能力提升；追求高质量发展
企业家精神内涵	勇担风险、奉献、敬业	创新、善抓机会、勇于突破、与众不同	创新、诚信、精益求精、勇于突破	诚信、敬业、创新、家国情怀

市场经济体制创建期（1993—2002年）。1993年十四届三中全会通过了《中共中央关于建立社会主义市场经济体制若干问题的决定》，确定了建立社会主义市场经济体制，提出了要进一步转换国有企业经营机制，建立适应市场经济要求的产权清晰、权责明确、政企分开、管理科学的现代企业制度。同时，明确提出要"造就企业家队伍"。1993—2002年是计划经济向社会主义市场经济转型的重要时期，也是建立现代企业制度，开启企业家队伍的职业化、专业化、市场化发展的关键时期。

这个时期的企业家队伍自我职业角色意识初步形成，关于什么是企业家、中国有没有企业家的内涵界定在理论上和实践中逐渐明确。1994年调查显示，六成以上的调查对象认为"自己是一名企业家"。企业家对现代企业制度的理解和建设也逐步深入，1995年调查显示，取消企业的行政级别、走职业化道路成为厂长（经理）们的主流意向。

不过，这个阶段企业家队伍的量与质都还处于发展初期。例如，2002年调查显示，认为目前企业家队伍"数量充足"与"素质高"的分别只占13.3%与10.1%，而认为企业家队伍"数量缺乏"与"素质低"的分别占62.0%与40.0%。

在这个阶段，企业家成长的关键是成为合格的企业家，重点是以职业化为核心的能力基础建设。这个时期对企业家的自我认知、自我革新和顽强生长是很好的历练。

经济发展转型期（2003—2012年）。2003年的中国共产党第十六届中央委员会第三次全体会议提出了以公有制为主体、多种所有制共同发展的基本经济制度。同时，2001年中国加入世界贸易组织（World Trade Organization，WTO），标志着中国进入全面对外开放的新阶段。这个时期我国市场经济制度与环境不断改善，经济发展方式加快转变，产业结构不断优化升级，现代市场体系基本健全。

2007年中国共产党第十七次全国代表大会明确了发挥市场在资源配置中的基础性作用。

这个时期企业家队伍的职业化和专业化已经达到一定水平。同时，企业家个人与组织学习能力明显提升，2005年调查显示，企业家对个人综合学习能力评分为中等偏上（5.48，7分制），同时，熟悉"组织学习""学习型组织"的企业家超过八成。

在这个阶段，企业家成长的关键是成为适应国际竞争和经济转型需要的学习型企业家，重点是以学习及变革为核心的能力扩展与提升。通过个人学习、建设"学习型组织"、对标国际先进管理水平，企业家的国际视野、学习和变革管理能力、责任意识与精神境界等明显提升。

改革开放攻坚期（2013—2017年）。2013年中国共产党第十八届中央委员会第三次全体会议审议通过《中共中央关于全面深化改革若干重大问题的决定》，正式确立了"市场在资源配置中起决定性作用"，第一次明确产权保护。这个阶段，我国处于深化改革开放、加快转变经济发展方式的关键时期。同时，互联网等新技术变革不断发展，不少企业开始推动和实施创新驱动发展战略。

这个时期的企业家大都以积极开放的心态拥抱变革，重视创新驱动转型的新发展模式，重研发、担风险、抓机会的管理风格逐渐形成。2015年的调查发现，八成的企业家认为自己"重视研发，强调技术领先和创新"。同时，企业家精神内涵与社会责任意识提升，普遍认同"人性本善"与"心怀感恩"，不少优秀的企业家树立了"人本管理"理念，并开始以回馈社会为己任。2015年的调查以企业创新动向为主题，并依据国内外企业创新研究的理论框架和实践经验，构建了"中国企业创新动向指数"，调查分析表明，2015年中国企业开始进入创新活跃期。

在这个阶段，企业家成长的关键是成为胜任自主创新管理的创新型企业家，重点是以创新为核心的能力提升。通过提升创新意识与组织创新能力，打造组织的创新文化，企业家的创新管理能力全面提升，同时面对创新中必须应对的失败和风险管理，企业家的韧性也明显增强。

高质量发展推进期（2018年至今）。这个时期我国经济已由高速增长阶段转向高质量发展阶段，正处在转变发展方式、优化经济结构、转换增长动力的攻关期。2022年中国共产党第二十次全国代表大会进一步提出构建高水平社会主义市场经济体制，以高质量发展全面推进中国式现代化。同时，这个时期企业外部环境的复杂性和不确定性、科技创新的颠覆性、平台经济等新商业模式的突破性等，对制度环境和企业生态系统提出了更高的要求。

这个时期企业家成长的关键是成为能够系统思考、有效应对高复杂性、高不确定性的战略型企业家，企业家需要实现以管理复杂性为核心的能力提升，企业家的危机感知能力与危机适应能力得到磨炼，高韧性的特征更加突出。2020年调查表明，企业在韧性维度上"情境感知"的得分为3.90（5分制），在"适应能力"上的得分为3.63。

这个时期，企业家高质量发展意识与创新导向明显提升，更加重视企业数字化等新技术和新模式的发展变革，积极寻求未来高质量可持续的发展机会。

第二章
新发展阶段，企业家引领企业高质量发展面临的新挑战

当前，中国经济进入新发展阶段，明确了高质量发展、实现了中国式现代化的目标。同时，百年未有之大变局，使企业实现高质量发展面临多种挑战，企业家只有对外部环境变化敏锐把握、对未来发展趋势深刻洞察，以及理性地自我认识和不断地超越，才能胜任高质量发展的新要求。

第一节　外部环境的不确定性明显增加

一、全球经济紧缩、国际市场变化、供应链不稳定

近年来，世界经济动荡加剧，新一轮"逆全球化"浪潮袭来。调查显示，受全球经济下滑与新冠病毒疫情的影响，企业经营遇到较大困难，盈利情况明显下滑。调查还发现，一些国家对我国的贸易压制与技术"卡脖子"，对企业的自主创新能力和水平提出了新的挑战（见表2-1）。在此背景下，全球经济格局尤其是供应链的调整也影响着中国出口型外贸企业的发展。企业家引领企业高质量发展面临较大的外部挑战和困难。

近年来，全球经济的紧缩与新冠病毒疫情息息相关，我国企业也受到了影响。整体上，企业家认为新冠病毒疫情对国内市场形势的不利影响超过国际市场，2021年，相对国内市场，有更多企业家认为疫情对国际市场产生了"非常不利"的影响（比重差值为

1.4%),而 2022 年企业家对国内市场受"非常不利"影响的判断反超国际市场,且相差较大(比重差值为 6.2%)(见表 2-2 和表 2-3)。由此可见,内循环对我国经济高质量可持续增长的作用举足轻重,企业家群体亟待国内市场环境从新冠病毒疫情冲击中逐渐恢复。

表2-1 面对国内外环境新变化,企业觉得最难以应对的挑战(2022年,%)

项 目	总体	规 模		经 济 类 型			"专精特新"企业
		大型企业	中小型企业	国有企业	外资企业	民营企业	
美国等国家打压中国企业	42.2	45.5	41.9	47.1	57.1	41.6	37.2
一些地方政府在环境保护方面"一刀切"	35.3	38.2	35.1	36.3	32.7	35.5	35.5
新冠病毒疫情的不确定性	84.0	80.0	84.8	84.3	77.6	84.6	79.8
一些地方政府"放管服"改革不到位	23.4	32.7	22.8	26.5	14.3	23.7	17.0
企业所在地营商环境不够好	30.7	27.3	30.9	35.3	12.2	31.6	23.8
全球供应链不稳定	20.8	20.9	20.7	20.6	26.5	20.1	30.5
一些行业政策突然变化	23.6	21.8	23.7	21.6	24.5	24.1	19.9
数字化转型真正落实很困难	13.3	20.0	12.9	13.7	8.2	12.1	19.5
社会上对企业家群体的质疑较多	11.8	14.5	11.6	8.8	8.2	12.4	12.1
企业国际化过程中市场不确定性风险大	8.8	13.6	8.5	11.8	18.4	8.2	13.8
企业国际化过程中非市场风险大	5.2	12.7	4.8	10.8	6.1	4.8	7.1
一些企业家对未来存在迷茫、悲观情绪	33.3	26.4	33.7	21.6	34.7	35.1	32.3
新变局下企业家群体自身能力和素质亟待提升	13.9	10.9	14.1	8.8	10.2	13.9	18.4
改革开放进入深水区,存在较多不确定性	14.1	23.6	13.6	15.7	18.4	13.9	16.3
社会上短期行为较多,影响长期做实业的积极性	27.8	20.0	28.3	15.7	34.7	28.9	37.2

续表

项目	总体	规模		经济类型			"专精特新"企业
		大型企业	中小型企业	国有企业	外资企业	民营企业	
产权保护还不到位，影响企业家长期创业动力	10.1	10.9	10.0	8.8	6.1	9.8	15.2
新变局下企业的管理能力和创新能力亟待提升	18.4	17.3	18.4	23.5	24.5	17.6	25.2

表2-2 新冠病毒疫情对企业国内市场形势的影响（%）

项目		非常不利	不利	没有影响	有利	非常有利	评价值
总体	2022年	36.2	54.8	6.5	1.9	0.6	1.76
	2021年	26.4	54.8	14.2	4.0	0.6	1.98
制造业		32.2	57.0	7.8	2.4	0.6	1.82
大型企业		28.6	62.2	6.7	0.8	1.7	1.85
中小型企业		36.7	54.4	6.5	1.9	0.5	1.75
国有企业		28.3	60.9	9.2	0.8	0.8	1.85
外资企业		30.8	50.0	17.3	1.9		1.90
民营企业		37.2	54.4	6.0	1.9	0.5	1.74
"专精特新"企业		30.6	55.5	9.4	2.8	1.7	1.90
出口型企业		26.9	60.0	10.4	1.8	0.9	1.90
非出口型企业		38.9	53.3	5.5	1.9	0.4	1.72

注：1. 评价值是由（"非常有利"×5＋"有利"×4＋"没有影响"×3＋"不利"×2＋"非常不利"×1）/100计算得出的，最高为5分，最低为1分。分值越大，表示对市场形势越有利；反之则越不利。
2. 空白处表示答题者未选择此项。

表2-3 新冠病毒疫情对企业国际市场形势的影响（%）

项目		非常不利	不利	没有影响	有利	非常有利	评价值
总体	2022年	30.0	41.8	25.8	1.8	0.6	2.01
	2021年	27.8	37.3	29.1	4.9	0.9	2.14
制造业		31.4	47.6	18.0	2.3	0.7	1.93
大型企业		17.9	54.4	22.3	3.6	1.8	2.17

续表

项 目	非常不利	不利	没有影响	有利	非常有利	评价值
中小型企业	30.8	41.0	26.0	1.7	0.5	2.00
国有企业	28.3	42.5	26.5	2.7		2.04
民营企业	28.8	44.3	23.1	3.8		2.02
外资企业	30.1	40.5	27.1	1.8	0.5	2.02
"专精特新"企业	27.0	45.6	21.4	4.6	1.4	2.08
出口型企业	33.3	49.3	12.8	3.9	0.7	1.89
非出口型企业	29.2	39.3	29.8	1.2	0.5	2.05

注：1. 评价值是由（"非常有利"×5＋"有利"×4＋"没有影响"×3＋"不利"×2＋"非常不利"×1）/100计算得出的，最高为5分，最低为1分。分值越大，表示对市场形势越有利；反之则越不利。
2. 空白处表示答题者未选择此项。

企业家作为经营管理者，对疫情造成的环境约束感知非常明显，对企业经营状况的评估统计显示，2022年经营状况"良好"的比重仅为16.4%，这项数字在2020—2021年一直持平，2022年下降明显，经营状况"良好"占比也首次低于"不佳"，相较而言，大型企业与外资企业抵抗外部风险的能力更强，"专精特新"企业在政策助力下也表现出较强活力（见表2-4）。

表2-4 不同类型企业目前综合经营状况（%）

项 目		目前经营状况			良好－不佳
		良好	一般	不佳	
总体	2022年	16.4	56.2	27.4	－11.0
	2021年	28.5	54.9	16.6	11.9
	2020年	29.6	52.7	17.7	11.9
	2019年	28.8	50.4	20.8	8.0
	2018年	33.7	50.7	15.6	18.1
东部地区企业		17.3	57.2	25.5	－8.2
中部地区企业		18.6	52.3	29.1	－10.5
西部地区企业		12.4	55.0	32.6	－20.2
大型企业		33.9	50.0	16.1	17.8
中小型企业		15.3	56.5	28.2	－12.9

续表

项目	目前经营状况			良好—不佳
	良好	一般	不佳	
国有企业	20.2	56.3	23.5	-3.3
外资企业	30.2	49.0	20.8	9.4
民营企业	15.3	56.1	28.6	-13.3
"专精特新"企业	28.5	50.7	20.8	7.7
第一产业	5.9	67.6	26.5	-20.6
第二产业	17.5	53.4	29.1	-11.6
第三产业	16.0	58.1	25.9	-9.9
劳动密集型行业	13.6	53.1	33.3	-19.7
资源密集型行业	18.6	54.1	27.3	-8.7
技术密集型行业	19.4	57.5	23.1	-3.7

注：1. 第一产业指的是农林牧渔业；第二产业指的是采矿业、制造业、电力热力燃气及水的生产和供应业、建筑业；第三产业指的是除第一、第二产业之外的行业。
2. 劳动密集型行业主要包括：建筑业、住宿和餐饮业、农副食品加工业、食品制造业、酒饮料和精制茶制造业、纺织业、纺织服装服饰业、皮革毛皮羽毛及其制品和制鞋业、木材加工及木竹藤棕草制品业、家具制造业等；资源密集型行业主要包括：农林牧渔业、采矿业、石油煤炭及其他燃料加工业、化学原料及化学制品制造业、化学纤维制造业、橡胶及塑料制品业、非金属矿物制品业、黑色金属冶炼及压延加工业、有色金属冶炼及压延加工业等；技术密集型行业主要包括：信息传输软件和信息技术服务业、科学研究和技术服务业、医药制造业、专用设备制造业、汽车制造业、铁路船舶航空航天及其他运输设备制造业、电气机械及器材制造业、计算机通信及其他电子设备制造业、仪器仪表制造业等。

近年来，在民粹主义、贸易保护主义抬头的背景下，世界经济动荡加剧，新一轮"逆全球化"浪潮袭来。与此同时，国际政治局势也发生了改变。调查发现，中国企业对"中国与美国及一些西方国家关系"及"俄乌冲突"等国际政治环境有着前所未有的关注度（评价值均超过4分，5分制）（见表2-5）。在此背景下，全球经济格局尤其是供应链的调整也影响着中国出口型外贸企业的发展。调研发现：对于上游，20.8%的企业表示"全球供应链不稳定"；对于下游，综合有14.0%的企业表示"企业国际化过程中非市场风险大""企业国际化过程中市场不确定性风险大"（见表2-1）。

表2-5 对有关方面正在发生的最新变化的关注程度（2022年，%）

项　　目	根本不关注	很少关注	有点关注	比较关注	非常关注	评价值
中国与美国及一些西方国家关系	0.5	2.0	13.7	40.4	43.4	4.24
俄乌冲突	1.1	4.2	21.0	41.0	32.7	4.00
台海局势	0.7	2.1	8.3	31.9	57.0	4.42
新冠病毒疫情及防控政策	0.8	1.1	6.4	27.2	64.5	4.54
全球供应链调整	1.1	8.8	25.7	36.9	27.5	3.81
"双碳"相关政策	2.6	13.1	30.4	34.4	19.5	3.55
行业政策	0.7	2.5	11.3	34.5	51.0	4.33
房地产市场相关政策	2.7	9.5	26.5	34.5	26.8	3.73
对企业家评价的相关社会舆论	1.9	9.7	26.7	37.0	24.7	3.73
一些知名企业和企业家遇到的各种危机	1.3	5.3	22.7	41.1	29.6	3.92
企业发展模式	0.8	3.3	15.4	42.5	38.0	4.14
企业数字化转型	1.6	6.6	24.8	36.2	30.8	3.88
鼓励"专精特新"企业发展的新动态	1.4	6.9	21.2	37.6	32.9	3.94
一些产能外迁，订单外流	2.7	11.6	28.8	36.0	20.9	3.61
社会心态变化	1.5	4.2	22.1	40.6	31.6	3.97

二、转型时期行业政策的波动、技术变革、商业模式变化

国内经营环境的变化对企业家也提出了新的挑战。2022年调查发现，企业家对"政策过度波动带来的不确定""行业政策的突然变化"等关注度很高。96.4%的被调查者认为"避免政府政策过度波动带来的不确定性"对企业家精神的有效发挥影响很大。与此相关，企业家对于和新冠病毒疫情及防控政策、行业政策的关注度都非常高，评价值都在4分以上（5分制）（见表2-5）。从表2-6还可以看出，"营造全社会诚信环境""营造依法保护企业家合法权益的法治

环境""营造公平公正、稳定透明的营商环境"都对企业家精神的有效发挥影响很大,而保持政策的相对稳定性、可预期性无疑是营造良好的诚信环境、法治环境和营商环境的重要组成部分。

表2-6 营商环境与新时代企业家精神的关系(2022年,%)

项 目	很不重要	较不重要	比较重要	非常重要	评价值
营商环境	0.2	3.2	42.2	54.4	3.51
依法保护知识产权	0.2	3.4	47.1	49.3	3.46
减少政府的过度干预	0.3	5.3	51.9	42.5	3.37
反对垄断和地方保护	0.5	4.8	48.6	46.1	3.40
营造全社会诚信环境	0.2	1.3	30.3	68.2	3.67
不断改变"官本位"文化	0.3	4.2	44.8	50.7	3.46
避免政府政策过度波动带来的不确定性	0.1	3.5	44.7	51.7	3.48
营造公平公正、稳定透明的营商环境	0.1	1.4	36.8	61.7	3.60
营造依法保护企业家合法权益的法治环境	0.1	1.4	33.3	65.2	3.64

注:评价值是由("非常重要"×4+"比较重要"×3+"较不重要"×2+"很不重要"×1)/100计算得出的,最高为4分,最低为1分,分值越大,表示关系越密切;反之则越不密切。以下同。

调查同时表明,企业家普遍认同技术不断变革是越来越普遍的现象。而对技术变化的追踪调查显示,近七成企业家认为当前技术变化很快和技术竞争激烈,从2008年到2017年呈现递增的趋势。同时,技术变化和新产品的推出成为增强企业创新的主要驱动力。调查分析显示,技术变革在10年前不影响企业的创新努力,而在10年后的今天,技术变化和新产品的推出,显著增强企业的创新努力(在0.01水平上显著)(见表2-7)。这表明,技术驱动创新正在成为未来趋势。

表2-7 市场竞争、技术变革与企业创新努力（%）

项　目	年份	非常不同意	←	←→	→	非常同意	评价值	创新努力
企业之间的市场竞争非常激烈	2008	65.4	24.3	8	1.5	0.7	1.48	-0.004
	2009	1.2	3.3	10.1	26.1	59.4	4.40	0.001
	2014	1.0	4.3	10.5	53.4	30.8	4.09	-0.046*
	2017	0.70	2.60	12.50	54.90	29.40	4.10	0.025
竞争对手的市场行为难以预测	2008	13.6	29.6	33.3	18.2	5.3	2.72	-0.01
	2009	4.6	19.6	34.3	27.7	13.7	3.26	0.012
新企业进入较多	2008	20.6	30.3	27.6	15.3	6.2	2.56	0.007
	2014	4.1	17.0	27.6	38.1	13.1	3.39	-0.028
	2017	4.00	19.20	27.60	36.70	12.50	3.35	0.032
技术变化非常迅速	2008	22.6	29.6	29.1	14.2	4.5	2.48	0.028
	2009	3.8	11.5	28.1	34.2	22.4	3.60	0.013
	2014	0.8	8.4	27.4	44.7	18.6	3.72	0.098**
	2017	0.80	9.20	24.00	45.20	20.80	3.76	0.143**
技术发展趋势很难预测	2008	10.9	23.7	34.9	22.7	7.8	2.93	0.007
	2009	6.6	25.5	35.9	21.7	10.3	3.04	-0.002
技术环境很不确定	2008	9.3	22.0	38.8	22.8	7.0	2.96	0.018
	2009	6.1	17.8	35.0	24.1	17.0	3.28	0.018
新技术的涌现和新产品的推出很普遍	2014	1.3	10.1	29.4	46.1	13.1	3.60	0.083**
	2017	1.10	9.50	23.20	48.20	18.10	3.73	0.123**

注：表中数据基于2016年企业家年度追踪调查；第3～7列数据为选择相应答案的比重，第9列数据为相关系数，** 代表 $P \leq 0.05$，* 代表 $P \leq 0.10$。

三、营商环境仍需完善，社会上短期行为仍然较多

除全球宏观经济环境紧缩和不确定性增强以外，国内营商环境建设仍然存在很多有待改进之处，持续调整政府与市场的相对关系，优化中介等服务主体管理制度，不仅有利于充分激发市场主体活力，也有利于企业家在公平透明的竞争环境中领导企业走出利润"短

视",以高质量可持续路径培养核心竞争力意义深远。

历年追踪调查表明,营商环境各分项指标中,企业家对中介组织和技术服务、金融服务、人力资源供应等的评价相对较低(见表1-11)。2021年调查还了解了当前企业营商环境存在的负面清单,发现"第三方中介机构收费过高"(43.0%)、"三角债大量存在"(35.2%)、"存在限制企业经营的不合理政策法规"(29.8%)、"市场准入方面歧视民营企业"(28.9%)、"部分领域和部门存在红顶中介"(27.3%)等问题目前仍然存在,值得重视(见表2-8)。

表2-8 企业家认为目前营商环境的负面现象(2021年,%)

项　目	总体	经济类型		
		国有企业	外资企业	民营企业
第三方中介机构收费过高	43.0	42.9	51.7	44.2
政府和资本合作项目信息不透明	15.3	18.2	12.2	13.8
政府和资本合作项目配套政策/实施细则不完善	14.0	16.6	10.5	12.7
存在限制企业经营的不合理政策法规	29.8	28.7	33.7	30.1
部分领域和部门存在红顶中介	27.3	24.3	27.3	36.2
部分领域和部门存在权力寻租	21.5	17.0	16.9	26.4
恶意抢注商标	6.0	8.5	2.9	2.9
官员不收好处、也不办事	26.6	21.9	25.6	33.3
经济诈骗现象大量存在	13.9	14.6	9.9	12.0
三角债大量存在	35.2	40.5	33.1	36.2
市场准入方面歧视民营企业	28.9	29.6	26.7	29.0
涉企执法过程存在"吃拿卡要"	9.2	8.1	7.6	10.5
外地企业在当地受歧视	5.1	7.3	4.1	5.8
其他	4.1	3.2	6.4	3.6

另外,2022年关于"企业家觉得最难以应对的挑战"调查表明,有27.8%的企业家选择了"社会上短期行为较多,影响长期做实业的积极性"(见表2-1)。社会上的短期行为对企业的长期发展产生一

定影响,这一问题值得关注。

短期行为导向不仅在区域层面上存在,而且在企业内部也不利于企业的长期发展。在 2015—2017 年,课题组连续对企业的短期行为进行了追踪观测。调查显示(见表2-9),仍有平均37.6%的企业家认为,"分配资源实现短期获利比实现长期发展更重要",这一类企业不仅在创新上投入较少,而且在下一年的创新绩效上表现较差(在 0.01 或 0.001 水平上统计显著)。此外,也有平均40.3%的企业赞同"'赢在当下'比长期竞争优势更重要",这类短期导向的企业创新投入较少,同样也在下一年度的创新绩效表现较差(在 0.05 或 0.01 水平上统计显著)。这些数据表明,提高企业创新意愿与绩效的根本在于企业自身改变短期导向的行为,制订长期发展规划,将资源分配到有利于长远发展的方向上。

表2-9 企业发展规划的目标期限(%)

短期行为导向	年 份	没有规划	1年以内	3年以内	5年以内	10年以内	10年以上	创新投入	创新绩效
发展规划的目标期限	2017	10.0	14.0	40.7	25.2	5.8	4.4	0.22***	0.12***
	2016	12.8	12.9	35.3	30.1	5.1	3.7	0.18***	0.12***
	2015	6.6	6.0	44.7	29.6	6.2	6.8	0.19***	0.11***
短期资源分配		是	否	创新投入	创新绩效				
分配资源实现短期获利比实现长期发展更重要	2017	35.0	65.0	−0.15***	−0.07**				
	2016	43.0	57.0	−0.18**	−0.09***				
	2015	34.8	65.2	−0.14**	−0.07***				
"赢在当下"比长期竞争优势更重要	2017	38.9	61.1	−0.14**	−0.05*				
	2016	43.7	56.3	−0.15***	−0.07**				
	2015	38.3	61.7	−0.15***	−0.05*				

注:表中"创新投入"及"创新绩效"两列数据为相关系数,*** 代表 $P \leqslant 0.001$,** 代表 $P \leqslant 0.01$,* 代表 $P \leqslant 0.05$。

第二节　企业内部经营管理的五大挑战

一、经济下滑、经营遇到困难

全球经济放缓尤其是 2020 年以来的新冠病毒疫情对企业生存与可持续经营造成严重冲击，尤其对中小企业和民营企业造成明显冲击，企业盈利呈现明显下滑趋势（见表 2-10）。调查显示，受到新冠病毒疫情与全球经济下滑的影响，企业实际盈利从疫情开始的 2020 年就确实呈现出明显的下滑趋势。2022 年上半年仅有 30.4% 的企业实现了盈余，近半数（47.5%）企业出现亏损（"亏损"+"严重亏损"）。

表2-10　企业当年上半年盈利状况（%）

年 份	较大盈利	略有盈余	收支平衡	亏损	严重亏损	均值
2022	3.1	27.3	22.1	38.0	9.5	2.77
2021	6.7	39.9	26.5	23.8	3.1	3.23
2020	5.6	30.6	22.6	34.5	6.7	2.94
2019	7.0	43.8	25.8	22.1	1.3	3.33
2018	6.8	45.1	26.9	19.4	1.8	3.36
2017	8.3	45.4	26.0	18.5	1.8	3.40
2016	5.9	45.2	23.3	22.5	3.1	3.28
2015	5.2	41.1	23.5	26.2	4.0	3.17
2014	5.9	45.8	21.9	23.7	2.7	3.29
2013	5.3	43.5	22.8	25.6	2.8	3.23
2012	4.5	45.2	22.1	24.5	3.7	3.22
2011	8.0	50.7	20.3	19.1	1.9	3.44
2010	13.1	54.4	17.3	13.7	1.1	3.65
2009	7.0	44.4	20.5	24.8	3.3	3.27
2008	11.6	51.3	16.9	18.0	2.2	3.52

注：评价值是由（"较大盈利"×5＋"略有盈余"×4＋"收支平衡"×3＋"亏损"×2＋"严重亏损"×1）/100 计算得出的，最高为 5 分，最低为 1 分。分值越大，表示企业盈利越多；反之则亏损越多。

二、未来发展不确定性增强

新冠病毒疫情冲击全球，百年变局加速演进，国内外环境更趋复杂严峻。欧美政治极化愈演愈烈，全球经济衰退，"逆全球化"暗流涌动，这些都对国际政治和经济秩序产生了很大冲击，成为当前逆全球化浪潮的重要推手。未来发展不确定性增强，调查显示，2020年以来认为"未来影响企业发展的不确定因素太多"，对企业经营造成困难的企业家占比明显增加，由2020年的29.1%增加到2022年的41.6%（见表2-11）。

三、资源、环境约束加大，经营成本持续增加

企业经营与内部管理也面临不少困难，资源、环境约束不断加大，企业成本压力持续加大。调查发现，近年来"人工成本上升"与"能源、原材料成本上升"及"资金紧张"问题持续加重企业经营的困难（见表2-12）。与高成本对应，"国内需求不足""整个行业产能过剩"，需求端在后疫情时期持续低迷，进一步压缩企业盈利空间，37.6%的企业家反馈"企业利润率太低"，这些都是目前阶段企业向高质量发展转型有待解决的经营问题。

四、企业所需专业人才供应不足

人才供应是企业发展的关键问题。历年追踪调查显示，企业家对人力资源供应的评价一直较低，排在企业营商环境各分项指标的最后一位。2000年和2014年的调查发现，大多数企业家认为"创新人才缺乏"是妨碍创新工作的最重要因素。2022年，39.3%的企业家认为"缺乏人才"是经营发展中的主要困难（见表2-12）。对企业所在地区获取人才难易情况的调查显示，"战略设计人才"（90.1%）、"国际化管理人才"（89.9%）与"技术研发人才"（81.7%）是企业最

表2-11 当前企业经营发展中遇到的最主要困难（%）

项　目	2022年	2021年	2020年	2019年	2018年	2017年	2016年	2015年	2014年	2013年	2012年	2011年
资金紧张	39.1	39.3	35.8	30.2	33.9	31.7	35.1	37.9	35.6	36.6	35.0	38.8
人工成本上升	67.8	75.8	62.1	72.0	77.5	71.8	68.4	71.9	76.0	79.2	75.3	79.0
能源、原材料成本上升	39.0	53.5	30.0	29.5	43.9	40.4	16.1	13.7	19.9	25.3	31.3	57.7
缺乏人才	39.3	44.6	33.1	35.4	38.4	35.9	33.2	32.8	30.4	28.4	29.7	32.8
企业领导人发展动力不足	10.4	11.3	8.2	8.6	7.9	8.9	9.9	7.7	8.3	7.0	7.8	7.1
未来影响企业发展的不确定因素太多	41.6	31.4	29.1	25.6	20.0	21.3	22.0	22.7	18.5	27.6	27.4	19.9
国内需求不足	22.3	13.8	18.7	14.6	9.7	10.8	24.0	29.4	23.7	28.9	25.5	7.7
地方政府干预较多	14.2	12.6	10.5	8.4	9.0	8.2	8.8	7.2	8.8	11.0	6.4	6.1
整个行业产能过剩	25.3	22.6	28.5	31.5	21.9	30.3	38.2	41.2	41.4	36.9	30.9	22.9
遭受侵权等不正当竞争	4.8	5.6	5.0	6.6	6.0	8.0	9.8	9.7	8.3	7.4	6.0	7.6
政府政策多变	18.2	17.1	13.3	17.5	19.6	17.9	—	—	—	—	—	—
国际贸易保护加剧	4.4	3.8	7.7	7.9	4.9	2.0	—	—	—	—	—	—
企业利润率太低	37.6	32.5	35.9	37.1	33.8	36.3	43.4	40.8	40.8	41.1	44.8	39.1
企业招工困难	15.1	24.2	22.8	22.0	25.5	21.9	15.0	13.2	20.1	19.4	22.3	28.9
资源、环境约束较大	9.0	11.4	12.8	17.0	15.6	17.1	12.1	10.5	9.4	9.8	8.4	8.2
缺乏创新能力	10.6	10.7	11.4	12.0	11.0	15.8	16.5	14.8	13.8	11.4	13.8	11.2
缺乏投资机会	3.9	2.6	3.3	2.9	1.8	3.2	3.8	3.5	3.3	3.6	3.2	2.9
出口需求不足	3.8	1.6	6.7	6.4	2.0	4.4	7.6	9.9	8.0	9.5	11.6	5.2
社保、税费负担过重	33.9	33.9	30.2	37.1	55.4	49.7	50.2	54.7	54.5	51.3	51.8	43.3

难获得的宝贵专业人才（见表2-13）。这表明我国需要持续推进国家创新体系建设，将专业人才培养与产业体系深度融合，以人才强国战略推动企业科学管理。

表2-12 当前企业经营发展中遇到的最主要困难（2022年，%）

项目	总体	规模		经济类型			"专精特新"企业
		大型企业	中小型企业	国有企业	外资企业	民营企业	
资金紧张	39.1	23.7	40.0	36.1	15.1	40.8	33.2
人工成本上升	67.8	54.2	68.6	47.9	52.8	69.4	60.8
能源、原材料成本上升	39.0	43.2	38.7	35.3	50.9	38.6	46.2
缺乏人才	39.3	44.9	39.0	52.1	28.3	38.0	47.6
企业领导人发展动力不足	10.4	22.9	9.6	23.5	11.3	9.3	8.4
未来影响企业发展的不确定因素太多	41.6	45.8	41.4	39.5	39.6	42.3	44.8
国内需求不足	22.3	25.4	22.1	25.2	24.5	22.6	22.4
地方政府干预较多	14.2	17.8	14.0	16.8	17.0	13.7	12.6
整个行业产能过剩	25.3	33.1	24.8	18.5	24.5	26.2	28.0
遭受侵权等不正当竞争	4.8	4.2	4.8	0.8	3.8	4.7	8.0
政府政策多变	18.2	19.5	18.1	18.5	34.0	18.0	16.4
国际贸易保护加剧	4.4	6.8	4.2	2.5	22.6	3.8	7.3
企业利润率太低	37.6	32.2	38.0	31.9	20.8	39.2	28.0
企业招工困难	15.1	9.3	15.4	4.2	24.5	15.8	16.4
资源、环境约束较大	9.0	21.2	8.3	11.8	9.4	8.6	10.5
缺乏创新能力	10.6	17.8	10.1	22.7	11.3	9.3	12.9
缺乏投资机会	3.9	5.9	3.7	5.9	5.7	3.6	2.8
出口需求不足	3.8	1.7	3.9	4.2	15.1	3.7	5.6
社保、税费负担过重	33.9	25.4	34.4	16.8	35.8	35.5	38.5

表2-13　企业所在地区获取人才的难易情况（%）

项目		容易	困难	项目		容易	困难
战略设计人才	2022年	9.9	90.1	资本运作人才	2022年	21.4	78.6
	2015年	11.4	88.6		2015年	19.8	80.2
	大型企业	18.3	81.7		大型企业	36.4	63.6
	中小型企业	9.4	90.6		中小型企业	20.5	79.5
	国有企业	17.9	82.1		国有企业	34.7	65.3
	外资企业	22.9	77.1		外资企业	36.7	63.3
	民营企业	8.5	91.5		民营企业	20.0	80.0
	"专精特新"企业	7.5	92.5		"专精特新"企业	21.8	78.2
经营管理人才	2022年	30.0	70.0	"互联网+"人才	2022年	28.0	72.0
	2015年	34.0	66.0		2015年	26.0	74.0
	大型企业	45.9	54.1		大型企业	36.1	63.9
	中小型企业	29.0	71.0		中小型企业	27.5	72.5
	国有企业	47.4	52.6		国有企业	31.6	68.4
	外资企业	36.7	63.3		外资企业	32.7	67.3
	民营企业	28.2	71.8		民营企业	27.1	72.9
	"专精特新"企业	25.2	74.8		"专精特新"企业	28.1	71.9
技术研发人才	2022年	18.3	81.7	国际化管理人才	2022年	10.1	89.9
	2015年	21.2	78.8		2015年	7.5	92.5
	大型企业	26.2	73.8		大型企业	16.5	83.5
	中小型企业	17.9	82.1		中小型企业	9.7	90.3
	国有企业	22.7	77.3		国有企业	21.4	78.6
	外资企业	30.6	69.4		外资企业	22.4	77.6
	民营企业	17.5	82.5		民营企业	9.1	90.9
	"专精特新"企业	17.2	82.8		"专精特新"企业	8.2	91.8

续表

项目		容易	困难	项目		容易	困难
市场营销人才	2022年	36.2	63.8	高级技术工人	2022年	21.3	78.7
	2015年	44.3	55.7		2015年	21.6	78.4
	大型企业	45.0	55.0		大型企业	25.9	74.1
	中小型企业	35.6	64.4		中小型企业	21.0	79.0
	国有企业	47.5	52.5		国有企业	27.0	73.0
	外资企业	44.9	55.1		外资企业	32.7	67.3
	民营企业	34.8	65.2		民营企业	21.1	78.9
	"专精特新"企业	35.4	64.6		"专精特新"企业	19.9	80.1
财务管理人才	2022年	65.7	34.3				
	2015年	72.2	27.8				
	大型企业	69.7	30.3				
	中小型企业	65.5	34.5				
	国有企业	68.3	31.7				
	外资企业	85.7	14.3				
	民营企业	65.5	34.5				
	"专精特新"企业	66.3	33.7				

五、企业家队伍的长期规划不足

高质量发展的企业需要制订长远的目标和长期的规划。企业家的短视倾向会通过企业内部发展目标、决策制定、资源分配等一系列管理行动影响企业的战略表现。调查系统在2015—2017年连续对企业的短期行为进行了追踪观测。调查结果显示，我国大部分企业没有中长期发展规划。具体而言，大部分企业有1～3年以内的短期规划，有5年以上规划的企业占比不到40.0%（见表2-9）。即使创新回报可观，但仍平均有37.6%的企业家认为"分配资源实现短期获利比实现长期发展更重要"。从目前来看，企业家队伍仍需加强学习科学管理知识，培养进行未来发展布局的视野和能力。不过比较好的趋势是，企业家越来越意识到这点，认识到长期主义的重要性，认可长期导向的企业家远高于对短期目标的认可（见表2-14）。

表2-14 对有关说法的认同程度（2022年，%）

项 目	非常不同意	较不同意	中立	比较同意	非常同意	评价值
长期导向型	1.1	3.3	24.6	50.0	21.0	3.87
我做事会考虑其未来发展，并努力促成好的结果	0.6	0.8	13.3	53.2	32.1	4.15
为了实现长远目标，我愿意牺牲眼前的快乐或利益	1.8	4.8	28.9	48.3	16.2	3.72
认真对待关于负面结果的预警很重要，即使坏事不会发生	0.6	1.7	26.1	54.0	17.6	3.86
做长期才能见效的大事，比做立竿见影的小事更有价值	1.5	5.7	29.9	44.7	18.2	3.72
短期目标型	19.3	36.1	31.8	10.7	2.1	2.40
我的行动通常是"走一步看一步"，不做长远评估	21.0	39.3	29.5	8.6	1.6	2.31
我的行动和决策通常是"怎么方便就怎么来"	24.0	37.6	28.7	8.1	1.6	2.26
我通常不在意未来可能出问题的警告，相信"船到桥头自然直"	15.5	35.1	33.6	13.3	2.5	2.52
我认为不必为了长远而牺牲当前利益，未来的事情留给未来	16.8	32.5	35.3	12.6	2.8	2.52

第三节 企业家对未来的预期趋于谨慎，信心有待进一步加强

一、未来预期整体较为谨慎乐观

近年来，在复杂的外部环境和企业内部经营双重压力下，企业家对未来的预期逐渐趋于谨慎保守。调查显示，2022年企业家预计

当年 GDP 增幅 4.0%，这是近 15 年来继 2020 年后的最低估计。针对企业家对当年下半年的盈利状况预计的调查显示，2022 年有 35.9% 的企业家认为下半年企业将遭受"亏损"或"严重亏损"，在中美贸易摩擦、新冠病毒疫情等一系列外部扰动出现前，2017 年这一比例是 14.4%（见表 2-15）。

表2-15 对当年下半年盈利状况的预计（%）

年 份	较大盈利	略有盈余	收支平衡	亏损	严重亏损	均值
2022	3.2	32.6	28.3	29.6	6.3	2.97
2021	6.2	46.0	27.7	17.3	2.8	3.36
2020	10.2	45.1	24.6	17.6	2.5	3.43
2019	7.5	48.4	24.6	17.5	2.0	3.42
2018	7.4	48.7	26.5	15.2	2.2	3.44
2017	10.6	50.4	24.6	12.2	2.2	3.55
2016	7.4	48.7	26.6	14.3	3.0	3.43
2015	6.0	43.8	26.3	20.1	3.8	3.28
2014	6.9	49.8	23.4	17.0	2.9	3.41
2013	8.0	46.2	25.4	18.5	1.9	3.40
2012	5.4	46.0	25.1	19.9	3.6	3.30
2011	8.3	51.1	23.2	15.2	2.2	3.48
2010	15.1	58.2	18.2	7.8	0.7	3.79
2009	9.8	51.7	22.3	14.5	1.7	3.53
2008	11.0	52.9	19.9	13.7	2.5	3.56

企业家对未来 1 年的综合经营状况预估同样趋于保守，新冠病毒疫情的影响可能超过了大多数企业家的预期，因为 2022 年认为下一年会"好转"的企业家与预期"恶化"的企业家所占比重的差值已下降为 18.4%（见表 2-16）。但需要注意，即使承受了大变局时期的巨大考验，持乐观态度的企业家仍然多于悲观者，超八成企业家认为明年企业经营状况不会继续恶化，这说明企业家尚持有相对乐观的态度，期待商业环境有所转变，短期考验也对企业家高质量发

展提供契机。

表2-16 不同类型企业对明年综合经营状况的预计（%）

不同分组		好转	不变	恶化	好转－恶化
总体	2022年	37.8	42.8	19.4	18.4
	2021年	41.6	46.2	12.2	29.4
	2020年	57.1	34.5	8.4	48.7
	2019年	33.1	50.1	16.8	16.3
	2018年	36.0	47.4	16.6	19.4
东部地区企业		38.3	43.6	18.1	20.2
中部地区企业		41.3	42.2	16.5	24.8
西部地区企业		34.3	40.6	25.1	9.2
大型企业		35.9	49.6	14.5	21.4
中小型企业		37.9	42.4	19.7	18.2
国有企业		34.7	47.5	17.8	16.9
外资企业		22.6	52.9	24.5	-1.9
民营企业		38.0	42.1	19.9	18.1
"专精特新"企业		42.6	38.0	19.4	23.2
第一产业		27.1	57.2	15.7	11.4
第二产业		34.8	43.7	21.5	13.3
第三产业		41.5	40.8	17.7	23.8
劳动密集型行业		37.7	39.8	22.5	15.2
资源密集型行业		29.4	50.0	20.6	8.8
技术密集型行业		41.1	41.6	17.3	23.8

二、面对不确定性，一些企业家对未来存在迷茫、悲观情绪

调查表明，有33.3%的企业家认为"一些企业家对未来存在迷茫、悲观情绪"是"企业觉得最难以应对的挑战"之一（见表2-1）。相较于2002年，近些年企业家面对复杂形势和不确定性压力，"心情沮丧""疲惫不堪""挫折感强"的出现频率都有所提高（见图2-1和表2-17），这一结果与前述的企业家精神内涵的丰富化相对

应，更证明了企业家精神是支撑企业家应对新时代考验的根本动力。

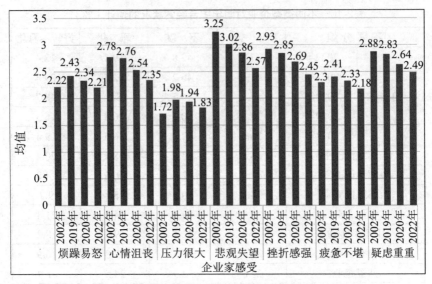

图2-1 过去一段时间中，出现以上各种感受的频率（评价值）

表2-17 过去一段时间中，出现以下各种感受的频率（%）

项目	年份	从未出现过	很少出现	有时出现	经常出现	评价值
烦躁易怒	2022	3.0	26.3	59.8	10.9	2.21
	2020	6.3	32.4	50.4	10.9	2.34
	2019	7.1	36.7	48.7	7.5	2.43
	2002	4.2	25.3	58.3	12.2	2.22
心情沮丧	2022	5.6	32.9	52.8	8.7	2.35
	2020	11.8	38.7	41.3	8.2	2.54
	2019	16.2	46.3	34.3	3.2	2.76
	2002	18.3	44.1	34.6	3.0	2.78
压力很大	2022	0.9	12.1	56.1	30.9	1.83
	2020	3.3	17.3	49.7	29.7	1.94
	2019	3.3	19.4	49.6	27.7	1.98
	2002	1.9	10.7	45.3	42.1	1.72

续表

项　　目	年　份	从未出现过	很少出现	有时出现	经常出现	评价值
悲观失望	2022	10.8	42.2	40.2	6.8	2.57
	2020	24.5	42.7	27.5	5.3	2.86
	2019	29.3	46.6	20.7	3.4	3.02
	2002	43.0	40.5	15.3	1.2	3.25
挫折感强	2022	6.2	39.1	47.8	6.9	2.45
	2020	14.4	45.8	34.3	5.5	2.69
	2019	19.9	48.8	27.9	3.4	2.85
	2002	23.9	47.5	26.2	2.4	2.93
疲惫不堪	2022	3.9	26.4	53.9	15.8	2.18
	2020	9.8	29.1	45.1	16.0	2.33
	2019	11.0	32.7	42.2	14.1	2.41
	2002	12.0	25.3	42.9	19.8	2.30
疑虑重重	2022	9.1	39.8	42.4	8.7	2.49
	2020	16.6	40.5	33.3	9.7	2.64
	2019	21.4	45.5	27.5	5.6	2.83
	2002	25.5	41.4	28.7	4.4	2.88

注：评价值是由（"从未出现过"×4＋"很少出现"×3＋"有时出现"×2＋"经常出现"×1）/100 计算得出的，最高分为 4 分，最低分为 1 分。分值越大，表示出现该种状况的概率较低；反之则越高。

三、企业家信心有待进一步加强

从多年跟踪调查来看，企业家对未来的信心在很大程度上取决于对现状的感受（见图 2-2 和表 2-18），近年来基于经济周期紧缩的预期及国际局势的不确定性，企业家信心有所下降，相较 2020 年对下一阶段经营发展的信心评分降低 0.24（4 分制）（见图 2-3 和表 2-19）。

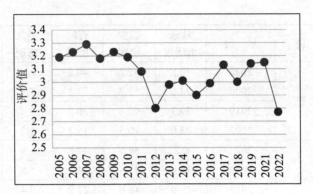

图2-2 对企业现状的总体感受

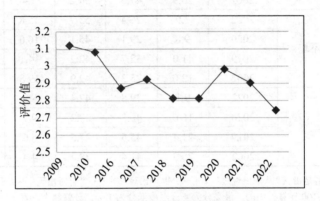

图2-3 对企业下一阶段经营发展的信心

表2-18 对企业现状的总体感受（%）

不同分组		非常满意	比较满意	一般	不太满意	很不满意	评价值
总体	2022年	2.3	22.1	35.6	30.0	10.0	2.77
	2021年	3.5	34.2	37.5	23.6	1.2	3.15
	2019年	2.4	37.5	35.6	20.6	3.9	3.14
	2018年	2.7	32.1	33.1	26.5	5.6	3.00
	2017年	2.4	36.7	35.7	22.0	3.2	3.13
	2016年	1.6	31.9	35.7	25.4	5.4	2.99
	2015年	0.9	27.4	38.4	27.1	6.2	2.90
	2014年	1.4	33.4	34.4	26.3	4.5	3.01

续表

不同分组		非常满意	比较满意	一般	不太满意	很不满意	评价值
总体	2013年	1.3	30.6	37.4	25.9	4.8	2.98
	2012年	1.2	25.2	33.5	32.9	7.2	2.80
	2011年	1.6	36.3	34.8	23.1	4.2	3.08
	2010年	1.9	43.0	30.7	21.0	3.4	3.19
	2009年	1.8	45.1	30.1	20.1	2.9	3.23
	2008年	1.6	42.7	30.9	21.3	3.5	3.18
	2007年	2.4	48.1	28.0	19.1	2.4	3.29
	2006年	1.8	45.4	29.7	20.2	2.9	3.23
	2005年	1.7	43.6	29.9	21.4	3.4	3.19
东部地区企业		2.0	22.8	37.0	29.0	9.2	2.79
中部地区企业		5.0	28.9	31.7	28.0	6.4	2.98
西部地区企业		2.1	16.1	33.4	34.1	14.3	2.58
大型企业		4.3	35.9	30.8	23.9	5.1	3.10
中小型企业		2.2	21.2	35.9	30.4	10.3	2.75
国有企业		5.1	28.2	41.9	19.7	5.1	3.09
外资企业			28.3	34.0	28.3	9.4	2.81
民营企业		2.3	20.7	35.6	30.7	10.7	2.73
"专精特新"企业		2.1	31.2	30.9	26.4	9.4	2.90

注：评价值是由（"非常满意"×5＋"比较满意"×4＋"一般"×3＋"不太满意"×2＋"很不满意"×1）/100计算得出的，最高为5分，最低为1分，分值越大，表示对企业现状越满意；反之则越不满意。

表2-19 对企业下一阶段经营发展的信心（%）

不同分组		很有信心	较有信心	信心不足	没有信心	评价值
总体	2022年	17.0	44.9	33.3	4.8	2.74
	2021年	20.3	53.1	23.2	3.4	2.90
	2020年	24.0	53.4	19.3	3.3	2.98
	2019年	14.8	54.1	27.9	3.2	2.81
	2018年	15.2	53.7	28.1	3.0	2.81
	2017年	18.7	56.0	23.5	1.8	2.92

续表

不同分组		很有信心	较有信心	信心不足	没有信心	评价值
总体	2016年	16.6	55.9	24.9	2.6	2.87
	2010年	26.1	57.3	15.4	1.2	3.08
	2009年	26.4	59.7	13.3	0.6	3.12
东部地区企业		16.4	46.0	33.0	4.6	2.74
中部地区企业		23.3	45.1	27.9	3.7	2.88
西部地区企业		15.7	41.5	37.0	5.8	2.67
大型企业		18.8	52.2	23.9	5.1	2.85
中小型企业		16.9	44.4	33.9	4.8	2.73
国有企业		17.9	53.9	22.2	6.0	2.84
外资企业		9.4	45.3	39.6	5.7	2.58
民营企业		17.3	43.4	34.5	4.8	2.73
"专精特新"企业		24.4	45.3	26.1	4.2	2.90

注：评价值是由（"很有信心"×4＋"较有信心"×3＋"信心不足"×2＋"没有信心"×1）/100计算得出的，最大分值为4分，最低为1分，分值越高，表示越有信心；反之则越没有信心。

调查进一步对企业家对有关说法的认同程度进行统计（见表2-20），新冠病毒疫情发生以来，企业家对"做企业（家）越来越难"的认同程度比2010年提升0.34；客观存在的环境压力和70.1%的企业家预计"未来1年国际经济形势将会恶化"，导致企业家对"目前是非公有经济发展的最好时期"的信心有所降低，63.4%的企业家同意"不少企业家对进一步深化市场化改革信心不足"。而且不少企业家认同"当前环境对企业家的创新探索包容不够"。

尽管面对各种挑战和困境，企业家群体仍然对国家发展充满期待。2011—2022年以来企业家对"移民海外"的认同度持续下降，表现出企业家群体对党和国家的认同和支持，也表现出企业家对我国经济建设的长足信心。

表2-20 企业家对有关说法的认同程度（%）

项 目	年份	很不同意	较不同意	中立	比较同意	非常同意	评价值
目前是非公有经济发展的最好时期	2022	18.7	26.0	40.4	12.4	2.5	2.54
	2021	8.6	18.7	45.2	22.4	5.1	2.97
	2016	14.5	28.2	33.9	20.7	2.7	2.69
	2015	9.5	31.8	35.9	20.3	2.5	2.74
	2014	8.1	19.7	38.3	27.4	6.5	3.05
	2013	10.6	27.3	34.5	23.0	4.6	2.84
	2012	19.6	25.4	29.3	15.7	10.0	2.71
	2011	13.4	26.8	36.0	19.9	3.9	2.74
	2010	7.2	33.4	29.5	26.8	3.1	2.85
	2009	5.8	36.5	32.6	20.7	4.4	2.81
	2008	7.4	43.9	30.5	15.0	3.2	2.63
当前环境对企业家的创新探索包容不够	2022	2.5	9.4	41.7	33.1	13.3	3.45
	2021	2.1	9.0	28.0	44.3	16.5	3.64
外部环境的变化不会改变中国世界制造业大国地位	2022	10.3	22.1	27.0	29.5	11.1	3.09
	2021	4.0	12.0	17.9	39.5	26.6	3.73
目前愿意做实业的企业家越来越少	2022	1.1	7.1	19.7	43.0	29.1	3.92
	2021	3.2	9.7	23.4	44.1	19.6	3.67
	2016	2.2	10.3	17.1	41.8	28.6	3.84
	2014	2.8	11.7	17.8	45.6	22.1	3.73
	2013	1.2	9.9	17.9	42.2	28.8	3.88
	2012	5.6	10.6	19.0	25.4	39.4	3.82
	2011	2.1	11.4	13.4	41.7	31.4	3.89
不少企业家对进一步深化市场化改革信心不足	2022	1.1	6.9	28.6	45.7	17.7	3.72
	2021	3.5	13.1	37.5	38.6	7.3	3.33
	2011	2.0	9.7	29.3	48.3	10.7	3.56

续表

项　　目	年份	很不同意	较不同意	中立	比较同意	非常同意	评价值
未来1年国际经济形势将会恶化	2022	1.0	3.3	25.6	48.9	21.2	3.86
	2021	1.9	8.9	32.7	46.1	10.3	3.54
	2011	1.8	12.0	24.5	50.2	11.5	3.58
做企业（家）越来越难	2022	0.6	2.6	12.7	43.8	40.3	4.21
	2021	1.5	4.9	14.4	49.2	30.0	4.01
	2019	1.7	4.2	16.5	42.9	34.7	4.05
	2013	0.7	3.4	10.8	46.3	38.8	4.19
	2010	4.5	9.9	19.5	25.9	40.2	3.87
各类企业具有"竞争中性"，即竞争中机会平等	2022	12.1	24.4	34.9	23.1	5.5	2.86
	2021	9.2	27.1	33.6	26.6	3.4	2.88
假如再给我一次机会，我仍愿意做企业家	2022	8.2	11.0	30.3	33.5	17.0	3.40
	2021	5.4	11.7	22.7	36.9	23.3	3.61
	2019	7.8	11.8	19.9	37.8	22.7	3.56
	2016	9.5	13.5	20.8	38.9	17.3	3.41
	2014	7.1	12.7	20.0	41.9	18.3	3.52
	2013	10.8	17.0	18.8	37.1	16.3	3.31
	2012	16.2	13.9	19.0	21.1	29.8	3.34
行业政策突变带给企业经营不确定性较大	2022	0.2	2.5	19.2	52.2	25.9	4.01
	2021	0.9	3.5	20.1	57.6	17.9	3.88
培养更多高素质技术工人对于企业发展非常重要	2022	0.2	1.1	9.2	35.9	53.6	4.42
	2021	0.6	1.2	6.7	34.0	57.5	4.47

续表

项　　目	年份	很不同意	较不同意	中立	比较同意	非常同意	评价值
今年以来感觉身边不少企业不愿意贷款	2022	3.3	9.0	26.9	41.2	19.6	3.65
我认识的不少企业家都选择移民海外	2022	4.6	17.0	47.2	23.1	8.1	3.13
	2016	7.9	17.7	32.4	32.5	9.5	3.18
	2011	6.8	21.8	23.4	34.4	13.6	3.26
疫情让我和家人有更多时间相处，关系更和谐	2022	7.3	14.5	39.2	30.1	8.9	3.19
当前中国经济发展受非经济因素影响较多	2022	0.6	2.0	24.5	48.6	24.3	3.94
未来10年企业发展的外部环境将越来越好	2022	9.1	19.6	41.4	22.5	7.4	3.00
	2021	3.9	11.8	40.9	29.7	13.8	3.38
	2014	2.7	10.1	31.0	44.3	11.9	3.52
	2013	4.7	34.6	37.6	18.6	4.5	3.16
我对自己的未来充满信心	2022	4.3	7.3	32.8	33.9	21.7	3.61
	2019	1.6	5.2	21.8	45.6	25.8	3.89
	2014	1.6	7.3	28.3	46.7	16.1	3.68
	2010	1.9	4.5	22.5	36.5	34.6	3.97

注：评价值是由（"很不同意"×1＋"较不同意"×2＋"中立"×3＋"比较同意"×4＋"非常同意"×5）/100 计算得出的，最高为5分，最低为1分，分值越大，表示企业家对该说法的认同程度越高；反之则越低。

第三章
促进企业家成长进入新阶段，开创企业高质量发展新格局[①]

企业家队伍在时代浪潮中不断成长。在新的时代，中国企业家队伍正肩负起全面贯彻新发展理念、加快建设现代化经济体系、着力推动高质量发展的重任。高质量发展需要企业家坚守责任与使命，提升企业韧性，弘扬企业家精神，打造积极应变的组织文化和生态；坚持长期主义战略，坚持自主创新与转型变革，积极参与社会经济建设与营商环境优化。

第一节 新时代对企业家提出了更高更全面的要求

在向高质量发展转型的背景下，企业家们积极响应国家社会经济发展的整体部署。2022年关于"近10年来，国家和社会对企业家群体的新期望、新要求"的调查结果显示，企业家对于企业社会责任相关的选项选择较高的有："坚持党的领导、加强党的建设""积极参与社会公益""确保中国经济可持续发展""重视环境保护""提供更多就业机会""贡献更多税收"等。企业家对于企业自身经营相关的选项选择较高的有："提供高质量的产品和服务""完善公司治理，确保企业可持续发展""提升国际化水平"等（见表3-1）。

另外，企业家们也意识到，新的时代对企业家社会形象提出了更高的要求，要更好地履行企业社会责任，弘扬企业家精神，以增

---

① 课题组执笔人：李兰、王锐、彭泗清、王云峰、高原等。

强全社会对于企业家群体的认同感和价值肯定，营造全社会努力创业创新的文化氛围。

表3-1　近10年来，国家和社会对企业家群体的新期望、新要求（2022年，%）

项　　目	总体	规　　模		经济类型			"专精特新"企业
		大型企业	中小型企业	国有企业	外资企业	民营企业	
坚持党的领导、加强党的建设	69.2	69.7	69.2	71.8	49.0	70.0	71.1
提供高质量的产品和服务	63.1	65.1	62.9	61.2	59.2	63.9	66.8
积极参与社会公益	50.0	49.5	50.1	43.7	42.9	51.0	41.8
提供更多就业机会	37.8	33.9	38.0	34.0	40.8	38.2	29.6
重视环境保护	35.3	34.9	35.4	24.3	55.1	34.8	46.4
贡献更多税收	33.8	33.9	33.8	30.1	30.6	34.7	38.2
确保中国经济可持续发展	32.0	33.0	31.9	28.2	40.8	31.4	31.8
完善公司治理，确保企业可持续发展	25.9	24.8	25.9	28.2	26.5	25.7	27.9
做大做强，提升中国企业影响力	25.6	25.7	25.6	26.2	22.4	25.6	31.1
提升国际化水平	25.1	28.4	24.9	33.0	24.5	24.7	26.1
谨言慎行，维护企业家的良好形象	22.4	18.3	22.6	22.3	18.4	22.5	21.1
解决产业链中断点、痛点、堵点问题	22.0	28.4	21.6	24.3	26.5	20.4	30.0

第二节　强化企业家的使命感、责任感

新时代对企业家成长提出了更高的要求，能否坚守使命，坚定不移地领导企业完成高质量转型，并积极履行企业社会责任，成为全社会共同关注的问题。令人欣慰的是，企业家群体在30年成长过程中表现出不断强化的责任意识和勇于担当的精神。

关于"做企业是为了什么"的历年调查数据显示,企业家对自我职业目标内涵的理解在1999—2011年不断拓展、丰富。具体而言,1999年,企业家做企业"满足自我实现需要"的比重较高(40.44%),其次是"回报股东、员工等"(26.41%),再次是"回报社会"(18.94%)。2007年和2011年的数据都显示,企业家做企业的目的,"满足自我实现需要"比重不断下降,而"回报股东、员工等""回报社会"的综合比重上升至半数以上。由此可见,企业家在不断成长进步中,社会责任意识不断增强,希望通过做企业更好地帮助他人实现价值(见表3-2)。

表3-2 企业家对"做企业是为了什么"的选择(%)

项 目	1999年	2007年	2011年
满足安全需要	8.65	6.59	14.68
满足尊重需要	4.08	1.19	2.57
满足自我实现需要	40.44	13.91	17.89
回报股东、员工等	26.41	56.56	49.67
回报社会	18.94	19.87	15.13

企业家的价值取向和人生追求与其行为和精神动力密切相关。2022年调查表明:认同"我有一种使命感"的占95.1%;认同"只有工作和事业取得成绩,人活着才有意义"的占82.3%。调查还发现,虽然有85.2%的企业家认为社会上不少人对他们存在误解,但还是有50.5%的企业家表示"假如再给我一次机会,我仍愿意做企业家",体现了企业家群体对职业角色的坚守和热爱(见表2-20)。值得注意的是,相当部分的企业家感受到"不少人对企业家存在误解""不少人对企业家有一种仇富心理",表明不少企业家仍然存在明显的角色焦虑。在强化使命感、责任感的同时,企业家也迫切期待提升企业家群体的职业声望,以及全社会对企业家的特殊劳动和社会价值的尊重和重视(见表3-3)。

表3-3 对有关说法的认同程度（2022年，%）

项　目	非常不同意	←	←	→	→	非常同意	评价值
企业家的人生观	0.7	0.8	4.3	21.6	34.5	38.1	5.03
我所经历的人生是有意义的	0.5	0.7	3.8	21.0	33.4	40.6	5.08
我有一种使命感	0.6	0.6	3.7	21.7	35.9	37.5	5.04
我很高兴我成为现在的自己	0.6	1.3	6.3	26.1	33.6	32.1	4.87
所有的生命都值得尊重	0.6	0.2	2.6	14.3	26.5	55.8	5.33
我可以从他人那里获得真情	1.4	2.4	9.4	31.4	31.9	23.5	4.61
我尊重人与人之间的不同	0.6	0.2	2.7	20.0	37.9	38.6	5.10
我追求自己的内心精神世界	0.7	1.0	4.5	24.3	35.6	33.9	4.95
精神世界赋予我内在的力量	0.7	0.7	4.6	22.8	37.1	34.1	4.97
生命中有很多值得我感激的事情	0.5	0.4	2.7	17.3	37.3	41.8	5.16
我对人生旅途中的很多人都充满感激	0.5	0.3	2.7	16.7	35.4	44.4	5.19
企业家的价值观	3.7	5.2	14.1	35.0	26.6	15.4	4.22
金钱使人们的生活变得更幸福	2.4	4.1	11.1	36.0	30.0	16.4	4.36
做人就是要出人头地	5.3	6.2	16.1	36.0	22.7	13.7	4.06
只有工作和事业取得成绩，人活着才有意义	2.5	3.5	11.7	30.8	30.5	21.0	4.46
企业家的价值得到了全社会的承认	4.6	6.8	17.4	37.4	23.3	10.5	4.00
企业家的心理担忧	1.9	3.2	13.2	34.5	28.7	18.5	4.40
不少人对企业家存在误解	1.2	2.2	11.4	34.7	30.7	19.8	4.51
不少人对企业家有一种仇富心理	2.6	4.2	15.0	34.4	26.7	17.1	4.30

注：评价值是由（"非常同意"×6＋"比较同意"×5…＋"较不同意"×2＋"非常不同意"×1）/100计算得出的，最高为6分，最低为1分，分值越大表示越同意该说法，反之则越不同意。

随着身份认知的转型，企业家对使命的诠释体现在超越个人与企业本位的责任承担中，面对员工福利、环境治理、社会发展等外部性问题，企业家态度积极。比如，越来越多的企业家愿意参与公益慈善事业。2022年调查数据显示，即使在近年来严峻的经营考验之下，企业家的意愿仍比2018年要高不少（见表3-4）。

表3-4 企业家参与公益慈善事业的意愿（%）

对参与意愿的打分	2022年	2018年	对参与意愿的打分	2022年	2018年
0分	0.4	1.9	6分	14.4	17.1
1分	1.3	1.4	7分	15.4	11.4
2分	1.7	3.3	8分	14.4	12.8
3分	3.3	10.0	9分	18.2	3.7
4分	5.2	5.6	10分	18.7	7.9
5分	7.0	24.9			
意愿趋弱（0~5分）	18.9	47.1	意愿趋强（6~10分）	81.1	52.9
总体分值				7.30	5.81

注：调查用打分的方式了解了企业家参与公益慈善事业的意愿，分数的取值范围为0~10分，"0分"表示毫无意愿，"10分"表示意愿最强；分值越大表示意愿越强，反之则越意愿越弱。

第三节 提升企业韧性和企业家的变革管理能力

基于外部环境不确定性的挑战，企业家更加重视自我成长与企业能力培养提升，企业的组织韧性也得以提升。组织韧性是能够让组织消除压力、维持凝聚力，从挫折中复原，进而有效应对管理危机的结构性、程序性的动力。组织韧性主要从危机感知能力与危机适应能力两个维度考察企业。

危机感知能力衡量的是企业在多大程度上未雨绸缪，能够提前对危机做出准备。2020年的调查结果表明，企业在"情境感知"的维度上得分较高，评价值为3.90（5分制），绝大多数企业家"比较同意"或"很同意"，他们的企业"拥有能够从危机中学习的组织文化"（评价值为3.79）、"高层管理者积极地关注企业可能存在的问题"（评价值为3.99）、"明确规定危机中和危机之后重要事项的优先次序"(评价值为3.88),以及"积极监控外部环境,对潜在问题做好提前准备"(评价值为3.95)(见表3-5)。

表3-5 企业组织韧性(2020年,%)

项 目	很不同意	较不同意	比较同意	很同意	评价值
组织韧性:情境感知					3.90
拥有能够从危机中学习的组织文化	1.4	9.9	73.3	15.5	3.79
高层管理者积极地关注企业可能存在的问题	0.7	6.3	66.5	26.5	3.99
明确规定危机中和危机之后重要事项的优先次序	0.8	9.0	69.7	20.5	3.88
积极监控外部环境,对潜在问题做好提前准备	0.4	6.7	69.8	23.1	3.95
组织韧性:适应能力					3.63
能与同行合作共同应对危机	2.6	17.2	62.6	17.6	3.69
能很快从日常模式切换到危机应对模式	1.4	12.6	67.0	19.0	3.80
如果关键人物不在,总有其他人可以代替他们	2.9	22.7	61.2	13.2	3.56
当出现危机时,很容易获得专业人士的帮助	5.5	28.2	53.4	12.9	3.43

危机适应能力测量的是在危机发生时企业应对危机的措施、方案与可选择资源。调查显示,企业在"适应能力"的维度上得分相对较低,评价值为3.63,其中,"能与同行合作共同应对危机"和"能很快从日常模式切换到危机应对模式"评价值超过平均值(3.63),分别为3.69和3.80,而"如果关键人物不在,总有其他人可以代替他们"和"当出现危机时,很容易获得专业人士的帮助",这两项得分低于平均值(3.63),分别为3.56和3.43,说明我国企业的组织韧性受限于企业"能人"及外部专业人士等中介服务市场的发展(见表3-5)。

在企业家积极提升各种能力的基础上,企业韧性得以进一步增强,更加重视企业应对各种变化的能力。2022年调查显示,企业家认为"新变局下企业家群体自身能力和素质亟待提升"与"新变局下企业的管理能力和创新能力亟待提升"是新时代高质量发展的重要课题(见表2-1)。调查显示,与企业家学习与变革精神对应,企业"创新精神及协调能力"表现较好(3.63,5分制)(见表3-6),平均有六成的调查对象认为本企业在组织中树立起了积极探索创新的精神文化,愿意增加创新投入,积极推进在企业内外部的信息交流和学习。另外,有51.5%的企业家认为企业在市场动态、技术演变竞争环境与政策解读等方面的预测能力"比较强"或"非常强"。比较而言,企业向外扩张和向新领域挺进的能力相对较弱,尚有待提升,尤其对于与数字化转型、不确定性应对、国际化相关的市场开拓及风险掌控能力,平均有63.2%的企业家认为自己能力较弱("非常弱"＋"比较弱"＋"一般")。

表3-6　企业应对各种变化的能力(2022年,%)

项　　目	非常弱	比较弱	一般	比较强	非常强	评价值
行业趋势及潜在竞争者预见能力	1.4	6.2	40.9	44.6	6.9	3.49
能准确预测本行业市场需求的变动情况	1.8	7.0	44.1	41.9	5.2	3.42
能意识到本行业先进技术的发展变化趋势	1.2	5.5	38.2	47.8	7.3	3.55
能识别潜在竞争者的出现及其影响程度	1.1	5.7	39.9	46.7	6.6	3.52
能及时了解各级政府对本行业的相关政策	1.5	6.5	41.5	42.2	8.3	3.49
创新精神及协调能力	1.4	4.8	34.2	48.7	10.9	3.63
能够在全体员工之间分享公司的发展愿景	1.1	4.0	33.5	50.4	11.0	3.66
鼓励员工不断学习并提供良好的培训机会	0.8	3.9	29.1	51.8	14.4	3.75

续表

项　　目	非常弱	比较弱	一般	比较强	非常强	评价值
注重通过各种渠道从外部获取有用的信息	0.7	3.3	29.2	53.9	12.9	3.75
能够根据所获取的信息更新原有知识	0.8	3.5	31.3	52.9	11.5	3.71
对创新活动投入大量人力、物力和财力	2.2	7.8	41.0	39.9	9.1	3.46
管理者和员工具有不断创新的探索精神	1.4	5.7	36.9	46.3	9.7	3.57
有鼓励员工变革和创新活动的企业文化	2.0	5.5	35.8	47.0	9.7	3.57
对变革和创新提供卓有成效的激励机制	1.7	5.6	37.3	46.4	9.0	3.55
与供应商、客户等一起探讨问题解决方案	1.6	4.3	33.4	50.1	10.6	3.64
市场开拓及风险掌控能力	7.0	10.9	45.3	31.0	5.8	3.18
具有推动数字化转型并取得实效的能力	3.9	10.3	45.4	33.8	6.6	3.29
具有驾驭各种不确定性的能力	2.2	7.3	47.2	37.3	6.0	3.38
具有成功开拓国际化市场的能力	15.0	15.2	43.0	21.9	4.9	2.87

注：评价值是由（"非常强"×5＋"比较强"×4＋"一般"×3＋"比较弱"×2＋"非常弱"×1）/100 计算得出的，最高为 5 分，最低为 1 分，分值越大表示应变能力越强，反之则越弱。

第四节　鼓励长期主义和战略定力

高质量发展需要有长期、科学、前瞻、可持续的战略目标发挥方向引导作用，越是在短期内存在困难，越需要定力和发展纲领。经历全球变局考验后，企业家大都表现出对制定长期战略的重视（见表 3-7）。

表3-7 企业书面发展战略规划情况（%）

不同分组		没有	1年以内计划	3年以内规划	5年以内规划	10年以内规划	10年以上规划	评价值
总体	2022年	13.9	21.6	38.6	20.0	3.6	2.3	2.85
	2019年	13.5	17.2	38.1	25.7	3.8	1.7	2.94
	2018年	9.8	17.0	38.1	26.2	5.2	3.7	3.11
	2017年	10.0	14.0	40.6	25.2	5.8	4.4	3.16
	2016年	12.8	12.9	35.4	30.1	5.1	3.7	3.13
	2013年	13.9	12.9	29.5	34.6	6.0	3.1	3.15
	2009年	11.7	16.2	39.3	24.9	6.0	1.9	3.03
	2008年	11.2	15.3	37.8	27.7	5.7	2.3	3.08
	2004年	6.4	15.0	35.1	30.4	9.3	3.8	3.33
国有企业		9.6	26.0	28.8	29.8	2.9	2.9	2.99
非国有企业		14.5	21.6	38.8	19.2	3.6	2.3	2.83
大型企业		6.1	14.0	31.6	40.4	7.0	0.9	3.31
中小型企业		14.3	22.0	39.2	18.8	3.4	2.3	2.82
劳动密集型行业		17.6	20.6	35.7	19.0	4.1	3.0	2.80
资源密集型行业		10.5	19.8	34.8	25.6	6.4	2.9	3.06
技术密集型行业		10.2	19.3	47.2	19.5	2.6	1.2	2.89

注：评价值是由（"10年以上规划"×6＋"10年以内规划"×5＋"5年以内规划"×4＋"3年以内规划"×3＋"1年以内计划"×2＋"没有"×1）/100计算得出的，最高为6分，最低为1分，分值越大表示规划时间越长，反之则越短。

2022年的调查显示：企业家对长期导向的认同评分比短期导向高1.47（5分制）；平均有71%的企业家同意（包括"比较同意"和"非常同意"）其考虑事情会注重未来发展，会为长期目标做出短期牺牲，会居安思危、更重视见效慢但重要的大事；而有平均有87.2%的企业家对短视行为持非正向态度，"走一步看一步""怎么方便就怎么来""船到桥头自然直"等体现短期主义和惰性，对潜在风险听之任之的行为被企业家否定（见表2-14）。

由于长期主义和高质量发展息息相关，我们对企业家的长期主义进行了进一步的分析。其中分组比较分析发现，在企业规模方面，大型企业在长期导向维度得分稍高（均值为3.88），而中小型企业在短期目标上得分稍高（均值为2.41），这种差异可能因为大型企业的可持续资源要多于中小型企业。在企业区位上，近年来发展速度较快的中部地区企业在长期导向维度得分最高（均值为3.97），其次是东部地区企业（均值为3.86），而得分最低的是经济发展较慢的西部地区企业（均值为3.84）（见表3-8）。

表3-8　长期导向与企业特征交叉分析（2022年，评价值）

不同分组	长期导向型	短期目标型
总体	3.87	2.40
东部地区企业	3.86	2.40
中部地区企业	3.97	2.36
西部地区企业	3.84	2.42
大型企业	3.88	2.25
中小型企业	3.87	2.41
国有企业	3.72	2.50
外资企业	3.97	2.42
民营企业	3.88	2.39
"专精特新"企业	3.98	2.28

企业家的长期导向受到多种因素的影响，其中重要影响因素之一就是行业环境。针对行业环境与长期导向的相关关系分析表明，企业家队伍成长的环境因素也同样会影响企业的长期主义战略，均与长期导向显著正相关。其中，文化环境与长期导向的正相关关系最大（相关系数 $r=0.14$，在0.01水平上显著），其次是法律环境（相关系数 $r=0.115$，在0.01水平上显著）及经济体制（相关系数 $r=0.10$，在0.01水平上显著）。这一结果表明，企业的外部环境，尤其是文化和法律这样的软环境因素，对企业的长期导向影响最为重要（见表3-9）。

表3-9 企业家队伍成长环境与长期导向的关系（2022年）

项　　目	长期导向	经济体制	法律环境	政策环境	社会舆论	文化环境	市场环境
长期导向	1						
经济体制	0.100**	1					
法律环境	0.115**	0.683**	1				
政策环境	0.099**	0.696**	0.731**	1			
社会舆论	0.078**	0.626**	0.648**	0.716**	1		
文化环境	0.140**	0.615**	0.677**	0.710**	0.768**	1	
市场环境	0.078**	0.603**	0.585**	0.632**	0.585**	0.632**	1

注：表中数据为相关系数，** 代表 $P \leqslant 0.01$。

企业家的特征也是其长期导向的重要影响因素。本次调查主要从企业家的人生观和价值观、认知能力及负面情绪三个方面考察企业家对长期导向的影响。

首先，本次调查考察的是企业家对一些问题的看法。比如："我所经历的人生是有意义的"等人生观问题；"只有工作和事业取得成绩，人活着才有意义"和"企业家的价值得到了全社会的承认"等价值观问题；以及"不少人对企业家存在误解"等心理担忧问题。相关关系分析表明，企业家这些人生观和价值观的看法与长期导向显著正相关（均在 0.01 水平上显著）。而担忧社会误解的企业家自然也会更关注企业长期发展。调查数据显示，这些体现积极向上和务实进取的看法都影响了企业家的长期主义（见表3-10）。

表3-10 长期导向型企业家与其人生观、价值观等的关系（2022年）

项　　目	长期导向型企业家	企业家的人生观	企业家的价值观	企业家的心理担忧
长期导向型企业家	1			
企业家的人生观	0.474**	1		
企业家的价值观	0.181**	0.389**	1	
企业家的心理担忧	0.182**	0.326**	0.360**	1

注：表中数据为相关系数，** 代表 $P \leqslant 0.01$。

其次，本次调查还考察了企业家的认知学习能力和长期导向的关系。相关关系分析表明，企业家的学习能力和长期导向显著正相关（相关系数 $r = 0.296$，在 0.01 水平上显著），这类企业家一般会"学习最新文件，了解政策走向""学习相关专家的文章著作，搞清楚变化原理"。同时，企业家的认知水平和应变能力和长期导向显著正相关（相关系数 $r = 0.276$，在 0.01 水平上显著），这类企业家会"阅读优秀企业及企业家传记，吸取经验教训""学习'变革管理'知识与方法，提升自身能力""通过组织学习，建立积极应变的企业文化""及时变革组织架构，提高企业的应变能力"（见表3-11）。

表3-11　长期导向型企业家与企业家的学习能力、企业家的认知水平和应变能力的关系（2022年）

项　　目	长期导向型企业家	企业家的学习能力	企业家的认知水平和应变能力
长期导向型企业家	1		
企业家的学习能力	0.296**	1	
企业家的认知水平和应变能力	0.276**	0.610**	1

注：表中数据为相关系数，** 代表 $P \leqslant 0.01$。

再次，面临全球经济紧缩和外部不确定性的增加，以及企业发展压力增大的严峻环境，本次报告还针对企业家的负面情绪和其长期导向的相关分析进行了调查分析。分析表明，"烦躁易怒""心情沮丧""悲观失望""挫折感强""疑虑重重"这5个子维度与长期导向结果较为一致，均为显著正相关（均在0.01水平上显著）。这些结果说明了考虑长远的企业家一般会有心理担忧，同时也会产生一定的负面情绪。而"压力很大"这种负面情绪与企业家的长期导向呈现负相关关系（相关系数 $r = -0.054$，在 0.05 水平上显著），这说明企业家压力的不断积累不利于其长期导向，值得重视（见表3-12）。

表3-12 长期导向型企业家与其负面情绪的关系(2022年)

项目	长期导向型	烦躁易怒	心情沮丧	压力很大	悲观失望	挫折感强	疲惫不堪	疑虑重重
长期导向型	1							
烦躁易怒	0.063**	1						
心情沮丧	0.119**	0.640**	1					
压力很大	−0.054*	0.462**	0.478**	1				
悲观失望	0.168**	0.480**	0.680**	0.420**	1			
挫折感强	0.120**	0.463**	0.626**	0.438**	0.656**	1		
疲惫不堪	0.035	0.494**	0.578**	0.545**	0.546**	0.611**	1	
疑虑重重	0.119**	0.446**	0.591**	0.391**	0.662**	0.642**	0.599**	1

注:表中数据为相关系数,** 代表 $P \leq 0.01$;* 代表 $P \leq 0.05$。

最后,我们还分析了长期导向型企业家会对企业的创新绩效产生怎样的影响。相关关系分析表明,长期导向显著促进企业创新绩效,与创新绩效的各个维度均正相关,并且在0.01水平上显著。调查发现,企业家认为,长期导向会让创新效果有更大的发挥,按照影响效果的高低作用排序,主要包括:"产品质量提升效果""新市场开拓效果""环境和安全改善效果"及"成本降低效果"(见表3-13)。

表3-13 企业创新绩效与长期导向的关系(2022年)

项目	长期导向	新市场开拓效果	产品质量提升效果	成本降低效果	环境和安全改善效果
长期导向	1				
新市场开拓效果	0.278**	1			
产品质量提升效果	0.302**	0.813**	1		
成本降低效果	0.192**	0.582**	0.620**	1	
环境和安全改善效果	0.235**	0.567**	0.641**	0.715**	1

注:表中数据为相关系数,** 代表 $P \leq 0.01$。

第五节　坚持自主创新，提升企业竞争力

自全球局势进一步紧张以来，国际市场中多国对我国的贸易封锁和技术压制问题越来越严峻。创新发展始终是企业核心竞争力的根本来源，也是企业引领行业变革、化被动为主动的重要途径。因此，新时代企业家需要具备自主创新的志气和骨气。调查显示，从各企业中位数来看，研发人员占比 10.0%，研发投入占比 5.0%。新产品销售收入占比可观，疫情以前多年保持在 20.0%，2020 年至今调整到 15.0%（见表 3-14）。

表3-14　企业研发人员、研发投入及新产品销售占比情况（中位数，%）

不同分组		研发人员占比	研发投入占比	新产品销售收入占比
总体	2022年	10.0	5.0	15.0
	2021年	—	3.5	15.0
	2020年	—	3.0	20.0
	2019年	—	3.0	20.0
	2018年	—	3.0	20.0
	2016年	10.0	5.0	20.0
	2015年	6.0	3.5	20.0
	2014年	5.0	3.5	20.0
国有企业		10.0	5.0	10.0
非国有企业		10.0	5.0	15.0

调查发现，中国企业自主创新的能力逐渐增强，与 1995 年相比，2022 年企业"依靠本企业的技术力量自行开发"的技术进步模式上升 13.0%，且"引进国外技术、设备"的外部直接获取模式下降 20.4%，退出技术进步主要来源行列（见表 1-19）。同时，为了提升自主创新能力，企业逐渐重视创新管理，包括"专门为研发进行人员培训"及"对新产品 / 服务进行营销推广"（见表 3-15）。

表3-15 企业的自主创新战略情况（%）

项目	年份	没有	非常少	比较少	比较多	非常多	评价值
自主创新战略	2022	11.9	10.5	32.0	37.1	8.5	3.20
	2019	13.2	10.7	30.3	37.7	8.1	3.17
	2016	10.7	10.0	25.9	44.9	8.5	3.31
	2015	20.4	11.7	25.9	36.0	6.0	2.96
本企业内部研发	2022	8.8	8.5	32.8	39.5	10.4	3.34
	2019	9.7	8.2	29.9	42.7	9.5	3.34
	2016	8.5	9.3	25.5	47.2	9.5	3.40
	2015	16.4	11.5	24.8	39.8	7.5	3.11
专门为研发进行人员培训	2022	16.3	12.7	32.8	32.5	5.7	2.99
	2019	20.4	14.1	31.5	29.5	4.5	2.84
	2016	15.6	11.3	27.8	39.7	5.6	3.08
	2015	29.9	12.9	26.6	27.1	3.5	2.61
对新产品/服务进行营销推广	2022	10.7	10.2	30.3	39.4	9.4	3.27
	2019	9.4	9.7	29.6	41.0	10.3	3.33
	2016	7.9	9.3	24.5	47.9	10.4	3.44
	2015	14.8	10.8	26.4	41.1	6.9	3.15

注：评价值是由（"非常多"×5＋"比较多"×4＋"比较少"×3＋"非常少"×2＋"没有"×1）/100 计算得出的，最高为5分，最低为1分，分值越大表示越多；反之则越少。

研发的内外部来源结构也做出了调整。其中，有计划未来1年新产品开发"全部靠内部研发"的企业占比达到31.1%，比2015年增加了5.8个百分点，47.2%的企业内部研发比重超过50.0%（见表3-16）。

表3-16 企业计划未来1年在"新产品开发"方面的情况（%）

项目		2022年	2017年	2015年
全部靠内部研发		31.1	25.3	25.3
全部靠外部购买		7.8	9.4	5.2
内部研发和外部购买同时进行		61.1	65.3	69.5
其中：内部研发比重	10%以下	16.6	6.0	10.5
	11%～49%	36.2	31.2	28.7
	50%～74%	28.8	39.5	34.3

续表

项　目		2022年	2017年	2015年
其中：内部研发比重	75%~90%	14.8	20.5	22.1
	90%以上	3.6	2.8	4.4

在企业发展的环境上，还需要进一步深化改革开放，营造更加良好的营商环境和创新条件，特别是完善知识产权保护政策，弘扬杜绝"山寨"、鼓励试错、宽容失败的创新文化，助力企业创新转型升级。从"中国企业创新动向指数"的历史数据来看，企业创新动向指数在新冠病毒疫情前呈上升态势，企业持续进入创新活跃期，总指数从2015年的54.95上升到2020年的56.77（见表3-17）。

表3-17 近年来中国企业创新动向指数

项　目		总体	经济类型		规模		行　　业		
			国有企业	非国有企业	大型企业	中小型企业	劳动密集型行业	资源密集型行业	技术密集型行业
创新动向指数	2022年	54.10	55.47	53.71	58.03	53.82	52.90	56.56	56.99
	2020年	56.77	57.21	56.39	62.63	56.19	55.52	58.09	59.77
	2019年	56.17	56.29	55.85	62.40	55.54	54.84	57.66	58.86
	2017年	56.06	56.53	55.86	60.93	55.59	54.63	55.72	57.72
	2016年	57.58	58.41	57.24	62.97	57.09	56.08	57.98	59.06
	2015年	54.95	57.19	54.41	61.10	54.30	53.49	54.97	56.63
创新环境	2022年	44.36	46.00	44.11	47.49	44.12	45.36	42.42	45.09
	2020年	44.42	43.83	44.28	44.96	44.36	44.92	43.47	44.75
	2019年	45.35	45.20	45.22	46.49	45.24	45.89	44.56	45.87
	2017年	45.33	45.88	45.21	46.54	45.20	45.73	44.74	45.77
	2016年	45.28	45.59	45.14	46.42	45.16	45.88	44.73	45.57
	2015年	45.33	46.61	45.06	46.34	45.21	45.58	45.05	45.72
创新潜力	2022年	63.47	63.51	63.38	68.55	63.01	62.44	63.67	64.35
	2020年	65.90	66.87	65.69	70.97	65.41	64.65	66.01	67.25
	2019年	64.77	65.30	64.57	69.71	64.28	63.57	64.76	66.05
	2017年	65.63	67.19	65.39	70.96	65.08	64.89	65.55	66.23

续表

项　目		总体	经济类型		规　模		行　业		
			国有企业	非国有企业	大型企业	中小型企业	劳动密集型行业	资源密集型行业	技术密集型行业
创新潜力	2016年	63.18	63.93	62.96	68.11	62.69	62.54	63.19	63.78
	2015年	64.68	65.25	64.38	69.10	64.21	64.10	65.43	64.86
创新投入	2022年	61.58	60.35	61.22	63.73	61.45	60.12	65.57	65.56
	2020年	67.39	69.96	66.80	75.00	66.62	65.98	69.28	70.68
	2019年	67.39	69.96	66.80	75.00	66.62	65.98	69.28	70.68
	2017年	62.61	64.72	62.65	68.79	61.99	60.15	62.26	64.81
	2016年	69.32	73.89	68.56	77.28	68.60	65.66	70.33	72.48
	2015年	67.83	71.90	67.26	74.21	67.17	66.54	66.27	70.56
创新战略	2022年	45.84	50.83	44.90	50.51	45.56	43.91	50.13	51.12
	2020年	44.03	41.83	43.49	55.72	42.86	42.04	46.86	50.64
	2019年	44.03	41.83	43.49	55.72	42.86	42.04	46.86	50.64
	2017年	46.99	44.58	46.61	54.85	46.30	45.09	46.30	50.25
	2016年	46.99	44.58	46.61	54.85	46.30	45.09	46.30	50.25
	2015年	38.60	43.89	37.29	50.29	37.37	35.28	38.59	42.42
创新效果	2022年	55.23	56.68	54.93	59.85	54.94	52.66	61.00	58.82
	2020年	62.11	63.57	61.69	66.49	61.69	60.00	64.83	65.54
	2019年	59.30	59.14	59.19	65.07	58.70	56.73	62.82	61.04
	2017年	59.74	60.29	59.42	63.53	59.36	57.31	59.75	61.56
	2016年	63.13	64.06	62.95	68.20	62.68	61.24	65.34	63.23
	2015年	58.33	58.30	58.04	65.54	57.55	55.94	59.52	59.57

注：劳动密集型行业主要包括：建筑业、住宿和餐饮业、农副食品加工业、食品制造业、纺织业、纺织服装服饰业、皮革毛皮羽毛及其制品和制鞋业、木材加工及木竹藤棕草制品业、家具制造业等。资源密集型行业主要包括：石油煤炭及其他燃料加工业、化学原料及化学制品制造业、化学纤维制造业、橡胶及塑料制品业、非金属矿物制品业、黑色金属冶炼及压延加工业、有色金属冶炼及压延加工业等。技术密集型行业主要包括：信息传输软件和信息技术服务业、科学研究和技术服务业、医药制造业、专用设备制造业、汽车制造业、铁路船舶航空航天及其他运输设备制造业、电气机械及器材制造业、计算机通信及其他电子设备制造业、仪器仪表制造业等。

调查同时发现，近年来企业家对企业创新环境优化的评价有所下降，创新投入及潜力、创新战略及效果等方面也有所波动（见表 3-17）。这表明企业创新仍存在诸多问题、风险与挑战，包括：创新人才不足严重制约企业创新；短期行为导向和创新环境约束，是抑制企业创新的最主要因素；企业创新面临的主要风险是过度创新及知识产权保护不力等；企业创新投入意愿进一步分化，亟须加强组织能力建设以提升企业创新潜力等。因此还需要进一步加强对企业创新的支持力度及企业家创新精神的弘扬激励。

第六节　打造积极应变的组织文化和组织生态

企业家群体充分认识到积极应变的组织文化和组织生态对企业发展的重要性。2022 年调查显示，为了营造共同应变的组织文化，企业家在组织内部积极沟通，在外部生态协调各方利益相关者、提供必要激励，并取得了员工对组织长远目标与变革举措的一致性认同。

首先，从企业家角度，企业家采取多种措施提升组织积极应变的能力。调查显示，企业家最多采取的举措是"提升学习力，洞察政策走向和产业趋势"（3.65，5 分制），会主动从各种渠道了解政策导向与行业信息，并对专业理论知识深入学习；积极变革是仅次于知识学习的举措，有 46.7% 的企业家表示会"比较多"或"非常多"地"提高认知水平和应变能力，建立积极应变的企业文化"，优秀从业者经验和管理专业理论都是企业家开展变革的路径指导，通过组织内部学习和架构调整，寻求企业转型发展；同时，企业家在高度不确定环境中趋向稳健和理性，88.4% 的企业家表示"适当收缩动作，尽可能减少可能的损失"，"保持定力，适时进退"是生存之要（见表 3-18）。

表3-18 企业（家）应对各种变化的举措（2022年，%）

项　目	没有	很少有	有一些	比较多	非常多	评价值
提升学习力，洞察政策走向和产业趋势	1.1	5.5	36.4	41.3	15.7	3.65
及时收集、分析各种信息，了解最新动态	1.0	2.9	33.6	44.9	17.6	3.75
学习最新文件，了解政策走向	0.9	4.0	32.0	44.9	18.2	3.76
学习相关专家的文章、著作，搞清楚变化原理	1.5	9.6	43.7	33.8	11.4	3.44
提高认知水平和应变能力，建立积极应变的企业文化	3.5	10.4	39.4	35.1	11.6	3.41
阅读优秀企业及企业家传记，吸取经验教训	2.2	11.0	44.4	33.0	9.4	3.36
学习"变革管理"知识与方法，提升自身能力	1.9	7.8	41.5	37.4	11.4	3.49
通过组织学习，建立积极应变的企业文化	0.7	6.0	35.0	42.2	16.1	3.67
及时变革组织架构，提高企业的应变能力	1.2	7.8	37.3	39.6	14.1	3.58
请咨询公司或管理顾问帮助建立应变策略	11.6	19.2	38.6	23.5	7.1	2.95
保持定力，适时进退	7.1	13.4	50.1	23.4	6.0	3.08
以不变应万变，等等看再说	10.6	18.7	49.8	17.2	3.7	2.85
适当收缩，尽可能减少可能的损失	3.6	8.0	50.5	29.7	8.2	3.31

注：评价值是由（"非常多"×5＋"比较多"×4＋"有一些"×3＋"很少有"×2＋"没有"×1）/100计算得出的，最高为5分，最低为1分。分值越大，表示采取该措施越多；反之则越少。

其次，从对组织员工的管理角度，企业家也积极打造应变的组织文化和生态。对企业家应对变革所采取的实际行动的调查显示：2022年平均66.3%的企业家的做法"比较符合"或"非常符合"学习和制定变革模式并帮助员工理解变化趋势；在与员工保持思想统一方面，"让员工了解企业的经营理念和发展目标"（3.93）、"促使企业成员群策群力，达成共同目标"（3.91）、"让员工了解企业的发展前景"（3.90）是评分最高的三项做法，企业家会从战略认同与具体做法的指导两个方面将组织发展与员工奋斗目标相统一；在与外部多方利益相关者的协调沟通中，74.9%的企业家采取了"与各个利益相关方协调好，共同应变"的行动，72.9%的企业家表示"能够容忍并积极应对各种误解与委屈"，这说明企业家积极承担企业合作生态中的多方主体联动、共同推动产业大环境转型升级的社会责任，并愿意以主动而包容的态度协调各方（见表3-19）。

表3-19 打造积极应变的组织文化和组织生态（2022年，%）

项　　目	非常不符合	较不符合	中立	比较符合	非常符合	评价值/分
应变方略	0.4	3.0	25.0	56.9	14.7	3.83
帮助员工理解政策变化趋势	0.7	3.5	30.8	56.8	8.2	3.68
学习采纳企业管理新模式	0.5	3.2	29.5	56.7	10.1	3.73
制定前瞻性企业战略	0.4	4.1	28.4	53.1	14.0	3.76
让员工了解企业的发展前景	0.3	2.2	20.9	60.4	16.2	3.90
让员工了解企业的经营理念和发展目标	0.3	2.5	19.5	59.3	18.4	3.93
向员工解释所做工作的长远意义	0.5	3.1	24.2	56.1	16.1	3.84
向员工描绘令人向往的未来	0.9	4.5	27.5	53.3	13.8	3.75
给员工指明奋斗目标和前进方向	0.4	2.8	23.9	56.1	16.8	3.86
常与员工一起分析其工作对企业总体目标的影响	0.3	3.6	26.1	55.3	14.7	3.81
促使企业成员群策群力，达成共同目标	0.3	2.1	21.8	58.3	17.5	3.91
与各个利益相关方协调好，共同应变	0.3	2.0	22.8	59.5	15.4	3.88
能够容忍并积极应对各种误解与委屈	0.2	1.8	25.1	57.5	15.4	3.86

注：评价值是由（"非常符合"×5＋"比较符合"×4＋"中立"×3＋"较不符合"×2＋"非常不符合"×1）/100计算得出的，最高为5分，最低为1分，分值越大，表中与该说法的符合程度越高、反之则越低。

第七节 健全法治、优化营商环境、稳定政策预期、保障企业高质量发展

企业家群体在带领企业迈向高质量发展之路的过程中，对于政府优化营商环境、稳定预期、法治建设和扶持企业发展的举措方面，有更具体的期待。营商环境是企业在准入、生产经营、退出等过程中涉及的政务、市场、法治、人文等外部环境条件的总和，在企业成长的全生命周期都发挥着重要作用。调查显示，我国营商环境建设取得阶段性进步，但在市场机制系统化建设，以促使更多企业从优化环境中获利方面尚存提升空间。比如，2022年63.3%的企业表示"申请过，但未享受"或"从未申请过"增值税留抵退税政策。

调查发现，在市场经济体制创建期，企业家对政府所期望的制度与配套建设也具有针对性。1995年的调查显示，在实行企业家职业化的过程中，最需要做的制度改革是企业领导者的选拔任免和任期退休制度、企业收入分配制度和人才流动管理制度。1999年关于政府和社会如何推进企业经营者队伍建设的调查显示，"健全企业经营者激励与约束制度"和"完善企业经营者选拔制度"，是大多数企业家对政府和社会的普遍期望。

在经济发展转型期和改革开放攻坚期，企业家对政府主导的制度改革和体制创新仍然期望较大。2012年关于"政府通过哪些方式促进经济转型，能取得最佳效果"的调查结果显示，企业家选择比重最高的五项依次是："鼓励和推动企业实现产业升级""改革和完善财税体制""积极稳妥地推进政治体制改革""加快垄断行业改革"和"鼓励和保护企业家精神"。

在高质量发展推进期，由于面临百年未有之大变局，企业期待获得政府的支持主要在稳定预期和法治建设方面。2022年调查发现，诚信环境、保护企业家合法权益的法治环境，公平公正、稳定透明

的营商环境都对企业家精神的有效发挥影响很大（见表2-6）。早在2001年调查就发现，最多企业家认为的提高企业信用应采取的对策是法制化建设。2022年的调查发现，"不搞运动式、"一刀切"式执法""营造公平环境"和"保持政策稳定性和可预期性"等对政策法规公正、透明的呼吁超过三成（见表3-20）。总体上，企业的高质量发展需要政府为企业提供更公平的经营环境、更明确的市场主体权益、更透明的信用机制和更高效的法制环境。

表3-20 企业希望政府予以扶持的方面（2022年，%）

项　　目	总体	规　　模		经　济　类　型			"专精特新"企业
		大型企业	中小型企业	国有企业	外资企业	民营企业	
减税降费	59.2	58.5	59.2	55.5	60.4	59.0	63.2
减轻社保负担	55.5	31.4	57.0	31.1	49.1	58.4	56.1
规范涉企经营性收费	15.8	13.6	15.9	16.8	13.2	15.8	15.1
改善公共服务	16.3	22.0	15.9	26.9	18.9	15.3	11.2
清理拖欠账款	33.5	28.0	33.8	23.5	15.1	35.4	31.2
金融支持	32.4	34.7	32.3	40.3	18.9	32.7	30.9
政府采购支持	24.2	16.1	24.7	27.7	11.3	24.1	18.2
创新支持	20.5	25.4	20.2	23.5	28.3	19.5	34.7
知识产权保护	7.2	11.0	7.0	9.2	9.4	6.6	13.7
培训和引进人才	20.5	29.7	20.0	27.7	15.1	20.2	25.3
营造公平环境	36.4	41.5	36.1	31.1	30.2	37.4	34.0
不搞运动式、"一刀切"式执法	37.9	36.4	38.0	30.3	58.5	37.9	42.1
保障电力等能源稳定供应	8.4	16.9	7.9	10.9	20.8	7.9	15.1
保持政策稳定性和可预期性	33.7	48.3	32.8	37.0	41.5	33.8	37.2
畅通反映意见建议和投诉渠道	11.7	11.9	11.7	7.6	17.0	12.1	10.2

结语：企业家队伍的新期望和新征程

中国企业家调查系统课题组30年的追踪调查，不仅刻画了中国经济改革发展的脉络，也记录了中国企业家队伍成长壮大的进步轨迹，尤其是在成长历程、新变局新挑战、未来高质量发展3个方面，反映了企业家和企业的历史成就和贡献，为新时代中国企业高质量发展和企业家成长迈上新台阶描绘了蓝图。

中国改革开放的成就举世瞩目，使中国在短短40年内就走过了西方发达国家数百年才走完的历程，一跃成为世界第二大经济体。这个发展奇迹离不开中国共产党的领导，离不开全体中国人民的辛勤奋斗，也离不开中国企业家队伍的努力和贡献。中国企业家们参与创造了有史以来主要经济体增长持续时间最长、增速最高的纪录，在40年的时间里奋起追赶、拥抱现代化，激发出巨大的动力和活力，企业家付出的努力值得社会认同和肯定。

同时，在高质量发展转型期到来之际，国家与社会对企业家群体提出新期望、新要求：坚持党的领导、加强党的建设，坚定不移跟随党的步伐深度参与到社会经济治理工作中；提供高质量的产品和服务，做好企业管理本职工作，肩负起个人能力成长并带领中国企业向科学可持续发展转型的职业责任；积极参与社会公益，主动承担企业社会责任，将组织员工、社会公众、生态环境等相关方纳入考量，推动文明友好、和谐互助的组织文化和社会心态的形成（见表3-1）。

新的时代已经到来，国际环境风起云涌，中国企业家队伍正在经历也必将持续面对新的挑战与机遇。期待在中国经济向高质量可持续发展的转型阶段，企业家能够以不断升华的企业家精神，带领企业应对新挑战、完成新使命。虽然当前企业面临重重困难，但不少优秀的企业家仍保持着正面积极的精神状态。2022年企业家对其周围企业家状态的描述调查显示,排在前5位的词汇均为正面的,包括"有活力的""坚持不懈的""坚强的""有雄心壮志的"和"专心的",表明企业家群体大都耐挫力强抱有定力、积极进取(见表1-33)。2022年关于"对未来世界的预判"的调查显示,多数企业家认为未来世界将"越来越好",占57.3%(见表3-21)。相信中国企业家队伍将秉持积极向上的精神风貌和美好信念,为全面建设社会主义现代化国家,为国家繁荣富强、社会进步和民族复兴做出更大的贡献。

表3-21 对未来世界的预判(%)

不同分组		越来越好	越来越糟	不太确定
总体	2022年	57.3	4.3	38.4
	2018年	44.5	5.9	49.6
	2017年	65.4	1.7	32.9
东部地区企业		57.5	4.5	38.0
中部地区企业		59.4	2.0	38.6
西部地区企业		55.7	4.6	39.7
大型企业		54.2	8.4	37.4
中小型企业		57.5	4.0	38.5
国有企业		55.3	6.8	37.9
外资企业		40.8	4.1	55.1
民营企业		57.5	4.3	38.2
"专精特新"企业		55.8	2.2	42.0

第二篇 分 论 | 企业家精神专题研究

本篇以企业家精神为主题，着重研究了企业家精神与企业传承、企业韧性以及企业数字化转型的战略选择与实践推进。

第四章
企业家精神与事业传承：现状、影响因素及建议
（2020年）①

当前，世界经济处于全球经济下行周期，不稳定、不确定因素明显增多，我国也面临经济转型阵痛凸显的严峻挑战，新老矛盾交织，周期性、结构性问题叠加，经济运行稳中有变、变中有忧。面对深刻变化的外部环境，企业如何实现传承与创新的平衡，是实现中国经济转向高质量发展和创新驱动发展的关键。在这样的背景下，对企业传承和创新的研究具有十分重要的意义。为了解企业家对转型时期企业传承和创新的认识和评价，研究企业传承和创新的内涵及其影响，探索企业传承和创新的挑战与解决之道，为政府决策和学术研究提供参考依据，2019年8—10月，中国企业家调查系统课题组组织实施了"2019·中国企业经营者问卷跟踪调查"。

本次调查是由中国企业家调查系统课题组组织的第27次全国性企业家年度跟踪调查。与前26次年度跟踪调查一样，本次调查的调查对象为以企业法人代表为主的企业家群体，参考我国经济结构，按行业进行分层随机抽样。

调查采用邮寄问卷的方式进行，于2019年8月10日发放问卷，截至10月16日共回收问卷1381份，其中有效问卷1125份。通过部分未填写问卷企业与填写问卷企业的对比分析，我们未发现存在系统偏差。为使调查分析更为全面和深入，本报告还采用了中国企业家调查系统课题组以往的调查结果。

本次调查主要涉及：制造业，批发和零售业，建筑业，租赁和商务服务业，农林牧渔业，房地产业，住宿和餐饮业，信息传输、

---

① 课题组执笔人：李兰、仲为国、彭泗清、郝大海、王云峰等。

软件和信息技术服务业，交通运输、仓储和邮政业，电力、热力、燃气及水的生产和供应业，采矿业等，上述行业的企业所占比重分别为：64.7%、8.0%、5.3%、3.1%、2.9%、2.5%、2.4%、2.0%、1.6%、1.3%和0.7%。从企业的地区分布来看，东部地区企业占64.2%，中部地区企业占19.1%，西部地区企业占16.7%；从企业规模来看，大、中、小型企业分别占9.0%、25.6%和65.4%；从企业经济类型看，国有企业占2.0%，有限责任公司占44.7%，私营企业占25.3%，股份有限公司占18.9%，外资企业占3.1%，股份合作企业占4.6%，集体企业占1.0%（见表4-1和表4-2）。

表4-1 调查样本基本情况（%）

行业	农林牧渔业	2.9	经济类型	国有企业	2.0
	采矿业	0.7		集体企业	1.0
	制造业（详见表4-2）	64.7		私营企业	25.3
	电力、热力、燃气及水的生产和供应业	1.3		股份合作企业	4.6
	建筑业	5.3		股份有限公司	18.9
	交通运输、仓储和邮政业	1.6		有限责任公司	44.7
	信息传输、软件和信息技术服务业	2.0		其他内资企业	0.4
	批发和零售业	8.0		外资企业	3.1
	住宿和餐饮业	2.4		民营企业	91.1
	房地产业	2.5			
	租赁和商务服务业	3.1	盈亏	盈利企业	50.8
	其他行业	5.5		持平企业	25.8
地区	东部地区企业	64.2		亏损企业	23.4
	中部地区企业	19.1			
	西部地区企业	16.7	生产状况	超负荷生产企业	1.5
规模	大型企业	9.0		正常运作企业	77.6
	中型企业	25.6		半停产企业	20.2
	小型企业	65.4		停产企业	0.7

注：1.其他行业包括：金融业，科学研究和技术服务业，水利、环境和公共设施管理业，居民服务、修理和其他服务业，教育，卫生和社会工作，文化、体育和娱乐业等行业。
2.东部地区包括京、津、冀、辽、沪、苏、浙、闽、鲁、粤、桂、琼12省（自治区、直辖市）；
中部地区包括晋、蒙、吉、黑、皖、赣、豫、鄂、湘9省（自治区）；
西部地区包括渝、蜀、渝、黔、滇、藏、陕、甘、宁、青、新10省（自治区、直辖市）。

表4-2 调查样本中制造业基本情况（%）

序号	制造业细分	占比	序号	制造业细分	占比
1	农副食品加工业	3.9	17	橡胶及塑料制品业	6.2
2	食品制造业	2.2	18	非金属矿物制品业	6.5
3	酒、饮料和精制茶制造业	1.1	19	黑色金属冶炼及压延加工业	1.8
4	烟草加工业	0.0	20	有色金属冶炼及压延加工业	1.2
5	纺织业	5.0	21	金属制品业	6.1
6	纺织服装、服饰业	3.9	22	通用设备制造业	8.3
7	皮革、毛皮、羽毛及其制品和制鞋业	2.6	23	专用设备制造业	9.5
8	木材加工及木、竹、藤、棕、草制品业	1.5	24	汽车制造业	3.3
9	家具制造业	0.8	25	铁路、船舶、航空航天及其他运输设备制造业	1.8
10	造纸及纸制品业	2.2	26	电气机械及器材制造业	6.9
11	印刷和记录媒介复制业	1.2	27	计算机、通信及其他电子设备制造业	2.9
12	文教、工美、体育及娱乐用品制造业	1.1	28	仪器仪表制造业	1.7
13	石油加工、炼焦及核燃料加工业	0.6	29	其他制造业	2.2
14	化学原料及化学制品制造业	9.2	30	废弃资源综合利用业	0.4
15	医药制造业	3.7	31	金属制品、机械及设备修理业	0.6
16	化学纤维制造业	1.8			

被调查的企业家平均年龄为55.8岁，其中55岁及以上占57.3%，44岁及以下占15.1%，45～54岁占27.6%。文化程度为大专及以上的占81.1%，其中具有大学本科及以上学历的占45.8%。所学专业为管理类的占39.9%，为经济类的占18.9%，为理工农医类的占21.6%。职务为企业董事长或总经理、厂长、党委书记的占92.7%，其他职务占7.3%（见表4-3）。

表4-3 调查对象基本情况（%）

性别	男	92.5	文化程度	初中或以下	4.7
	女	7.5		中专、高中	14.2
年龄	44岁及以下	15.1		大专	35.3
	45~49岁	11.6		大学本科	33.2
	50~54岁	16.0		硕士	11.5
	55岁及以上	57.3		博士	1.1
	平均年龄（岁）	55.8			
所学专业	文史哲法律	5.2	现任职务	董事长	64.7
	经济	18.9		总经理	48.7
	管理	39.9		厂长	3.4
	理工农医	21.6		党委书记	10.5
	其他	14.4		其他	7.3

注：由于存在职务兼任情况，因此现任职务比例合计大于100%。

本章的主要结论：

改革开放40多年来，我国企业为经济发展和社会进步做出了巨大贡献。当前，我国经济迈入创新转型的关键时期，企业传承与创新已然成为未来经济持续、健康、稳定发展的核心保障。调查发现，企业家大都重视企业传承，逾七成企业传承正在进行或已经完成。企业家最想传承的是诚信、敬业、创新等企业家精神和企业文化。调查显示，民营企业、成长期企业、中西部地区企业等企业传承面临较大挑战。

调查表明，企业传承受到诸多因素的影响。企业家们认为：从外部环境来看，企业传承的市场环境亟须改善，政策环境对成长期企业的企业传承更为有利，而文化环境对于成熟期企业的企业传承较为不利，经过改革开放40多年，我国企业大多进入成熟期，这一结果表明文化环境亟须改善，以促进经济进一步转型升级；从企业内部环境来看，文化价值观、治理结构及传承机制是影响企业传承的主要因素。具体来看，女性企业家、年轻企业家及学历高的企业家更认同引入外部市场竞争机制以促进企业传承。

调查发现，民营企业的企业传承普遍存在过于依赖"一把手"、缺乏合适接班人的情况；家族企业的企业传承进度安排，更多取决于父辈的意愿和内部传承机制两方面因素。

企业发展过程中是否经历过重大危机，对企业传承意识、经验与现实安排等方面影响较大。调查分析发现，经历过早期重大危机的企业，显著正向影响企业传承进度；调查分析还发现，企业盈利水平越高、越坚持长期战略导向与高管团队创新管理越好的企业，企业传承进度越好；另外，企业领导人的信心与积极乐观精神越高，越促进企业传承。

企业家期望：政府层面，进一步改善企业营商环境，努力提高政府效率、减少不必要的干预、加强产权保护；产业层面，贯彻创新驱动发展战略，积极促进经济转型，加速企业传承；企业层面，保持企业创新的连续性，努力采取自主创新战略，坚持在创新中传承；企业家个人层面，优选接班人传承方式，积极加强与高管团队的沟通，尤其是通过增加非正式活动加强沟通，培养企业传承班子力量，为企业持续健康发展和中国经济转型升级做出更大的贡献。

第一节　当前企业传承的现状

一、多数企业家重视企业传承，逾七成企业传承正在进行或已经完成

1993年党的十四届三中全会第一次提出了"造就企业家队伍"的重要目标。伴随着市场化改革的进程，中国企业家队伍的成长与发展经历了孕育、发展、壮大并逐渐走向成熟。2019年的调查数据显示，如果把中国企业家群体按照一个人的年龄来评价，企业家认

为中国企业家群体目前看起来像 41 岁。结果表明，大多数企业家认为企业家群体诞生于 1978 年，即改革开放之年（见表 4-4）。

表4-4 中国企业家群体发展阶段画像

不同分组		均值/岁	P值	最小显著性差异法差异比较
总体		41.0		
男	①	41.3	0.015	①>②
女	②	37.6		
44岁及以下	①	38.0	0.000	①<③；②<③
45~54岁	②	38.6		
55岁及以上	③	43.0		
大专及以下	①	42.5	0.000	①>②；①>③
大学本科	②	39.8		
硕士及博士	③	38.1		
创业期	①	37.2	0.000	①<③；①<④；②<③；②<④
成长期	②	39.2		
成熟期	③	42.1		
衰退期	④	44.6		
国有企业	①	39.1	0.309	各组无显著差异
外资企业	②	41.2		
民营企业	③	39.0		
东部地区企业	①	41.4	0.102	①>②
中部地区企业	②	39.3		
西部地区企业	③	41.6		
家族企业	①	42.3	0.177	①与②无显著差异
非家族企业	②	40.8		

从不同分组看，对企业家群体的画像描述，不同企业家存在不同的认识。具体来说，不同性别、年龄、学历、企业发展阶段及区位的企业家存在明显差异，其中男性、55 岁及以上、大专及以下、衰退期企业的企业家对企业家群体的年龄判断显著较高，分别是 41.3 岁、43 岁、42.5 岁及 44.6 岁。

尽管40多岁的人在心智和许多技能方面都和30岁左右的人无甚差别，但就学习新技术或者创新能力而言，中国企业家群体显著已经越过了30岁左右的黄金时期。[①]当前中国社会已经开始向以创新为核心驱动力的经济转型，显然企业家群体都将面临传承与创新的关键挑战。

关于企业是否"考虑培养接班人问题"的调查数据表明，"已完成交接"的企业占比7.5%，64.5%的企业"正在进行"交接，而仅有28.0%的企业没有考虑交接问题。显然，企业传承问题已经是中国企业发展的关切所在（见表4-5）。

表4-5 中国企业传承状态（%）

不同分组	没有考虑	正在进行	已完成交接	P值
总体	28.0	64.5	7.5	
国有企业	24.1	67.2	8.6	
民营企业	28.7	63.0	7.5	0.267
外资企业	14.7	70.6	14.7	
创业期	58.3	41.7	0.0	
成长期	33.1	61.4	5.5	0.000
成熟期	19.7	70.1	10.2	
衰退期	34.2	59.6	6.1	
东部地区企业	27.2	64.7	8.0	
中部地区企业	31.9	59.5	8.6	0.214
西部地区企业	26.6	69.0	4.3	
家族企业	26.8	62.4	10.7	0.274
非家族企业	28.3	64.6	7.0	

从不同分组来看，关于培养接班人的问题，不论国有企业、民营企业还是外资企业，不管是东部、中部还是西部，无论是家族企业还

[①] 梁建章，黄文政. 人口是提升创新力的重要因素[J]. 中国经济周刊，2018(29):84-85.

是非家族企业，都面临着同样的挑战，目前的进度不存在显著差异。而显著差异存在于不同的企业发展阶段。例如，接近六成的创业期企业表示"没有考虑"接班人的问题（58.3%），表明创业期尚不需要考虑企业传承问题，而61.4%的成长期企业和70.1%的成熟期企业正在进行交接，更有10.2%的成熟期企业"已完成交接"（见表4-5）。

二、大多数接班人正在培养中，民营企业、成长期企业、中西部企业等企业传承面临较大挑战

在"正在进行"的企业中分组做更细致的分析发现，19.7%的企业"正在寻找"接班人，62.6%的企业"正在培养"接班人，8.7%的企业"已培养好"接班人，而9.0%的企业"正在交接"。数据表明，大多数企业的接班人正在培养的过程中，但也有近20%的企业仍然在寻找接班人（见表4-6）。

表4-6 中国企业传承状态分组比较（%）

不同分组	正在寻找	正在培养	已培养好	正在交接	P值
总体	19.7	62.6	8.7	9.0	
国有企业	12.8	64.1	20.5	2.6	
民营企业	19.4	63.1	8.7	8.8	0.058
外资企业	29.2	58.3	0.0	12.5	
创业期	20.0	75.0	0.0	5.0	
成长期	20.0	67.7	6.9	5.4	0.029
成熟期	17.5	60.5	10.8	11.1	
衰退期	28.4	50.7	7.5	13.4	
东部地区企业	17.4	62.3	10.4	9.9	
中部地区企业	19.5	69.9	5.7	4.9	0.025
西部地区企业	28.2	56.5	5.6	9.7	
家族企业	16.5	69.2	5.5	8.8	0.468
非家族企业	19.9	61.6	9.3	9.2	

具体分组来看，国有企业"已培养好"接班人比例较高（20.5%），

外资企业"正在寻找"接班人和"正在交接"的比例较高，分别为29.2%和12.5%，而民营企业的各项表现居中。这反映出国有企业在管理制度上仍体现出较为完善的传承性，外资企业在接班人的甄别上较为严格与慎重，而民营企业仍需要提高企业传承制度的规范性（见表4-6）。

从企业发展阶段来看，创业期企业的"正在培养"比例较高（75.0%），其次是成长期企业（67.7%），成熟期企业的"已培养好"比例较高（10.8%），而衰退期企业的"正在寻找"和"正在交接"的比例较高，分别为28.4%和13.4%（见表4-6）。

从地区来看，西部地区企业"正在寻找"接班人的比例较高（28.2%），中部地区企业"正在培养"接班人的比例较高（69.9%），与此对应的是其"正在交接"的比例较低（4.9%），而东部地区企业"已培养好"的比例较高（10.4%）。由此可见，东部地区企业在企业传承方面做得较好（见表4-6）。

三、企业家最想传承的企业家精神与企业文化等内生性增长资源

针对企业家最想传承给接班人的资源，调查数据表明，首先，企业家最想传承给接班人的前四项依次是"企业家精神"（64.7%）、"企业文化"（59.0%）、"企业品牌"（41.4%）及"核心产品/技术"（34.6%）。企业家精神、企业文化和企业品牌都是企业的无形资源，对企业的持久经营至关重要，影响深远。其次，虽然低于20%但超过15%的企业家选择的资源包括"员工队伍"（19.2%）、"商业关系资源"（18.9%）及"高管团队"（18.7%）。最后，企业家选择较少的是"金融/资本关系"（6.4%）、"政府关系资源"（4.7%）、"家族关系资源"（3.9%）及"媒体关系资源"（0.4%）。这意味着，企业家更关心那些能够保证企业基业长青的可持续发展的内生性资源，而不是外生性资源（见表4-7）。

表4-7 企业家最想传承的资源（%）

内　容	比　例
企业家精神	64.7
企业文化	59.0
企业品牌	41.4
核心产品/技术	34.6
员工队伍	19.2
商业关系资源	18.9
高管团队	18.7
金融/资本关系	6.4
政府关系资源	4.7
家族关系资源	3.9
媒体关系资源	0.4

进一步基于年龄的分组比较分析发现：55岁及以上的人更想传承企业家精神（71.4%）和员工队伍（21.8%）；而选择"商业关系资源"（14.8%）的则显著低于其他年龄段。与此相反，44岁及以下的企业家更想传承"金融/资本关系"（14.2%）。这说明不同年龄的企业家对于不同资源影响企业基业长青的看法存在显著差异：年长的企业家更看重"企业家精神"和"员工队伍"，认为"企业家精神"和"员工队伍"是企业持续经营的基础；而年轻的企业家则认为"金融/资本关系"对于接班人后续的企业经营更重要（见表4-8）。

表4-8 企业家最想传承资源的交叉分析1（%）

项　目	性别			年龄				学历			
	男	女	P值	44岁及以下	44~54岁	55岁及以上	P值	大专及以下	大学本科	硕士及博士	P值
企业文化	58.5	65.0	0.257	68.1	62.2	57.6	0.406	56.4	59.6	67.4	0.063
企业品牌	41.8	35.0	0.235	40.6	38.1	43.2	0.339	42.7	38.7	43.7	0.418
高管团队	19.1	16.3	0.536	17.4	16.7	20.0	0.452	19.7	17.8	18.5	0.764

续表

项目	性别			年龄				学历			
	男	女	P值	44岁及以下	44~54岁	55岁及以上	P值	大专及以下	大学本科	硕士及博士	P值
员工队伍	19.5	16.3	0.482	13.5	16.7	21.8	0.031	21.3	17.5	15.6	0.186
核心产品/技术	35.2	27.5	0.166	31.0	37.8	33.9	0.305	33.3	33.8	42.2	0.135
政府关系资源	4.6	5.0	0.866	7.7	5.0	3.7	0.101	3.7	6.0	5.9	0.204
商业关系资源	19.1	18.8	0.945	22.6	25.4	14.8	0.000	19.5	19.2	16.3	0.688
金融/资本关系	6.1	10.0	0.173	14.2	6.0	4.7	0.000	4.9	8.3	6.7	0.110
媒体关系资源	0.4	0.0	0.567	1.3	0.3	0.2	0.120	0.7	0.0	0.0	0.184
家族关系资源	3.8	5.0	0.584	3.2	3.7	4.2	0.822	5.2	2.3	3.0	0.070
企业家精神	64.7	65.0	0.961	56.1	55.2	71.4	0.000	67.8	61.0	61.5	0.080

根据企业经济类型、发展阶段、企业区位和是否为家族企业进行交叉分析发现，在"企业文化"的选择上各组都存在显著差异：相较于国有企业和民营企业，外资企业选择"企业文化"的更多（80.6%），这说明外资企业的企业家更想将企业文化传承给接班人；对于发展阶段，创业期和成长期的企业，选择"企业文化"的较多，均为61.7%，而衰退期的企业选择传承企业文化的情况明显较少（46.8%），这说明处于衰退期的企业，企业家认为企业文化需要变革，重新构建企业文化；对于企业区位，分析发现，相较于中部地区和西部地区，东部地区的企业家选择"企业文化"的偏少

(54.4%),这说明东部地区的企业家认为企业文化需要根据不同的阶段作出改变,接班人需要构建自己的企业文化;同时,非家族企业更看重企业文化(60.7%)。

另外,中部企业也较少选择传承"商业关系资源"(10.8%),家族企业相对更希望传承"家族关系资源"(8.1%)。针对企业家精神,根据企业发展阶段进行交叉分析可以发现,相较于创业期、成长期和衰退期的企业,成熟期企业的企业家更想传承"企业家精神"(69.3%),这说明成熟期的企业已经建立起较好的企业文化,企业家更想将企业文化传承下去,以保证企业的可持续发展(见表4-9)。

四、诚信、敬业、创新是企业家最想传承的企业家精神

企业家精神是一个较为宽泛的概念。在企业家调查系统往年关于企业家精神定义的基础上,本次报告深入调查了企业家最想传承的企业家精神,数据显示,前10项依次排名是"诚信"(71.3%)、"敬业"(64.1%)、"创新"(44.5%)、"乐于奉献"(40.6%)、"精益求精"(33.9%)、"造福社会"(29.2%)、"坚韧"(28.7%)、"勤俭节约"(27.9%)、"家国情怀"(24.1%)及"善抓机会"(21.4%)。上述结果表明,企业家认为只有保持核心价值,同时敢于突破、不断创新,坚持回报社会的良好品质,才是值得企业传承的企业家精神(见表4-10)。

针对最想传承的企业家精神,按照性别、年龄、学历进行交叉分析,结果表明,男性企业家更想传承的企业家精神包括"诚信"(72.5%)、"创新"(45.5%)和"勤俭节约"(29.2%),而女性企业家更想传承的企业家精神是"自我实现"(23.8%)(见表4-11)。

表4-9 企业家最想传承的资源交叉分析2

不同分组	企业性质				发展阶段					企业区位				是否为家族企业		
	国有企业 /%	民营企业 /%	外资企业 /%	P值	创业期 /%	成长期 /%	成熟期 /%	衰退期 /%	P值	东部地区 /%	中部地区 /%	西部地区 /%	P值	家族企业 /%	非家族企业 /%	P值
企业文化	70.7	56.9	80.6	0.005	61.7	61.7	58.8	46.8	0.042	54.4	68.6	66.1	0.000	48.0	60.7	0.004
企业品牌	36.2	42.1	38.7	0.636	40.4	39.5	44.3	37.8	0.405	40.6	47.1	38.0	0.158	45.3	40.5	0.279
高管团队	19.0	18.3	29.0	0.317	19.1	17.7	19.7	19.8	0.882	18.8	15.7	21.6	0.333	20.9	18.4	0.453
员工队伍	22.4	18.8	19.4	0.794	17.0	15.8	21.0	22.5	0.170	17.8	22.1	21.1	0.319	19.6	19.1	0.892
核心产品/技术	31.9	34.2	48.4	0.225	27.7	38.5	32.8	31.5	0.169	35.1	28.9	39.2	0.102	33.1	34.8	0.682
政府关系资源	8.6	4.6	0.0	0.172	4.3	5.7	4.2	3.6	0.690	4.5	4.4	5.8	0.729	4.7	4.6	0.951
商业关系资源	13.8	19.9	19.4	0.522	23.4	18.2	19.3	18.0	0.833	21.2	10.8	19.3	0.004	22.3	18.2	0.242
金融资本关系	1.7	6.6	0.0	0.114	12.8	7.8	5.3	4.5	0.105	7.5	5.4	3.5	0.132	7.4	6.4	0.629
媒体关系资源	0.0	0.4	0.0	0.822	0.0	0.7	0.0	0.9	0.260	0.3	0.5	0.6	0.812	0.7	0.3	0.525
家族关系资源	1.7	4.4	0.0	0.307	4.3	3.3	3.4	8.1	0.109	3.9	3.9	4.1	0.992	8.1	3.3	0.005
企业家精神	72.4	65.2	51.6	0.146	61.7	60.8	69.3	62.2	0.049	64.5	67.2	62.6	0.639	70.9	63.7	0.089

表4-10 最想传承的企业家精神（%）

内 容	比 例
诚信	71.3
敬业	64.1
创新	44.5
乐于奉献	40.6
精益求精	33.9
造福社会	29.2
坚韧	28.7
勤俭节约	27.9
家国情怀	24.1
善抓机会	21.4
不断超越	20.3
自我实现	16.0
善于突破	9.9
勇于冒险	9.3
渴望成功	7.5
与众不同	5.8
韬光养晦	3.1
其他（请说明）	0.3

表4-11 最想传承的企业家精神交叉分析1（%）

项目	年龄			年龄			学历			
	男	女	P值	44岁及以下	44～54岁	55岁及以上	P值	大专及以下	大学本科	硕士及博士	P值
乐于奉献	40.2	42.5	0.684	39.2	33.4	44.3	0.007	40.8	37.9	45.9	0.265
勇于冒险	9.5	6.3	0.339	12.7	8.1	9.1	0.267	7.2	11.1	11.9	0.063
勤俭节约	29.2	13.8	0.003	15.8	24.3	32.6	0.000	33.6	23.9	15.6	0.000
自我实现	15.4	23.8	0.050	22.2	15.9	14.5	0.063	14.6	19.1	14.1	0.152
创新	45.5	31.3	0.013	39.2	45.9	45.2	0.341	42.0	43.3	57.8	0.003

续表

项目	年龄			年龄			学历			
	男	女	P值	44岁及以下	44~54岁	55岁及以上	P值	大专及以下	大学本科	硕士及博士	P值
造福社会	29.2	28.7	0.931	31.6	32.8	26.9	0.144	31.0	23.9	34.1	0.028
敬业	64.5	61.3	0.566	49.4	69.8	69.9	0.000	66.4	64.7	54.1	0.026
渴望成功	7.5	7.5	0.987	11.4	7.4	6.5	0.116	7.7	7.7	5.9	0.764
诚信	72.5	57.5	0.004	60.8	69.9	74.7	0.002	74.1	69.5	64.4	0.051
善于突破	9.5	15.0	0.111	18.4	9.5	8.0	0.000	9.8	10.3	10.4	0.959
善抓机会	21.0	28.7	0.107	25.9	20.6	20.7	0.327	22.8	20.2	20.0	0.586
坚韧	28.9	25.0	0.458	24.1	27.0	30.7	0.188	27.2	31.6	27.4	0.333
与众不同	6.1	2.5	0.182	5.1	3.4	7.2	0.065	6.5	4.8	5.9	0.578
精益求精	33.2	43.8	0.056	37.3	38.5	30.9	0.045	33.7	33.3	37.0	0.725
不断超越	20.0	23.8	0.428	27.2	22.3	17.5	0.018	19.9	19.4	24.4	0.430
家国情怀	24.1	25.0	0.851	22.2	26.0	23.7	0.616	22.6	22.8	34.1	0.015
韬光养晦	3.3	1.3	0.308	3.2	2.7	3.3	0.873	3.1	3.7	2.2	0.693

根据年龄进行交叉分析，可以发现：55岁及以上的企业家更想传承的企业家精神包括"诚信"（74.7%）、"乐于奉献"（44.3%）和"勤俭节约"（32.6%），表现出较为传统的企业家精神；44~54岁企业家相对更想传承的企业家精神是"精益求精"（38.5%）；而44岁及以下的企业家更想传承的企业家精神是"善于突破"（18.4%）和"不断超越"（27.2%），这说明年龄较小的企业家更强调创新与突破，体现出明显的代际企业家差异（见表4-11）。

根据学历进行交叉分析，可以发现：硕士及博士学历的企业家更想传承的企业家精神内涵为"创新"（57.8%）、"造福社会"（34.1%）和"家国情怀"（34.1%）；而大专及以下的企业家更想传承的企业家精神内涵为"敬业"（66.4%）和"勤俭节约"（33.6%）。这说明学历的高低，也就是受教育程度，会影响到企业家对企业家精神传承的侧重点（见表4-11）。

针对最想传承的企业家精神，按照企业经济类型、发展阶段、企业区位和是否为家族企业进行交叉分析，结果表明，成熟期企业的企业家更想传承的企业家精神是"诚信"（75.8%）和"敬业"（69.2%），而衰退期企业的企业家更想传承的企业家精神是"勤俭节约"（41.6%）。另外，家族企业的企业家更希望传承的企业家精神包括"敬业"（73.3%）、"渴望成功"（12.3%）及"与众不同"（9.6%），而非家族企业更想传承的企业家精神是"乐于奉献"（42.3%）（见表4-12）。

第二节 影响企业传承的因素

一、企业传承的市场环境亟须改善，政策环境与文化环境对成长期企业更为有利

关于外部宏观环境对企业传承的影响的调查数据显示：首先，企业家对当前市场环境对企业传承的影响评价较低（评价值为3.13，5分制），有22.0%的企业家认为市场环境对企业传承"较不利"或"很不利"，44.1%的企业家认为"一般"；其次是经济体制环境，评价值为3.20，有17.3%的企业家认为经济体制环境对企业传承"较不利"或"很不利"，46%的企业家认为"一般"；最后是社会舆论环境，评价值为3.22，14.3%的企业家认为社会舆论环境对企业传承

表4-12 最想传承的企业家精神交叉分析2（%）

项目	企业性质				发展阶段					企业区位				是否为家族企业		
	国有企业	民营企业	外资企业	P值	创业期	成长期	成熟期	衰退期	P值	东部地区	中部地区	西部地区	P值	家族企业	非家族企业	P值
乐于奉献	50.9	40.1	45.5	0.237	39.6	36.8	42.2	46.9	0.176	38.2	44.9	44.8	0.104	28.8	42.3	0.002
勇于冒险	8.8	9.5	6.1	0.794	6.3	11.2	7.9	9.7	0.316	8.1	12.6	10.3	0.138	8.9	9.5	0.812
勤俭节约	29.8	28.9	18.2	0.401	16.7	23.5	30.0	41.6	0.000	28.5	27.5	25.9	0.774	30.8	27.7	0.436
自我实现	14.0	16.0	18.2	0.869	12.5	15.9	16.6	15.9	0.906	14.3	19.3	19.0	0.110	12.3	16.7	0.185
创新	50.9	43.7	39.4	0.493	43.8	48.0	44.3	33.6	0.056	47.6	43.0	33.9	0.004	42.5	45.2	0.531
造福社会	21.1	30.3	27.3	0.319	33.3	31.9	26.7	27.4	0.312	26.2	35.7	33.3	0.013	22.6	30.3	0.057
敬业	61.4	64.3	69.7	0.731	56.3	58.7	69.2	67.3	0.006	65.3	61.4	62.6	0.521	73.3	62.6	0.012
渴望成功	3.5	7.8	9.1	0.465	8.3	7.7	6.8	9.7	0.757	7.6	7.2	7.5	0.989	12.3	6.7	0.016
诚信	71.9	71.2	81.8	0.416	58.3	67.1	75.8	75.2	0.004	71.0	70.0	74.1	0.6490	74.7	70.7	0.323
善于突破	15.8	9.4	3.0	0.120	18.8	11.0	9.3	5.3	0.056	8.6	12.1	12.6	0.136	7.5	10.2	0.319
善抓机会	26.3	21.5	18.2	0.611	20.8	23.3	20.1	19.5	0.639	22.8	14.5	24.1	0.024	20.5	21.5	0.787
坚韧	24.6	28.9	21.2	0.509	43.8	27.3	29.0	29.2	0.127	26.7	33.8	31.0	0.105	32.9	28.2	0.251
与众不同	3.5	6.0	6.1	0.740	6.3	5.8	6.0	5.3	0.993	5.8	4.3	7.5	0.431	9.6	5.3	0.041
精益求精	38.6	34.2	42.4	0.509	37.5	37.8	32.1	28.3	0.148	35.0	30.4	33.9	0.483	35.6	33.8	0.661
不断超越	12.3	20.3	27.3	0.197	18.8	22.8	19.5	15.9	0.346	19.7	19.8	23.6	0.512	22.6	20.1	0.491
家国情怀	31.6	23.6	24.2	0.397	25.0	27.0	22.2	19.5	0.223	24.1	26.6	21.3	0.483	24.0	24.2	0.944
韬光养晦	0.0	3.5	6.1	0.252	8.3	2.1	3.5	3.5	0.111	3.7	1.0	3.4	0.134	4.8	2.9	0.231

"较不利"或"很不利",51.8%的企业家认为"一般"。同时,法律环境、政策环境和文化环境评价值相对略高,但仍存在较大提升空间(见表4-13)。

表4-13 外部宏观环境对企业传承的影响(%)

外部宏观环境	很不利	较不利	一般	较有利	很有利	评价值
经济体制	4.0	13.3	46.0	31.9	4.8	3.20
法律	2.5	10.7	46.4	34.9	5.5	3.30
政策	3.5	11.4	43.2	35.1	6.7	3.30
社会舆论	2.4	11.9	51.8	29.0	4.8	3.22
文化	1.6	7.7	51.5	34.3	4.9	3.33
市场	4.2	17.8	44.1	28.8	5.1	3.13

从不同分组看,关于经济体制、法律环境及社会舆论影响企业传承的认识,不同性质、发展阶段、区位、家族性质的企业之间无显著差异。而在宏观环境的其他维度,以下企业体现出显著差异。

首先,不同发展阶段的企业对政策环境的评价存在显著差异,其中成长期企业的企业家对于政策环境对企业传承的影响具有较高的正面评价(评价值为3.38),而衰退期企业的企业家对于政策环境对企业传承的影响评价较低(评价值为3.15)。这一方面表明现阶段政策环境对成长期企业的企业传承帮助较大,另一方面也可能加速淘汰衰退期的企业,体现出产业转型升级政策的有效性(见表4-14)。

表4-14 外部宏观环境对企业传承影响的交叉分析

不同分组	经济体制	P值	法律环境	P值	政策环境	P值	社会舆论	P值	文化环境	P值	市场环境	P值
总体	3.20		3.30		3.30		3.22		3.33		3.13	
国有企业	3.17		3.29		3.31		3.12		3.20		3.03	
外资企业	3.20	0.286	3.30	0.627	3.29	0.948	3.23	0.553	3.33	0.413	3.14	0.463
民营企业	3.44		3.44		3.34		3.16		3.38		3.00	

续表

不同分组	经济体制	P值	法律环境	P值	政策环境	P值	社会舆论	P值	文化环境	P值	市场环境	P值
创业期	3.26		3.28		3.34		3.28		3.34		3.06	
成长期	3.24	0.293	3.37	0.215	3.38	0.074	3.25	0.603	3.40	0.122	3.19	0.000
成熟期	3.19		3.27		3.27		3.22		3.29		3.16	
衰退期	3.07		3.22		3.15		3.14		3.33		2.75	
东部地区企业	3.22		3.29		3.29		3.24		3.32		3.12	
中部地区企业	3.15	0.642	3.29	0.439	3.35	0.656	3.21	0.529	3.31	0.403	3.13	0.981
西部地区企业	3.19		3.38		3.30		3.16		3.40		3.13	
家族企业	3.19	0.854	3.23	0.269	3.29	0.894	3.31	0.140	3.29	0.536	3.13	0.962
非家族企业	3.20		3.31		3.30		3.20		3.34		3.13	

其次，不同发展阶段企业的企业家对文化环境的评价存在显著差异，其中成长期企业的企业家对于文化环境对企业传承的影响具有较高的正面评价（评价值为3.40），而成熟期企业的企业家对于政策文化环境对企业传承的影响评价较低（评价值为3.29），这表明文化环境有利于成长期企业的企业传承，而不利于成熟期企业的企业传承。经过40多年的改革开放，我国企业大多进入成熟期，这一结果表明文化环境亟须改善，以促进经济进一步转型升级（见表4-14）。

最后，不同发展阶段企业的企业家对市场环境的评价存在显著差异，其中成长期企业和成熟期企业的企业家对于市场环境对企业传承的影响具有较高的正面评价（评价值分别为3.19和3.16），而衰退期企业的企业家对于市场环境对企业传承的影响评价较低（评价值为2.75）（见表4-14）。

二、文化价值观、治理结构及传承机制是影响企业传承的主要因素

调查显示,影响企业传承的主要因素依次是,"企业文化和价值观"(43.2%)、企业治理结构(31.5%),"内部传承机制"(30.7%)、"企业战略的清晰度"(26.0%)、"难以寻找到合适的接班人"(23.1%)、"企业对一把手的依赖性"(22.8%)、"外部市场竞争"(20.9%)、"职业经理人市场发育"(14.1%)及"班子成员的接纳程度"(13.1%),而"一把手对交接的意愿"和"外部产权制度保护"的影响较小,分别为6.4%和5.0%(见表4-15)。

表4-15 影响企业传承的主要因素(%)

内 容	比 例
企业文化和价值观	43.2
企业治理结构	31.5
内部传承机制	30.7
企业战略的清晰度	26.0
难以寻找到合适的接班人	23.1
企业对一把手的依赖性	22.8
外部市场竞争	20.9
职业经理人市场发育	14.1
班子成员的接纳程度	13.1
一把手对交接的意愿	6.4
外部产权制度保护	5.0

三、女性企业家、年轻企业家及学历高的企业家更认同引入外部市场竞争机制促进企业传承

进一步分组比较发现,男性和女性对影响企业传承主要因素的认知存在显著差异。具体来说,女性企业家比男性企业家更认同"外部市场竞争"和"职业经理人市场发育"对企业传承的影响(31.3%的女性VS.19.8%的男性和27.5%的女性VS.13.0%的男

性），而男性企业家更认同"企业对一把手的依赖性"（23.5%的男性 VS.15%的女性）对企业传承的影响，这说明女性企业家更尊重市场因素对企业传承的影响（见表4-16）。

表4-16 影响企业传承主要因素的企业家比较分析（%）

项 目	性别			年龄				学历			
	男	女	P值	44岁及以下	44~54岁	55岁及以上	P值	大专及以下	大学本科	硕士及博士	P值
内部传承机制	30.5	36.3	0.286	26.4	30.4	31.9	0.400	32.5	28.4	31.3	0.417
企业文化和价值观	43.0	45.0	0.728	45.3	43.5	42.5	0.818	40.7	44.1	50.7	0.096
外部市场竞争	19.8	31.3	0.015	27.7	18.7	20.2	0.066	21.3	20.5	19.4	0.875
难以寻找到合适的接班人	23.6	18.8	0.326	15.7	21.1	26.0	0.014	23.5	23.9	20.1	0.661
外部产权制度保护	4.9	5.0	0.979	4.4	5.4	5.0	0.906	3.4	7.0	6.0	0.041
企业治理结构	23.8	32.0	0.125	29.6	28.8	33.2	0.337	32.1	27.5	38.1	0.068
职业经理人市场发育	13.0	27.5	0.000	19.5	17.1	11.2	0.006	12.9	15.2	16.4	0.441
企业对一把手的依赖性	23.5	15.0	0.083	15.1	25.8	23.4	0.031	23.7	25.0	14.2	0.032
一把手对交接的意愿	6.6	3.8	0.310	3.8	6.7	6.9	0.343	6.9	5.3	7.5	0.568
企业战略的清晰度	26.2	25.0	0.817	38.4	29.1	21.3	0.000	24.2	26.7	31.3	0.220
班子成员的接纳程度	13.2	13.8	0.887	6.9	10.4	16.1	0.002	15.3	11.5	8.2	0.049

不同年龄的企业家对于影响企业传承主要因素的认知存在显著差异。具体来说，44岁及以下的企业家对"外部市场竞争"（27.7%）、"职业经理人市场发育"（19.5%）及"企业战略的清晰度"

（38.4%）的影响作用更加认同，而随着年龄的增加，44～54岁的企业家认为"企业对一把手的依赖性"25.8%影响企业传承，55岁及以上的企业家认为"难以寻找到合适的接班人"（26.0%）及"班子成员的接纳程度"（16.1%）是影响企业传承的主要因素。结果表明，企业家越年轻越承认市场力量，而越年长越认同个人力量对企业传承的影响（见表4-16）。

不同学历的企业家对于影响企业传承主要因素的认知存在显著差异。具体来说，学历越高，企业家越承认"企业文化和价值观""企业治理结构"及"外部产权制度保护"，越少认同"企业对一把手的依赖性"和"班子成员的接纳程度"对企业传承的影响（见表4-16）。

四、民营企业传承"一把手—接班人"双向承压，家族企业传承机制和父辈意愿尤为重要

调查表明，不同企业特征的企业家对于影响企业传承主要因素的认知存在显著差异。从企业经济类型来看，国有企业更认同"企业治理结构"的作用（43.9%），外资企业更认同"外部市场竞争"的作用（36.4%），而民营企业认为"难以寻找到合适的接班人"（24.4%）和"企业对一把手的依赖性"（23.6%）显著影响企业传承（见表4-17）。

五、早期重大危机经历显著促进企业传承，新近危机阻碍传承

企业发展历史过程中是否经历过重大危机，是影响企业传承意识、经验与现实安排的重要因素。课题组调查了企业经历危机的类型、时间及应对措施，并对重大危机经历与企业传承之间的相关关系做了分析。结果表明，企业经历"重组改制危机"（相关系数 $r = 0.16$，在 0.01 水平上显著）、"核心技术危机"（相关系数 $r = 0.074$，

表4-17 影响企业传承主要因素的企业比较分析（%）

项目	企业性质			发展阶段					企业区位				是否为家族企业		
	国有企业	民营企业	外资企业	P值	创业期	成长期	成熟期	衰退期	P值	东部地区	中部地区	西部地区	P值	家族企业	非家族企业	P值
内部传承机制	31.6	30.5	36.4	0.766	27.9	27.9	36.0	18.8	0.001	32.0	26.8	30.1	0.357	39.9	29.2	0.009
企业文化和价值观	49.1	42.4	54.5	0.247	44.2	49.4	41.8	26.8	0.000	39.8	49.8	48.6	0.011	35.8	44.4	0.050
外部市场竞争	17.5	20.8	36.4	0.078	23.3	20.1	20.1	26.8	0.419	20.8	21.0	21.3	0.987	23.0	20.6	0.504
难以寻找到合适的接班人	17.5	24.4	6.1	0.028	20.9	17.8	26.5	29.5	0.006	22.8	22.0	25.7	0.646	26.4	22.7	0.335
外部产权制度保护	5.3	4.8	9.1	0.533	7.0	5.2	3.9	7.1	0.450	6.1	3.9	2.2	0.074	3.4	5.3	0.314
企业治理结构	43.9	30.1	42.4	0.034	27.9	34.0	31.5	24.1	0.232	29.3	35.6	35.0	0.123	33.1	31.1	0.629
职业经理人市场发育	14.0	13.6	12.1	0.965	25.6	13.8	13.5	13.4	0.177	13.4	14.6	15.8	0.679	12.2	14.5	0.454
企业对一把手的依赖性	12.3	23.6	12.1	0.047	27.9	18.0	26.7	25.0	0.015	23.7	22.9	19.7	0.519	16.2	23.9	0.038
一把手对交接班的意愿	10.5	6.4	6.1	0.479	2.3	6.8	7.0	2.7	0.234	7.1	4.9	5.5	0.453	16.9	4.7	0.000
企业战略的清晰度	28.1	25.7	30.3	0.785	39.5	33.7	19.9	19.6	0.000	24.7	25.9	31.1	0.206	22.3	26.8	0.251
班子成员的接纳程度	8.8	13.3	18.2	0.428	7.0	12.2	14.5	15.2	0.409	15.0	8.8	10.9	0.043	12.2	13.3	0.710

在0.05水平上显著）及"身体突发疾病"（相关系数 $r = 0.078$，在0.05水平上显著）均显著正向影响企业传承进度（见表4-18）。

关于企业经历过的重大危机的调查表明，"竞争对手恶性竞争"、"现金流危机"和"销售渠道危机"是企业经历过的重大危机的前3位，其中，近半数的企业经历过竞争对手的恶性竞争（46.1%），37.7%的企业经历过现金流危机，以及29.2%的企业经历过销售渠道危机。除此之外，超过20%的企业经历过"重组改制危机"（24.5%）和"重要高管离职"（24.1%）等危机（见表4-18）。

表4-18 企业经历过的重大危机类型与企业传承相关性（%）

危机内容	比例	与企业传承相关性	危机内容	比例	与企业传承相关性
竞争对手恶性竞争	46.1	0.060	重大安全事件	8.8	-0.007
现金流危机	37.7	-0.028	身体突发疾病	8.0	0.078*
销售渠道危机	29.2	-0.032	重大生产失误	6.9	0.040
重组改制危机	24.5	0.160**	重大劳资纠纷	6.8	-0.026
重要高管离职	24.1	0.036	自然灾害	4.6	0.013
外部金融危机	14.7	-0.008	家庭重大变故	4.1	0.013
商业伙伴背叛	13.5	-0.014	社会舆论危机	3.4	0.021
政府关系危机	11.6	0.019	重大环境污染事件	3.0	0.015
核心技术危机	11.4	0.074*	恶意并购	1.4	0.040
投资者关系恶化	10.9	-0.036			

注：** 表示相关系数在0.01水平上统计显著；* 表示相关系数在0.05水平上统计显著。

企业经历重大危机的时间与企业传承的相关关系分析表明，企业经历重大危机的时间与企业传承存在显著的倒"U"形关系。具体来说，1978年及以前重大危机的经历与企业传承显著正相关（相关系数 $r = 0.007$，在0.05水平上显著），1979—1991年重大危机的经历与企业传承显著正相关（相关系数 $r = 0.124$，在0.01水平上显著），1992—2001年重大危机的经历与企业传承的正相关关系达到顶点（相关系数 $r = 0.223$，在0.01水平上显著），随后此相关关系逐步下降，2002—2008年重大危机的经历仍与企业传承显著正相关（相关系数 $r = 0.163$，在0.01水平上显著），但2009—2011年重大危机的经历与企业传承的相关性已经统计不显著（相关系数 $r = 0.032$，统计不显著），2012年至今重大危机的经历甚至与企业传承呈现显著负相关关系（相关系数 $r = -0.162$，在0.01水平上显著）。结果表明，企业发展早期的重大危机经历促进企业传承，而新近遭遇的重大危机阻碍企业传承（见图4-1）。

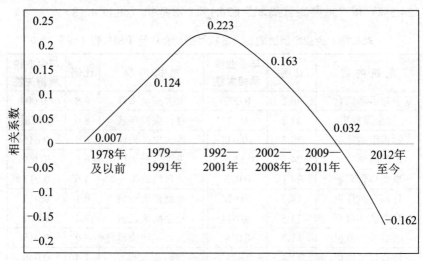

图4-1　企业经历重大危机的时间与企业传承相关关系

关于企业经历重大危机的时间的调查表明：62.6%的企业是在2012年至今经历过重大危机；25.8%的企业在2009—2011年，也就是2008年金融危机后，经历过重大危机；32.3%的企业在2002—2008年，即加入WTO（世界贸易组织）后，2008年金融危机前，经历过重大危机；14.1%的企业在1992—2001年，也就是1992年南方谈话后与"入世"前，经历过重大危机；而只有0.8%的企业在1978年及以前经历过重大危机（见图4-2）。

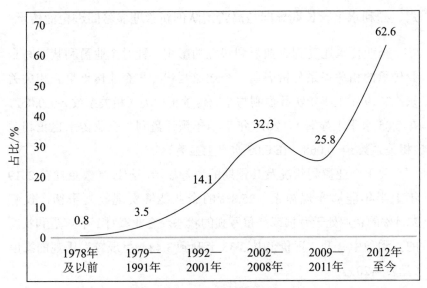

图4-2 企业经历过重大危机的时间

关于企业应对重大危机的方式的调查显示，71.9%的企业依靠"企业团结、开拓"克服重大危机，69.2%的企业依靠企业家"个人坚韧不拔"应对重大危机，21.7%的企业依靠"贵人相助"，而19.3%的企业依靠"政府帮助与扶持"。与企业传承的相关关系分析表明，依靠企业家个人力量克服企业重大危机，显著促进企业传承（相关系数 $r = 0.107$，在 0.05 水平上显著），体现出企业家的学习效应对企业传承的作用（见表4-19）。

表4-19 企业应对重大危机的方式（%）

应对危机的方式	比　　例	与企业传承相关性
个人坚韧不拔	69.2	0.107*
企业团结、开拓	71.9	0.022
政府帮助与扶持	19.3	0.059
贵人相助	21.7	0.025

注：*表示相关系数在 0.05 水平上显著。

六、盈利水平、长期导向与高管团队创新管理显著促进企业传承

企业传承还受到企业盈利状况的影响。针对企业盈利状况与企业传承的相关关系分析表明,企业盈利状况与企业传承呈正相关关系:2019年上半年实际盈利与企业传承正相关(相关系数 $r=0.062$,在0.05水平上显著),2019年下半年预计盈利与企业传承也正相关(相关系数 $r=0.068$,在0.05水平上显著)。

关于企业盈利状况及其预期的调查显示,超过半数企业在2019年上半年能够实现盈余,25.8%的企业能够实现收支平衡,仅有23.4%的企业处于亏损或严重亏损的状态。企业家对下半年盈利状况的预测稳中有升,评价值从3.33上升到3.42,呈现较为乐观的态度(见表4-20)。

表4-20 企业盈利状况(%)

年份		较大盈利	略有盈余	收支平衡	亏损	严重亏损	评价值
2019	上半年实际	7.0	43.8	25.8	22.1	1.3	3.33
	下半年预计	7.5	48.5	24.6	17.5	2.0	3.42
2018	上半年实际	6.8	45.1	26.9	19.4	1.8	3.36
	下半年预计	7.4	48.8	26.5	15.2	2.2	3.44
2017	上半年实际	8.3	45.3	26.0	18.5	1.8	3.40
	下半年预计	10.6	50.5	24.6	12.2	2.2	3.55
2016	上半年实际	5.9	45.3	23.3	22.5	3.1	3.29
	下半年预计	7.4	48.8	26.6	14.3	3.0	3.44
2015	上半年实际	5.2	41.0	23.5	26.2	4.0	3.17
	下半年预计	6.0	43.8	26.3	20.1	3.8	3.28
2014	上半年实际	5.9	45.8	21.9	23.7	2.7	3.29
	下半年预计	6.9	49.8	23.4	17.0	2.9	3.41
2013	上半年实际	5.3	43.6	22.8	25.6	2.8	3.23
	下半年预计	8.0	46.1	25.4	18.7	1.8	3.40
2012	上半年实际	4.5	45.2	22.1	24.5	3.7	3.22
	下半年预计	5.4	46.1	25.1	19.9	3.6	3.30

续表

年　份		较大盈利	略有盈余	收支平衡	亏损	严重亏损	评价值
2011	上半年实际	8.0	50.7	20.3	19.1	1.9	3.44
	下半年预计	8.3	51.1	23.2	15.2	2.2	3.48
2009	上半年实际	7.0	44.4	20.5	24.8	3.3	3.27
	下半年预计	9.8	51.8	22.3	14.5	1.7	3.54

纵向比较来看，2009—2019年的企业家预计盈利和实际盈利呈现出不断波动的特点，短期来看，受中美贸易战的影响，企业实际盈利和对下半年的预计盈利都呈现出微微下滑的趋势。但尽管贸易战对国内企业的盈利预期带来了负面的影响，企业家对下半年的盈利情况仍保有积极的态度，这反映出企业家对经济发展抱有乐观的态度（见表4-20）。

企业是否具有长期导向的发展理念，直接影响企业传承的安排。针对企业长期导向与企业传承的相关关系分析表明，企业长期导向与企业传承呈正相关关系，相关系数 $r = 0.147$，在0.01水平上显著。更为具体的数据表明，17.2%的企业有"1年以内计划"，38.1%的企业有"3年以内规划"，25.7%的企业有"5年以内规划"，3.8%的企业有"10年以内规划"，而1.7%的企业有"10年以上规划"（见表4-21）。

表4-21　企业长期发展规划（%）

长期导向	比　例
1年以内计划	17.2
3年以内规划	38.1
5年以内规划	25.7
10年以内规划	3.8
10年以上规划	1.7

高管团队的整体质量关乎企业传承的成败。针对高管团队管理水平与企业传承的相关关系分析表明，高管团队的任务导向与企业传承显著正相关（相关系数 $r = 0.115$，在0.01水平上显著），关系

导向也与企业传承显著正相关（相关系数 $r = 0.099$，在 0.01 水平上显著）。数据表明，高管团队使用较多的 3 种管理方法包括："培育良好的员工信任关系"（评价值 3.99，5 分制）、"建立良好的员工团队关系"（评价值 3.95）和"对员工创新表现进行积极回馈"（评价值 3.91）。但相关关系的分析表明，只有对员工创新表现进行积极回馈，采取措施充分鼓励员工积极创新，以及营造以创新为目标的氛围，才能显著促进企业传承。这表明高管团队促进企业传承的管理水平仍有待提高（见表 4-22）。

表4-22　企业高层管理团队管理水平（%）

项　　目	非常不符合	比较不符合	一般	比较符合	非常符合	评价值	与企业传承相关性
任务导向						3.75	0.115**
采取措施充分鼓励员工积极创新	0.6	4.7	26.1	57.7	10.9	3.74	0.083**
对员工创新提出明确的要求	0.6	7.3	32.9	50.2	9.0	3.60	0.054
对员工创新表现进行积极回馈	0.3	2.9	18.7	62.0	16.3	3.91	0.102**
关系导向						3.88	0.099**
营造以创新为目标的氛围	0.7	4.9	29.8	53.4	11.1	3.69	0.117**
建立良好的员工团队关系	0.3	2.9	16.6	62.2	18.0	3.95	0.046
培育良好的员工信任关系	0.3	2.2	15.6	62.5	19.5	3.99	0.039

注：1. 评价值以 5 分制计算。
　　2. ** 表示相关系数在 0.01 水平上统计显著。

七、企业家信心与积极乐观精神促进企业传承

企业家的信心、经营企业的满意度及心情也会显著影响企业传

承。针对企业家对未来信心与企业传承的系列相关关系分析表明，企业家对"中国会出现一大批家族百年企业"的信心与企业传承显著正相关（相关系数 $r = 0.085$，在 0.01 水平上显著），以及"我希望我的子女成为企业家"与企业传承显著正相关（相关系数 $r = 0.120$，在 0.01 水平上显著）（见表 4-23）。

表4-23 企业家对中国企业发展前景的看法（%）

项 目	很不同意	较不同意	中立	较同意	很同意	评价值	与企业传承相关性
中国会出现一大批家族百年企业	9.4	27.0	38.0	21.2	4.5	2.84	0.085**
假如再给我一次机会，我仍愿意做企业家	7.8	11.8	19.9	37.9	22.7	3.56	-0.013
在子女成长阶段企业家很难有空交流与陪伴	3.0	13.4	21.0	45.7	16.8	3.60	0.033
我对自己的未来充满信心	1.6	5.2	21.8	45.5	25.8	3.89	-0.017
想让企业基业长青，如同人想长生不老，是不可能实现的	9.3	23.7	33.1	23.6	10.2	3.02	-0.016
现在做企业越来越难	1.7	4.2	16.5	42.8	34.7	4.05	0.049
我希望我的子女成为企业家	8.4	14.1	42.0	23.1	12.5	3.17	0.120**

注：** 表示相关系数在 0.01 水平上统计显著。

调查结果显示，近八成的企业家认为"现在做企业越来越难"，评价值达 4.05（5 分制），其中"很同意"的占 34.7%，"较同意"的占 42.8%。同时，"我对自己的未来充满信心"，评价值达 3.89，71.3% 的企业家表示"很同意"或"较同意"。而大多数企业家不认为"中国会出现一大批家族百年企业"，评价值仅为 2.84，38.0% 的企业家选择了"中立"，36.4% 的企业家选择了"较不同意"或"很不同意"（见表 4-23）。

另外,超过六成的企业家"较同意"或"很同意""在子女成长阶段企业家很难有空交流与陪伴",反映出企业家在工作与家庭之间平衡的困难。同时,60.6%的企业家认为"假如再给我一次机会,我仍愿意做企业家",但是42.0%的企业家在"我希望我的子女成为企业家"这一问题上保持中立,仅有35.6%的企业家"较同意"或"很同意"自己的子女成为企业家(见表4-23)。

针对企业家对经营状况满意度与企业传承的系列相关关系分析表明,企业家对"企业愿景"的满意度与企业传承显著正相关(相关系数 $r = 0.078$,在0.05水平上显著),对"规章制度"的满意度与企业传承显著正相关(相关系数 $r = 0.129$,在0.01水平上显著),对"行为规范"的满意度与企业传承显著正相关(相关系数 $r = 0.061$,在0.05水平上显著),对"企业形象"的满意度与企业传承显著正相关(相关系数 $r = 0.081$,在0.05水平上显著),对"企业品牌"的满意度与企业传承显著正相关(相关系数 $r = 0.130$,在0.01水平上显著),而对"领导方式"的满意度与企业传承显著负相关(相关系数 $r = -0.097$,在0.01水平上显著)。这表明企业家对自己的领导方式越满意,越不利于企业传承(见表4-24)。

表4-24 企业家对企业经营满意度(%)

企业经营	比例	与企业传承相关性
企业愿景	36.7	0.078[*]
企业价值观	45.5	0.034
经营理念	43.7	0.044
规章制度	27.7	0.129[**]
内部沟通	37.2	-0.021
领导方式	14.6	-0.097[**]
团队建设	29.8	0.011
行为规范	16.7	0.061[*]
企业形象	34.8	0.081[*]

续表

企业经营	比　例	与企业传承相关性
企业精神	35.7	0.059
管理理念	22.7	-0.008
企业品牌	35.7	0.130**

注：** 表示相关系数在 0.01 水平上统计显著；* 表示相关系数在 0.05 水平上统计显著。

更为具体的调查数据表明，企业家对企业经营最满意的方面依次是"企业价值观"（45.5%）、"经营理念"（43.7%）、"内部沟通"（37.2%）、"企业愿景"（36.7%）、"企业精神"（35.7%）、"企业形象"（34.8%）及"团队建设"（29.8%）等方面。与此同时，企业家在企业的领导方式（14.6%）、行为规范（16.7%）、管理理念（22.7%）等方面满意度较低。上述结果表明，企业家对较为具体的管理层面的满意度较低，而比较满意较为宏观层面的企业发展水平（见表 4-24）。

针对企业家对企业经营的满意度与最想传承的企业资源之间的相关关系分析发现，企业家对经营最满意的要素也就是他们最想传承的企业资源。具体来说，企业家对"企业精神"的满意度与最想传承的"企业家精神"显著正相关（相关系数 $r = 0.129$，在 0.01 水平上显著），企业家对"企业愿景"和"企业价值观"的满意度与最想传承"企业文化"显著正相关（相关系数 r 分别为 0.121 和 0.215，在 0.01 水平上显著），企业家对"经营理念""企业形象"和"企业品牌"的满意度与最想传承"企业品牌"显著正相关（相关系数 r 分别为 0.072、0.119 和 0.335），企业家对"行为规范"的满意度与最想传承"核心产品/技术"显著正相关（相关系数 $r = 0.078$，在 0.05 水平上显著），企业家对"内部沟通"和"团队建设"的满意度与最想传承"员工队伍"显著正相关（相关系数 r 分别为 0.098 和 0.069）。此外，数据也表明，企业家对"内部沟通"和"管理理念"的满意度与最想传承"企业品牌"显著负相关（相关系数 r 分

别为 -0.134 和 -0.069），这表明企业家对经营方面的满意度与最想传承的企业资源也存在一定的挤出效应——企业家对企业愿景和价值观的满意度会正向影响企业家对文化的传承意愿；对经营理念的满意度会正向影响其对企业品牌的传承意愿；对企业内部沟通的满意度会正向影响对员工队伍的传承意愿；而对企业内部沟通的不满意会影响其对企业品牌的传承意愿（见表 4-25）。

表4-25 企业经营满意度与最想传承的企业资源相关关系分析

企业经营	企业家精神	企业文化	企业品牌	核心产品/技术	员工队伍
企业愿景	0.050	0.121**	0.012	0.013	-0.038
企业价值观	-0.003	0.215**	-0.029	0.016	-0.003
经营理念	0.021	0.039	0.072*	-0.012	-0.006
规章制度	0.042	0.050	0.017	-0.008	0.036
内部沟通	-0.006	-0.003	-0.134**	-0.032	0.098**
领导方式	-0.020	-0.017	-0.056	0.007	-0.022
团队建设	0.005	0.036	-0.032	-0.017	0.069*
行为规范	0.009	-0.050	-0.020	0.078*	0.059
企业形象	0.009	-0.001	0.119**	-0.040	-0.010
企业精神	0.129**	0.055	0.000	-0.019	-0.003
管理理念	0.050	0.038	-0.069*	0.057	0.015
企业品牌	0.037	-0.026	0.335**	0.021	-0.033

注：** 表示相关系数在 0.01 水平上统计显著；* 表示相关系数在 0.05 水平上统计显著。

本次调查还考察了企业家的负面情绪状况。相关关系分析表明，企业家负面情绪与企业传承显著负相关（相关系数 $r = -0.076$，在 0.05 水平上显著）。数据表明，77.3% 的企业家表示"压力很大"（"有时出现"或"经常出现"，下同），56.3% 的企业家表示"疲惫不堪"，56.2% 的企业家表示"烦躁易怒"。同时，大多数企业家的"悲观失望""挫折感强""疑虑重重"及"心情沮丧"等负面情绪出现频率较低。企业家负面情绪的平均评价值为 2.39，总体而言处于"很少出现"和"有时出现"之间，可见企业家尽管感到疲惫、压力，但绝大多数仍能保持较乐观的状态，有利于企业传承工作的开展（见表 4-26）。

表4-26 企业家负面情绪（%）

项目	从未出现过	很少出现	有时出现	经常出现	评价值	与企业传承相关性
企业家负面情绪	16.9	39.9	33.7	9.6	2.39	-0.076*
烦躁易怒	7.1	36.7	48.7	7.5	2.57	-0.018
心情沮丧	16.2	46.3	34.3	3.2	2.25	-0.089**
压力很大	3.3	19.4	49.6	27.7	3.02	0.006
悲观失望	29.3	46.6	20.7	3.4	1.98	-0.143**
挫折感强	19.9	48.8	27.9	3.4	2.15	-0.057
疲惫不堪	11.0	32.7	42.2	14.1	2.60	-0.018
疑虑重重	21.4	45.4	27.5	5.6	2.17	-0.064*

注：** 表示相关系数在 0.01 水平上统计显著；* 表示相关系数在 0.05 水平上统计显著。

第三节 企业传承的解决之道

一、提高政府效率、加强产权保护、减少政府干预，切实改善企业营商环境，促进企业传承

良好的营商环境是保证企业可持续发展、经济稳步增长的重要外部因素。营商环境包括企业在准入、生产运营、退出等过程中面临的政策和政府要素、经济要素、法律要素和文化要素等。中国企业家调查系统2011—2019年对企业营商环境进行了多维度跟踪调查，并构建了"营商环境指数"这一指标。与企业传承的相关分析表明，营商环境指数与企业传承显著正相关（相关系数 $r = 0.108$，在 0.01 水平上显著）。分维度分析表明，政府效率（相关系数 $r = 0.115$，在 0.01 水平上显著）、司法效率（相关系数 $r = 0.087$，在 0.01 水平上显著）、产权保护环境（相关系数 $r = 0.064$，在 0.05 水平上显著）、要素市场环境（相关系数 $r = 0.126$，在 0.01 水平上显

著）、中介服务环境（相关系数 $r=0.120$，在 0.01 水平上显著）及较少的政府干预（相关系数 $r=0.098$，在 0.01 水平上显著）都显著有助于企业传承，而投融资环境与企业传承显著负相关（相关系数 $r=-0.079$，在 0.05 水平上显著），这表明投融资环境的改善可能延缓企业传承的进度（见表4-27）。

表4-27 营商环境指数与企业传承的关系及历年变化

项目	2011年	2012年	2017年	2018年	2019年	与企业传承相关性
营商环境指数	3.00	3.08	3.32	3.28	3.43	0.108**
政府效率	2.88	2.99	3.30	3.30	3.59	0.115**
政府政策和规章制度是否公开透明？		3.18		3.55	3.63	0.017**
行政执法机关（工商、税务等）执法是否公正？		3.10	3.10	3.00	3.69	0.101**
不同企业是否享受同等的国民待遇？	2.77	2.74		3.15	3.25	0.097**
各种行政登记注册和审批手续是否方便简捷	2.99	2.90	3.50	3.50	3.78	0.092**
司法效率	3.40	3.09	3.55	3.56	3.68	0.087**
政府官员是否廉洁守法？		3.01		3.73	3.86	0.077**
公检法机关执法是否公正？		3.00		3.55	3.67	0.069*
公检法机关执法效率如何？		2.90		3.37	3.48	0.077**
企业合同能否得到正常履行？	3.40	3.45	3.55	3.58	3.70	0.061*
产权保护环境		3.44	3.65	3.51	3.78	0.064*
经营者的人身和财产安全是否有保障？		3.58	3.78	3.81	3.89	0.053

续表

项　　目	2011年	2012年	2017年	2018年	2019年	与企业传承相关性
企业知识产权、品牌是否得到保护？		3.30	3.52	3.20	3.67	0.059
投融资环境	3.03	3.34	3.54	3.47	3.64	-0.079*
企业从银行贷款是否很难？	2.50	2.80		2.94	3.17	-0.028
企业从民间渠道筹资是否很难？	3.00	3.15		3.12	3.25	-0.082**
当地企业从银行贷款的实际年利率	3.80		4.09		4.20	-0.073*
从银行贷款除了付利息外有无额外费用？	3.24	4.08		4.35	4.44	-0.049
当地企业从民间渠道筹资的平均年利率	2.50		2.99		3.12	-0.043
要素市场环境		2.79		2.77	2.86	0.126**
在当地找到需要的技术人员是否很难？		2.73		2.70	2.82	0.101**
在当地找到需要的管理人员是否很难？		2.81		2.82	2.88	0.116**
在当地找到需要的熟练工人是否很难？		2.83		2.79	2.87	0.134**
中介服务环境		3.03	3.04	3.22	3.29	0.120**
当地律师、会计师等市场服务条件如何？		3.29		3.40	3.50	0.083**
当地行业协会发展如何，对企业是否有帮助？		2.81	3.04	3.08	3.10	0.080**
当地技术服务和出口服务条件如何？		3.00		3.19	3.27	0.113**
政府干预	2.68	2.90	2.85	3.10	3.18	0.098**
地方政府对企业经营、准入等是否过度干预？	3.44	3.71	3.30	3.90	3.75	0.037

续表

项　　目	2011年	2012年	2017年	2018年	2019年	与企业传承相关性
企业的税收负担是否过重？	1.92	2.08	2.40	2.30	2.60	0.113**

注：1. 表中数据是以 5 分制计算（很好 =5 分，较好 =4 分，一般 =3 分，较差 =2 分，很差 =1 分）得出的。分值越大，表示对此项的评价越好。
2. ** 表示相关系数在 0.01 水平上统计显著；* 表示相关系数在 0.05 水平上统计显著。

纵向比较表明，总体来说，2019 年的营商环境呈现显著改善的趋势。具体来讲，2019 年营商环境的各项细分指标和总指标都较往年有明显优化。政府效率和司法效率自 2011 年以来稳步提升，分别从 2.88 和 3.40 提升到 3.59 和 3.68。政府对企业的干预逐年减少，企业税收负担明显下降，由 2.68 提升到 3.18。产权保护环境也自 2012 年起逐步改善，表明国家在提高知识产权保护、刺激企业创新方面的政策及法规产生了较好的效果，这一指数在 2019 年达到了 3.78。此外，企业的要素市场环境和中介服务环境都较往年有明显改善，为企业传承和长期发展提供了较好的营商环境。而投融资环境的改善，由 2011 年的 3.03 提升到 2019 年的 3.64，却可能进一步延缓企业传承的进度，未来需要对此结论做进一步分析（见表 4-27）。

二、贯彻创新驱动发展战略，积极促进经济转型，加速企业传承

党的十八大明确提出创新驱动发展战略。本次调查发现，经济越以创新驱动发展，企业传承的进度越好。具体来说，对行业环境与企业传承的相关关系分析表明，技术变化是促进企业传承的显著要素，企业传承的进度与"技术变化很快"（相关系数 $r = 0.078$，在 0.05 水平上显著）、"技术变化是影响企业发展的重要因素"（相关系数 $r = 0.095$，在 0.01 水平上显著）及"新技术的涌现和新产品

的推出很普遍"（相关系数 $r = 0.113$，在 0.01 水平上显著）显著正相关。调查表明，处在技术高速发展、重要性与日俱增的外部环境中，企业家会更积极地推进企业交接传承。同时，我们也发现企业传承与市场竞争、顾客的价值主张没有显著相关关系，这表明市场竞争和顾客需求多样化在企业传承过程中的作用有限（见表4-28）。

表4-28　行业环境与企业传承的关系（%）

项　　目	很不同意	较不同意	中立	较同意	很同意	与企业传承相关性
企业失败的可能性很高	12.7	22.5	35.8	23.8	5.4	−0.019
竞争非常激烈	0.4	3.0	15.5	54.1	27.1	0.059
新进入的企业很多	4.0	17.8	31.8	35.2	11.0	0.003
顾客的价值判断非常多样化	0.7	4.8	26.3	53.3	14.8	0.020
顾客的价值需求非常多样化	0.7	3.3	22.0	56.9	17.1	0.047
满足顾客的需求需要高度定制化	0.6	5.7	25.8	49.4	18.5	0.037
技术变化很快	1.0	6.1	28.4	47.3	17.2	0.078[*]
技术变化是影响企业发展的重要因素	1.1	5.6	23.9	48.2	19.3	0.095[**]
新技术的涌现和新产品的推出很普遍	1.3	7.4	30.8	45.7	14.9	0.113[**]

注：** 表示相关系数在 0.01 水平上统计显著；* 表示相关系数在 0.05 水平上统计显著。

三、坚持在创新中传承，在传承中创新

企业创新战略的有效执行是企业传承的重要影响因素。本次报告调查了企业创新与企业传承之间的关系。相关关系分析表明，渐进式创新模式与企业传承显著正相关（相关系数 $r = 0.129$，在 0.01 水平上显著），突破式创新模式也与企业传承显著正相关（相关系数

$r = 0.071$,在 0.05 水平上显著)。同时可以看出,渐进式创新模式与企业传承之间的关系较强,体现出企业创新保持连续性有利于企业传承(见表 4-29)。

表4-29 企业创新与企业传承的关系(%)

项　　目	非常不符合	比较不符合	中立	比较符合	很符合	评价值	与企业传承相关性
渐进式创新模式	2.2	5.6	32.7	50.1	9.3	3.6	0.129**
经常把一些渐进性创新产品推向市场	2.4	6.5	32.2	48.8	10.1	3.6	0.139**
创新投入向渐进性创新产品倾斜	2.5	5.4	32.2	51.2	8.7	3.6	0.156**
创新模式是渐进性创新模式	1.8	5.0	33.7	50.4	9.2	3.6	0.105**
突破式创新模式	3.8	11.4	39.0	37.3	8.4	3.4	0.071*
经常把一些突破性创新产品推向市场	3.8	11.6	37.5	37.7	9.3	3.4	0.091**
创新投入向突破性创新产品倾斜	3.4	10.9	36.6	40.4	8.7	3.4	0.138**
创新模式是突破性创新模式	4.3	11.7	42.9	33.9	7.3	3.3	0.059
项　　目	没有	非常少	比较少	比较多	非常多	评价值	与企业传承相关性
自主创新战略	13.2	10.7	30.4	37.8	8.1	2.7	0.144**
本企业内部研发	9.7	8.2	29.9	42.7	9.6	2.9	0.137**
专门为研发进行人员培训	20.4	14.1	31.5	29.6	4.5	2.3	0.145**
对新产品/服务进行营销推广	9.4	9.7	29.7	41.0	10.2	2.9	0.100**
引进创新战略	31.5	13.8	31.9	20.5	2.4	1.9	0.068*
购买其他企业或机构研究成果	34.9	15.6	35.4	13.2	1.0	1.6	0.049

续表

项　　目	没有	非常少	比较少	比较多	非常多	评价值	与企业传承相关性
购买先进仪器或设备	11.4	9.8	32.0	41.2	5.6	2.7	0.119**
购买专利或非专利发明	48.1	15.9	28.4	7.0	0.5	1.2	0.001
合作创新战略	28.6	17.3	28.0	23.7	2.5	1.9	0.083*
与供应商合作研发	25.2	18.6	29.2	25.6	1.3	2.0	0.048
与客户合作研发	20.1	13.9	29.8	32.4	3.8	2.3	0.066*
与同行业企业合作研发	35.6	22.2	27.3	14.0	1.0	1.5	0.040
与高校院所合作研发	33.4	14.3	25.6	22.9	3.8	1.9	0.132**

项　　目	削减较多	削减较少	不变	增加较少	增加较多	评价值	与企业传承相关性
未来创新投入	2.5	4.6	35.8	31.8	25.2	3.72	0.059*
总体创新投入	3.1	5.1	31.2	31.4	29.1	3.78	0.054*
研发投入占销售收入的比重	2.6	4.1	37.7	30.4	25.3	3.72	0.070*
人员培训投入占销售收入的比重	1.9	4.7	38.6	33.7	21.1	3.67	0.048

项　　目	没有作用	较小	中等	较大	作用很大	评价值	与企业传承相关性
创新绩效	13.6	15.8	33.0	31.7	5.8	3.0	0.060*
扩大了产品或服务的类别	2.6	15.6	34.2	38.4	9.2	3.0	0.057
进入了新市场或提高了市场份额	2.6	18.7	34.3	35.7	8.8	2.9	0.090**
提高了产品或服务质量	1.0	6.7	30.5	50.0	11.8	3.3	0.098**
提高了生产或服务在流程上的灵活性	1.4	10.6	41.0	40.4	6.6	3.0	0.052

续表

项　　目	没有作用	较小	中等	较大	作用很大	评价值	与企业传承相关性
降低了单位产出的劳动力成本	4.1	20.1	40.9	29.2	5.7	2.7	0.044
降低了单位产出的材料和能源消耗	4.6	19.8	42.9	27.7	5.1	2.6	0.139
降低了对环境的负面影响	3.8	12.3	32.7	40.6	10.6	3.0	0.078[*]
提高了对健康和安全的影响	2.5	7.8	30.9	44.0	14.8	3.3	0.121[**]

注：** 表示相关系数在 0.01 水平上统计显著；* 表示相关系数在 0.05 水平上统计显著。

进一步的数据分析表明：近六成（59.4%）的企业实施的是渐进式创新模式，其中 50.1% 的企业"比较符合"及 9.3% 的企业"很符合"渐进式创新模式；而 45.7% 的企业实施的是突破式创新模式，其中 37.3% 的企业"比较符合"及 8.4% 的企业"很符合"突破式创新模式（见表 4-29）。

针对企业开放式创新与企业传承的相关关系分析表明，首先是自主创新战略与企业传承显著正相关（相关系数 $r = 0.144$，在 0.01 水平上显著），其次是合作创新战略与企业传承显著正相关（相关系数 $r = 0.083$，在 0.05 水平上显著），再次是引进创新战略与企业传承显著正相关（相关系数 $r = 0.068$，在 0.05 水平上显著）。其中，自主创新与企业传承的相关性较强，而合作创新和引进创新与企业传承的相关性较弱，"购买其他企业或机构研究成果""购买专利或非专利发明""与供应商合作研发"及"与同行业企业合作研发"均与企业传承没有显著相关关系（见表 4-29）。

进一步的数据显示，近一半的企业实施的是自主创新战略，其中 37.8% 的企业使用自主创新战略"比较多"，8.1% 的企业使用自主创新战略"非常多",而较少企业使用引进创新战略和合作创新战略,这表明我国企业目前已经向自主创新战略转型。具体来说,26.2%的企业"比较多"或"非常多"使用合作创新战略,而仅有22.9%的企业"比较多"或"非常多"使用引进创新战略(见表4-29)。

对企业传承与企业未来创新投入的相关关系分析显示,企业传承与企业未来创新投入显著正相关(相关系数 $r = 0.059$,在 0.05 水平上显著)。这表明企业传承得越好,企业未来越会增加创新投入,主要体现在 60.5% 企业表示未来会增加"总体创新投入",55.7% 的企业表示未来会提高"研发投入占销售收入的比重",以及 54.8% 的企业表示未来会提高"人员培训投入占销售收入的比重"(见表4-29)。

对企业传承与企业创新绩效的相关关系分析显示,企业传承与企业创新绩效显著正相关(相关系数 $r = 0.060$,在 0.05 水平上显著)。这表明企业传承得越好,企业创新绩效越高,主要体现在 44.5% 企业表示"进入了新市场或提高了市场份额",61.8% 的企业表示"提高了产品或服务质量",51.2% 的企业表示"降低了对环境的负面影响",以及 58.8% 的企业表示"提高了对健康和安全的影响"。上述结果说明,企业传承使企业更有可能专注企业创新,在新市场、新产品上下功夫,同时更有可能关注环保、健康及安全等可持续发展要素(见表4-29)。

四、加强与高管团队非正式沟通,培养企业传承班子力量

高管团队是否具有统一的意见,以及企业家是否能使高管团队接纳接班人,是影响企业传承的重要因素。调查分析显示,企业家"了解高管团队成员每一个人的特点"与企业传承显著正相关(相关系数 $r = 0.117$,在 0.01 水平上显著)(见表4-30)。

表4-30 企业高管团队与企业传承的关系（%）

内　　容	非常不符合	不符合	一般	比较符合	非常符合	评价值	与企业传承相关性
我了解高管团队成员每一个人的特点	1.0	2.6	17.1	58.9	20.4	3.95	0.117**
高管成员都很熟悉企业发展历史	1.3	2.1	21.0	53.9	21.7	3.93	0.026
本企业有很清楚的晋升机制	1.1	6.2	42.7	39.4	10.6	3.52	-0.009
我经常像教练一样带团队	0.9	6.8	30.4	47.8	14.0	3.67	0.003
高管团队经常举行工作之外的聚会	3.5	16.6	46.8	26.9	6.1	3.16	-0.036

具体来说，在培养团队方面，超过一半的企业家都能做到比较"了解高管团队成员每一个人的特点"，58.9%的企业家"比较符合"和20.4%的企业家"非常符合"。75.6%的企业家认为"高管成员都很熟悉企业发展历史"。"本企业有很清楚的晋升机制"方面，42.7%的企业家认为本企业的晋升机制一般，而仅有10.6%的企业家认为自己的企业有很清楚的晋升机制，这说明，不少企业家认识到自己企业的晋升机制还有较大改进空间。61.8%的企业家认为"我经常像教练一样带团队"。对于高管团队经常举行工作之外的聚会，20.1%的企业家表示不会经常举行，而有33.0%的企业家表示会经常举行（见表4-30）。

参加非正式活动是企业家了解和打造高管团队的重要渠道。本次报告调查了企业家参加高管团队成员工作以外活动的情况。调查表明，在所有活动中，参加其他高管团队成员家庭婚礼的企业家占比较高，70.3%的企业家都有此经历，家庭白事（42.0%）和喝酒（42.0%）占比相同，随后依次是国内旅游（39.4%）、小孩出生（34.5%）、家庭聚会（34.2%）、生日聚会（33.1%）、喝茶（31.7%）、文娱活动（31.2%）等，而参加体育活动和出国的频率较低，分别是

20.6% 和 12.2%。进一步的相关关系分析表明，出国与企业传承有显著正相关关系（相关系数 $r = 0.062$，在 0.05 水平上显著），而喝酒与企业传承有显著负相关关系（相关系数 $r = -0.069$，在 0.05 水平上显著）。同时，参加高管团队成员的家庭婚礼或白事都可以增加企业家对高管团队成员的了解，相关系数 r 分别为 0.065 和 0.070（都在 0.05 水平上显著）。上述结果说明，出国和红白喜事是企业家增加对高管团队成员了解、促进企业传承的重要渠道（见表 4-31）。

表4-31　企业家参与高管团队活动情况与企业传承（%）

活动内容	比例	与企业传承相关性	企业家了解高管团队成员每一个人的特点
家庭聚会	34.2	-0.015	0.051
家庭婚礼	70.3	-0.007	0.065*
小孩出生	34.5	0.003	0.046
出国	12.2	0.062*	0.013
国内旅游	39.4	0.055	-0.026
生日聚会	33.1	0.033	-0.026
文娱活动	31.2	-0.004	0.051
体育活动	20.6	0.007	0.02
喝酒	42.0	-0.069*	0.008
喝茶	31.7	-0.002	-0.030
家庭白事	42.0	0.055	0.070*

注：* 表示相关系数在 0.05 水平上统计显著。

五、企业家应坚守初心、不负使命、积极乐观，做好企业传承

企业家创立和经营企业的目的是企业家的初心和使命，直接影响企业传承。调查分析表明，在企业家对"做企业是为了什么"的选择中，"发挥自己的能力"（相关系数 $r = 0.065$，在 0.05 水平上显著）、"肩负企业员工的期望"（相关系数 $r = 0.178$，在 0.01 水平上显著）、"扛起家族或家庭责任"（相关系数 $r = 0.060$，在 0.10 水平上显

著）与企业传承显著正相关，而"追求自由的生活"（相关系数 $r = -0.072$，在 0.05 水平上显著）和"实现财务自由和经济独立"（相关系数 $r = -0.194$，在 0.01 水平上显著）与企业传承显著负相关（见表 4-32）。

表4-32　企业家经营企业的目的（%）

内　容	比　例	与企业传承相关性
证明自己的价值	60.0	0.047
获得较高的社会地位	9.0	-0.039
与优秀的人一起做事	14.9	-0.051
能更好地帮助他人	29.4	0.002
扛起家族或家庭责任	38.8	0.060+
发挥自己的能力	46.2	0.065*
追求自由的生活	11.3	-0.072*
肩负企业员工的期望	46.4	0.178**
实现财务自由和经济独立	20.3	-0.194**

注：** 表示相关系数在 0.01 水平上统计显著；* 表示相关系数在 0.05 水平上统计显著；+ 表示相关系数在 0.10 水平上统计显著。

数据显示，60.0% 的企业家认为做企业是为了"证明自己的价值"，近半数的企业家做企业是"肩负企业员工的期望"（46.4%）和"发挥自己的能力"（46.2%）。此外，也有不少企业家做企业是为了"扛起家族或家庭责任"（38.8%）和"能更好地帮助他人"（29.4%）。与此相反，仅 9.0% 的企业家做企业是为了"获得较高的社会地位"，以及 11.3% 的企业家是为了"追求自由的生活"。根据马斯洛需求层次理论，当代中国企业家对自我实现的精神追求较强，明显高于"实现财务自由和经济独立""与优秀的人一起做事""获得较高的社会地位"等生理、安全、情感、自尊的需求。同时，当代中国企业家的社会责任感较强，在一定程度上将企业视作实现社会责任（如员工期望、帮助他人）和家庭责任的有效渠道，有利于企业传承（见表 4-32）。

企业家负面情绪显著阻碍企业传承，而工作与家庭的平衡能显著消除负面情绪的影响。调查发现，企业家与家人一起吃饭的平均频率接近每日 1 次，近 5 年全家一起出国的平均次数约为 2 次（见表 4-33）。

表4-33 企业家与家人聚餐频率均值及分组比较（次）

不同分组		均值	P 值	最小显著性差异法差异比较
总体		6.42		
男	①	6.43	0.082	①>②
女	②	6.15		
44岁及以下	①	5.37	0.000	③>①; ③>②
45~54岁	②	5.45		
55岁及以上	④	7.22		
大专及以下	①	6.85	0.000	①>③; ②>③
大学本科	②	6.30		
硕士及博士	③	4.90		
国有企业	①	7.68	0.114	①>②
民营企业	②	6.34		
外资企业	③	6.84		
创业期	①	5.27	0.001	①<③; ②<③; ④<③
成长期	②	5.93		
成熟期	③	7.01		
衰退期	④	5.81		
东部地区企业	①	6.37	0.904	各组无显著差异
中部地区企业	②	6.53		
西部地区企业	③	6.49		
家族企业	①	6.45	0.945	①与②无显著差异
非家族企业	②	6.42		

注：1. P 值表示群体间差异的显著性水平。P < 0.05，表示判断群体间差异具有统计学意义，而不是由误差造成。可靠性为 95% 以上，P < 0.01 则可靠性达 99% 以上，以此类推。最小显著性差异法（lest significant difference，LSD）差异为组间差异。下同。

2. 均值是由（"完全做到"×4 + "基本做到"×3 + "很少做到"×2 + "完全做不到"）/100 计算得出的。最高为 4 分，最低为 1 分，分值越高，表示对该项的自我评价越高，反之则越低。下同。

根据企业家特征分组来看，不同年龄、学历的企业家存在显著差异。其中，年龄越大的企业家与家人聚餐的频率越高，55岁及以上的企业家与家人聚餐的频率显著高于55岁以下的企业家。学历越高的企业家与家人聚餐的频率越低，硕士及博士学历的企业家与家人聚餐的平均频率仅4.90次/周，显著低于大学本科学历（6.30次/周）与大专及以下学历的企业家（6.85次/周）；与此相反，学历越高的企业家与家人出游的次数越多，硕士及博士学历的企业家近5年与家人出游的平均次数为2.86次，显著高于大学本科学历（1.92次）与大专及以下学历的企业家（1.93次）。由此可见，随着年龄渐长，企业家可能更加注重亲情陪伴，同时也能抽出更多时间陪伴家人，而高学历的企业家相比较低学历的企业家更喜欢通过旅行等活动方式来与家人沟通感情（见表4-33和表4-34）。

表4-34 企业家与家人出游频率均值及分组比较（次）

不同分组		均值	P 值	最小显著性差异法差异比较
总体		2.06		
男	①	2.03	0.236	①<②
女	②	2.43		
44岁及以下	①	1.99	0.241	各组无显著差异
45~54岁	②	2.38		
55岁及以上	④	1.95		
大专及以下	①	1.93	0.002	①<③; ②<③
大学本科	②	1.92		
硕士及博士	③	2.86		
国有企业	①	0.94	0.000	①<②<③
民营企业	②	2.03		
外资企业	③	3.47		
创业期	①	1.95	0.974	各组无显著差异
成长期	②	2.11		
成熟期	③	2.06		
衰退期	④	1.99		

续表

不同分组		均值	P值	最小显著性差异法差异比较
东部地区企业	①	2.24		
中部地区企业	②	1.52	0.009	①>②
西部地区企业	③	2.01		
家族企业	①	2.36	0.163	①与②无显著差异
非家族企业	②	1.99		

注：1. P 值表示群体间差异的显著性水平，$P<0.05$，表示判断群体间差异具有统计学意义，而不是由误差造成。可靠性为 95% 以上，$P<0.01$ 则可靠性达 99% 以上，以此类推。LSD 差异为组间差异。下同。
2. 均值是由（"完全做到"×4＋"基本做到"×3＋"很少做到"×2＋"完全做不到"）/100 计算得出的。最高为 4 分，最低为 1 分，分值越高，表示对该项的自我评价越高，反之则越低。下同。

根据企业特征分组来看，不同经济类型、发展阶段与区位企业的企业家存在显著差异。其中，成熟期企业的企业家与家人聚餐的平均频率最高（7.01 次/周），外资企业的企业家近 5 年与家人出游的平均次数最多（3.47 次），国有企业的企业家与家人出游的平均次数最少，平均 5 年不到 1 次（0.94 次），东部地区企业的企业家（2.24 次）显著高于中部地区企业的企业家（1.25 次）。由此可见，成熟期的企业步入正轨，企业家有更多时间陪伴家人，而国有企业可能受体制影响，出国旅游的频率显著较低，相反，外资企业的企业家则有更多出国旅行的机会，也对海外文化更加熟悉（见表 4-33、表 4-34）。

六、锤炼综合能力、塑造品德、承担社会责任，培养卓越接班人

关于企业家最看重的接班人的能力，调查发现，选择比重超过 10% 的有 13 项特质，主要可以分为五类：领导力、人格特质、社会责任、创新能力和竞争能力（见表 4-35）。

表4-35　企业家最看重的接班人能力（%）

接班人能力	比例
领导团队合作	62.6
品德高尚	58.2
社会责任感	51.3
魄力与毅力	39.7
全球思维/战略眼光	34.5
包容尊重不同意见	34.0
客户至上	32.7
有效激励员工	29.0
创造力	25.9
风险承受能力	25.8
竞争意识	21.1
创新与冒险精神	19.8
技术领悟能力	15.1
金融技能	5.3

第一，领导力。领导力包括"领导团队合作"（62.6%）、"包容尊重不同意见"（34.0%）和"有效激励员工"（29.0%）。传统依靠领导者个人单打独斗的方式不再适应高度竞争与复杂的环境，企业家认为，未来的接班人必须具备较高的领导力，能够有效领导团队合作，包容和尊重不同的意见，充分调动员工的积极性，从而实现企业的平稳过渡和持续发展（见表4-35）。

第二，人格特质。人格特质包括"品德高尚"（58.2%）和"魄力与毅力"（39.7%）。调查结果表明，企业家认为接班人必须是一个品德高尚的人，才能领导企业正向地创造社会价值，并作为榜样影响和激励其他人。同时，接班人也必须要有很强的魄力和刚强的毅力，在关键时刻敢于决策、善于决策，勇于面对困难，坚持不懈，保证企业可持续发展（见表4-35）。

第三，社会责任。高达51.3%的企业家认为，未来的接班人必须要有高度的"社会责任感"，这说明企业家已经意识到，企业存在的目的不仅仅在于盈利，更在于能够创造社会价值、推动社会进步，这就要求未来的接班人具有很强的社会责任感,将企业朝着"伟大的企业"经营转变(见表4-35)。

第四,创新能力。创新能力包括"创造力"(25.9%)、"风险承受能力"(25.8%)、"创新与冒险精神"(19.8%)和"技术领悟能力"(15.1%)。调查结果表明,企业家认为企业的传承更重要的是能够持续发展,而接班人敢于冒险、善于创新突破是实现企业基业长青的关键(见表4-35)。

第五,竞争能力。竞争能力包括"全球思维/战略眼光"(34.5%),"客户至上"(32.7%)和"竞争意识"(21.1%)。调查结果表明,企业家认为,在全球化竞争的今天,接班人必须要有全球思维和全球战略眼光,以客户为中心展开竞争,为客户创造价值(见表4-35)。

进一步根据企业经济类型、发展阶段、区位和是否为家族企业进行接班人能力的交叉分析。结果表明,国有企业、民营企业和外资企业在"全球思维/战略眼光"上具有显著差别。外资企业(52.9%)尤其看重接班人的全球思维/战略眼光,高于国有企业(41.4%)和民营企业(33.2%),这与外资企业天然具有国际化的基础显著相关。同时,相对于民营企业,国有企业具有更雄厚的资金和技术积累,是中国企业参与国际化和全球竞争的主要力量,因此国有企业的领导者更看重接班人的全球思维/战略眼光(见表4-36)。

从发展阶段来看,企业所处的发展阶段不同,企业家对接班人的领导力要求也不同。分析发现:除了衰退期的企业之外,创业期、成长期和成熟期的企业都比较看重"领导团队合作"(65.2%、65.3%和64.3%);衰退期的企业最看重"有效激励员工"(33.3%),这说明企业家认为当企业处于衰退期时,尤其需要调动每个员工的积极性,激发员工创造力(见表4-36)。

此外,分析还发现:衰退期的企业更看重"客户至上"(40.5%),

表4-36 企业家最看重的接班人能力交叉分析（%）

不同分组	企业性质				发展阶段					企业区位				是否为家族企业		
	国有企业	民营企业	外资企业	P值	创业期	成长期	成熟期	衰退期	P值	东部地区	中部地区	西部地区	P值	家族企业	非家族企业	P值
客户至上	29.3	33.0	38.2	0.678	30.4	27.3	35.7	40.5	0.013	31.1	39.3	31.0	0.076	45.9	30.6	0.000
全球思维战略眼光	41.4	33.2	52.9	0.030	32.6	38.5	32.9	27.0	0.096	35.5	34.5	30.4	0.450	40.4	34.0	0.128
领导团队合作	63.8	61.5	76.5	0.202	65.2	65.3	64.3	45.0	0.001	62.3	62.6	63.7	0.949	57.5	63.1	0.197
创造力	24.1	25.6	29.4	0.852	19.6	24.5	27.3	26.1	0.591	26.0	24.8	26.8	0.900	19.9	27.0	0.069
社会责任感	60.3	50.9	47.1	0.334	52.2	47.5	54.8	47.7	0.145	49.8	51.5	57.7	0.180	50.0	51.5	0.731
包容尊重不同意见	34.5	33.7	38.2	0.854	45.7	32.5	34.3	34.2	0.362	33.4	36.4	33.3	0.710	31.5	34.3	0.511

续表

不同分组	企业性质				发展阶段					企业区位				是否为家族企业		
	国有企业	民营企业	外资企业	P值	创业期	成长期	成熟期	衰退期	P值	东部地区	中部地区	西部地区	P值	家族企业	非家族企业	P值
魄力与毅力	31.0	40.4	35.3	0.322	39.1	40.9	41.1	28.8	0.107	40.5	37.4	39.3	0.716	37.7	40.1	0.583
技术领悟能力	12.1	15.7	8.8	0.428	13.0	16.2	14.6	15.3	0.895	16.1	14.6	11.3	0.286	20.5	14.2	0.046
创新与冒险精神	32.8	19.6	20.6	0.054	19.6	24.7	17.0	14.4	0.014	19.1	24.3	17.3	0.175	15.8	20.7	0.162
风险承受能力	13.8	26.1	23.5	0.110	34.8	25.4	24.4	29.7	0.342	25.8	20.4	32.1	0.035	28.1	25.2	0.462
有效激励员工	32.8	28.3	38.2	0.361	17.4	24.7	32.9	33.3	0.010	29.7	29.6	25.6	0.567	30.8	28.7	0.602
竞争意识	17.2	21.6	11.8	0.299	21.7	21.6	19.7	24.3	0.721	20.0	23.3	23.2	0.453	13.7	22.3	0.018
品德高尚	70.7	58.4	55.9	0.170	63.0	51.5	62.8	63.1	0.004	57.6	60.7	57.7	0.731	63.0	57.6	0.221
金融技能	1.7	5.7	5.9	0.430	8.7	6.2	4.3	5.4	0.454	5.1	3.9	7.7	0.241	12.3	4.3	0.000

这说明处于衰退期的企业面临更大的业务挑战，需要积极开拓市场，因此很看重接班人经营客户的能力；成长期的企业最看重"创新与冒险精神"（24.7%，显著高于其他发展阶段企业的均值17%），相对来说，选择"品德高尚"（51.5%）的成长期企业显著低于其他发展阶段企业。这说明处于成长期的企业更需要有较强的创新精神，但对于接班人的个人品德方面要求相对减弱，值得引起注意（见表4-36）。

从区位来看，西部地区的企业更看重接班人的风险承受能力（32.1%），可能的原因是西部地区发展水平相对于东部地区和中部地区较低，资本市场和制度环境都有待改进。西部地区企业面临较多风险，这就要求接班人必须要有较强的风险承受能力（见表4-36）。

从是否为家族企业来看：家族企业更看重接班人的"客户至上"（45.9%）、"技术领悟能力"（20.5%）和"金融技能"（12.3%）；而非家族企业更重"竞争意识"（22.3%）。这些结果表明，相对于非家族企业，家族企业更看重基业长青，希望企业能够持续经营下去，这就要求接班人必须以客户为中心，不断创新，为客户创造价值；同时也必须具备较高的金融技能，保持家族企业经营的稳健性。但是，非家族企业必须关注股东的投资回报率，这就要求企业能够应对激烈的市场竞争，因此接班人必须要有足够的竞争意识（见表4-36）。

七、内部培养为主、因地制宜，优选接班人传承方式

本次调查询问了企业家所接触的周围企业交接班的实际情况，请他们判断哪些传承方式最有效。调查表明，绝大多数的企业家认为最有效的传承方式是"内部培养"（78.7%），其次是依靠"家族能人"（36.4%），再次是"董事会任命"（32.9%），随后是"外部选聘"（20.0%）、"职代会选举"（10.8%）及"主管部门任命"（4.9%）（见表4-37）。

表4-37　企业传承的有效方式（%）

内　容	比　例
内部培养	78.7
家族能人	36.4
董事会任命	32.9
外部选聘	20.0
职代会选举	10.8
主管部门任命	4.9

　　调查表明，不同年龄和学历的企业家在"家族能人"是企业传承最有效的方式上的看法存在明显差异。其中，不同年龄分组中随着企业家年龄的增长，认可其有效性的占比越大，有40.3%的企业家年龄是55岁及以上，有34%的企业家年龄是44～54岁，而44岁及以下的企业家占比为25.6%。认可"家族能人"是企业传承最有效的方式的企业家中，有44.0%是大专及以下学历，有26.5%是大学本科学历，硕士及博士学历的企业家则占到了30.4%（见表4-38）。

　　从企业特征分组比较看，不同企业经济类型对企业家判断企业传承方式的有效性存在显著影响。首先，在国有企业中，有30.5%的企业家认为主管部门任命是企业传承最有效的方式，而仅有3.5%的民营企业家认同此方式；其次，有20.3%的国有企业领导人认为职代会选举是有效的传承方式，而仅有10.6%的民营企业家和2.9%的外资企业的企业家认同此方式。与此对比，民营企业中认同"家族能人"是有效传承方式的比例较高（39.5%）。从发展阶段来看，成熟期和衰退期的企业更认同"家族能人"是有效的企业传承方式（分别是39.7%和39.8%）；从企业区位来看，东部地区企业更认同"家族能人"（40.1%）的传承方式，中部地区企业更认同"外部选聘"（26.5%），西部地区企业更认同"董事会任命"（39.5%）；从是否为家族企业来看，34.3%的非家族企业认可董事会任命的重要性，而70.5%的家族企业更认同"家族能人"是企业传承的有效方式（见表4-39）。

表4-38 企业传承的有效方式交叉分析1（%）

不同分组	性别			年龄				学历			
	男	女	P值	44岁及以下	45~54岁	55岁及以上	P值	大专及以下	大学本科	硕士及博士	P值
内部培养	78.9	78.3	0.901	76.2	74.8	81.3	0.055	78.5	78.7	80.4	0.883
外部选聘	19.4	27.7	0.070	19.5	19.6	20.3	0.954	20.8	18.8	20.3	0.749
主管部门任命	4.7	4.8	0.972	7.9	3.9	4.6	0.134	3.9	6.1	5.8	0.256
董事会任命	33.2	28.9	0.421	28.7	29.1	35.7	0.058	30.4	35.6	36.2	0.161
家族能人	36.4	37.3	0.861	25.6	34.0	40.3	0.001	44.0	26.5	30.4	0.000
职代会选举	10.7	13.3	0.464	9.1	14.7	9.3	0.033	11.1	10.2	10.9	0.917

表4-39 企业传承的有效方式交叉分析2（%）

不同分组	经济类型				发展阶段					企业区位				是否为家族企业		
	国有企业	民营企业	外资企业	P值	创业期	成长期	成熟期	衰退期	P值	东部地区	中部地区	西部地区	P值	家族企业	非家族企业	P值
内部培养	67.8	79.2	85.3	0.074	83.0	76.1	81.0	76.1	0.244	79.0	80.1	76.2	0.619	76.5	79.0	0.494
外部选聘	22.0	20.6	11.8	0.431	25.5	20.4	18.8	22.1	0.642	17.6	26.5	21.6	0.015	20.1	20.0	0.960
主管部门任命	30.5	3.5	0.0	0.000	2.1	6.4	3.8	5.3	0.250	5.4	5.2	2.7	0.319	2.7	5.1	0.199
董事会任命	44.1	32.2	32.4	0.171	34.0	34.6	33.4	25.7	0.345	31.0	33.2	39.5	0.094	25.5	34.3	0.034
家族能人	6.8	39.5	38.2	0.000	27.7	32.6	39.7	39.8	0.066	40.1	29.9	29.7	0.003	70.5	31.2	0.000
职代会选举	20.3	10.6	2.9	0.021	8.5	11.5	9.9	11.5	0.826	10.3	11.8	11.4	0.784	8.1	11.1	0.257

第五章
新冠病毒疫情危机下的企业韧性与企业家精神
（2021年）[①]

2020年是我国全面深化改革、创新转型升级的关键时期，也是全球贸易保护主义抬头、中美贸易战影响深远的关键时刻，面对突如其来的新冠病毒疫情、世界经济深度衰退等多重严重冲击，企业发展面临巨大挑战。

在此过程中，我国各族人民顽强拼搏，疫情防控取得重大战略成果，在全球主要经济体中唯一实现经济正增长。在应对新冠病毒疫情重大危机中，我国企业为抗击疫情和恢复经济发展做出了巨大贡献，这也体现了我国企业和企业家的韧性、责任担当与创新等企业家精神。因此，在此危机背景下，研究组织韧性、企业家精神与创新具有十分重要的意义。为了解企业家对外部危机与企业家精神的认识和评价，研究组织韧性与创新的内涵及其关系，探索危机下企业应对挑战和持续创新的关键，为政府决策和学术研究提供参考依据，2020年8—10月，中国企业家调查系统课题组组织实施了"2020·中国企业经营者问卷跟踪调查"。

本次调查主要涉及的样本企业基本情况见表5-1。从企业所有制来看，有限责任公司占比37.3%，股份有限公司占比17.5%，私营企业占比34.0%，国有企业占比3.1%。在所有企业中，民营企业占比88.3%。从行业来看，制造业在样本中占据绝大比例，为52.3%。被调查企业主要集中在东部地区，占比64.6%。就规模而言，91.5%的

[①] 课题组执笔人：李兰、仲为国、彭泗清、郝大海、王云峰等。

企业为中小型企业。受到全球经济形势及新冠病毒疫情影响，超过40.0%的企业于2020年出现亏损，22.6%的企业盈亏情况持平，仅36.2%的企业实现了盈利。正常运转的企业占比77.5%，超负荷生产企业仅占比2.7%，而停产和半停产企业占比19.8%（见表5-1）。

表5-1 调查样本基本情况（%）

行业	农林牧渔业	1.1	经济类型	国有企业	3.1
	采矿业	0.7		集体企业	0.6
	制造业（详见表5-2）	52.3		私营企业	34.0
	电力、热力、燃气及水的生产和供应业	2.6		股份合作企业	3.6
	建筑业	9.6		股份有限公司	17.5
	交通运输、仓储和邮政业	1.9		有限责任公司	37.3
	信息传输、软件和信息技术服务业	5.5		其他内资企业	0.8
	批发和零售业	11.3		外商及港澳台投资企业	3.1
	住宿和餐饮业	2.5		民营企业	88.3
	房地产业	3.3	盈亏	盈利企业	36.2
	租赁和商务服务业	2.0		持平企业	22.6
	其他行业①	7.2		亏损企业	41.2
地区	东部地区企业②	64.6	生产状况	超负荷生产企业	2.7
	中部地区企业③	19.1		正常运作企业	77.5
	西部地区企业④	16.3		半停产企业	18.7
规模	大型企业	8.5		停产企业	1.1
	中型企业	25.7			
	小型企业	65.8			

注：1.其他行业包括：金融业，科学研究和技术服务业，水利、环境和公共设施管理业，居民服务、修理和其他服务业，教育，卫生和社会工作，文化、体育和娱乐业等行业；
2.东部地区包括京、津、冀、辽、沪、苏、浙、闽、鲁、粤、桂、琼12省（自治区、直辖市）；
中部地区包括晋、蒙、吉、黑、皖、赣、豫、鄂、湘9省（自治区）；
西部地区包括渝、蜀、渝、黔、滇、藏、陕、甘、宁、青、新10省（自治区、直辖市）。

样本中制造业企业具体的行业细分情况见表5-2。占比较高的细分行业如下：专用设备制造业占11.2%，通用设备制造业占8.5%，化学原料及化学制品制造业占7.9%，电气机械及器材制造业占5.9%，橡胶及塑料制品业占5.8%，非金属矿物制品业占5.1%，纺织业占5.1%。

表5-2 调查样本中制造业基本情况（%）

序号	制造业细分	占比	序号	制造业细分	占比
1	农副食品加工业	2.2	17	橡胶及塑料制品业	5.8
2	食品制造业	2.6	18	非金属矿物制品业	5.1
3	酒、饮料和精制茶制造业	1.6	19	黑色金属冶炼及压延加工业	1.9
4	烟草加工业	0.0	20	有色金属冶炼及压延加工业	1.2
5	纺织业	5.1	21	金属制品业	6.5
6	纺织服装、服饰业	3.3	22	通用设备制造业	8.5
7	皮革、毛皮、羽毛及其制品和制鞋业	2.0	23	专用设备制造业	11.2
8	木材加工及木、竹、藤、棕、草制品业	2.0	24	汽车制造业	3.4
9	家具制造业	1.4	25	铁路、船舶、航空航天及其他运输设备制造业	0.5
10	造纸及纸制品业	2.6	26	电气机械及器材制造业	5.9
11	印刷和记录媒介复制业	0.9	27	计算机、通信及其他电子设备制造业	3.3
12	文教、工美、体育及娱乐用品制造业	2.2	28	仪器仪表制造业	1.7
13	石油加工、炼焦及核燃料加工业	0.8	29	其他制造业	4.2
14	化学原料及化学制品制造业	7.9	30	废弃资源综合利用业	0.9
15	医药制造业	3.0	31	金属制品、机械及设备修理业	1.1
16	化学纤维制造业	1.2			

被调查的企业家平均年龄为51.9岁,其中55岁及以上占42.1%,50～54岁占15.0%,45～49岁占15.9%,44岁及以下占27.0%。从企业家文化程度来看,大专及以上学历的占85.9%,其中具有本科及以上学历的占54.4%;所学专业为管理类的占38.1%,为经济类的占22.0%,为理工农医类的占23.1%。从企业家现任职务来看,任企业董事长或总经理、厂长、党委书记的占88.5%,其他职务的占11.5%(见表5-3)。

表5-3 调查对象基本情况(%)

性别	男	92.5	文化程度	初中或以下	2.4
	女	7.5		中专、高中	11.7
年龄	44岁及以下	27.0		大专	31.5
	45～49岁	15.9		大学本科	39.1
	50～54岁	15.0		硕士	13.7
	55岁及以上	42.1		博士	1.6
	平均年龄/岁	51.9			
所学专业	文史哲法律	5.8	现任职务	董事长	54.0
	经济	22.0		总经理	51.0
	管理	38.1		厂长	2.1
	理工农医	23.1		党委书记	7.3
	其他	11.0		其他	11.5

注:由于存在职务兼任情况,因此现任职务比例合计大于100%。

本章的主要结论:

我国经济已迈入创新转型的关键时期,中国企业家调查系统课题组持续多年追踪调研中国企业的创新动向与企业家精神。新冠病毒疫情造成的重大危机,进一步要求企业保持韧性的同时持续创新,这已然成为未来经济持续、健康、稳定发展的核心保障。调查发现,新冠病毒疫情严重影响企业,尤其对中小企业和民营企业造成明显冲击,企业盈利呈现出明显下滑的趋势。调查显示,在2020年应对危机过程中,企业面临的外部环境出现新的挑战,未来发展不确定性增强，资源、环境约束不断加大，人才缺乏问题依然未能得到解决。同时，调查表明，我国实施降本增效的改革措施成效显著，企业的社保税费负担与人工成本等与2012年相比明显降低。

在此背景下，能够帮助企业克服环境压力、维持凝聚力，从挫折中复原，甚至逆势成长的组织韧性尤为重要。调查表明，企业组织韧性中的危机感知能力较强，危机适应能力相对较低，这主要受到企业"能人"与外部危机应对专业人士等第三方服务机构发展程度的影响。

企业组织韧性发展受到诸多因素的影响。从行业环境看，技术竞争强度与市场竞争的过程显著提升组织韧性，而市场竞争的失败预期显著降低组织韧性；从企业层面看，企业文化塑造组织韧性，民营经济的企业文化既重视集体主义又鼓励个人主义；从企业家个人层面看，务实进取型企业家增强组织韧性，而负面情绪较高、职业倦怠的企业家削弱组织韧性，并且小型企业、科技型企业受企业家个人影响尤为明显。

调查发现，组织韧性与企业创新具有显著的相关关系。具体来说，组织韧性高的企业更倾向于选择突破式创新模式，更具有创新性、主动性和风险承担性，更有可能实施探索与利用并举的双元创新战略。同时，组织韧性能显著提升企业创新绩效，尤其是显著提高产品或服务质量、提升对健康和安全的影响、扩大产品或服务的类别，以及增强企业在业务流程上的灵活性，而在降低单位产出的劳动力成本、减少单位产出材料和能源的消耗方面作用较弱。

在企业外部环境面临深刻变化、企业创新与持续发展压力持续加大的背景下，关于提升组织韧性、有效应对危机、保证企业健康持续发展的主要措施，企业家期望：从政府层面来看，健全国家应急管理体系、深化改革开放、完善社会保障体系，为企业发展创造更好的环境；从企业自身来看，企业应对危机需要未雨绸缪、灵活调动资源,创新应对危机的方式方法,坚持长期导向,制订并充分发挥应对危机/紧急事件计划的作用,多措并举应对资金链危机,转危为机、增强企业文化氛围;从企业长期发展来看,加强学习、修炼内功,健全治理结构,加快数字化转型,提升管理水平,创新核心商业模式,增强研发创新能力,培育和发展融合线上线下新渠道的市场营销能力,全面提升核心竞争力,为推动更高水平的开放型经济新体制的形成,增强社会文明程度,推进民生福祉新高度而努力奋斗。

第一节　新冠病毒疫情下企业的外部环境与经营发展挑战

一、新冠病毒疫情初期严重影响企业,超四成企业亏损或严重亏损

在疫情最早期,中国企业家调查系统课题组积极行动,于2020年2月5日—2月7日迅速展开调查。数据显示,关于疫情对我国宏观经济运行的负面影响,受访企业认为"影响很大"的占37.2%,认为"影响较大"的占49.4%,认为"影响不大"或"没有影响"的占13.4%,对比2003年"非典"时期疫情刚开始的调查的相同题目,企业家认为"影响很大"的仅占3.4%,"影响较大"的占40.4%,"影响不大"或"没有影响"的占56.2%,说明此次疫情对企业的影响更加严重。

同时,企业家对实现2020年原定企业年度增长目标信心不足。认为实现企业原定年度增长目标"有一定难度"的占50.0%,认为"无法实现"的占28.8%,只有18.5%的企业家认为"可以实现"。分组来看,大型企业、国有企业认为"可以实现"的比重相对较高,这表明疫情对中小型企业、民营企业的冲击更为明显。

年度调查的结果与上述结果形成一定程度的对比。关于企业盈利状况及其预期的调查显示,2009—2020年的企业家预计盈利和实

际盈利呈现出不断波动的特点,受到新冠病毒疫情与全球经济下滑的影响,2020年企业实际盈利确实呈现出明显下滑的趋势。仅有36.2%的企业在2020年上半年实现了盈余,22.6%的企业能够实现收支平衡,超过四成的企业处于亏损或严重亏损的状态。然而,企业家对下半年盈利状况的预测呈现出上升趋势,评价值从2.94上升到3.43,与2018年、2019年的半年预期值接近,体现出在疫情逐渐得以控制的情况下企业家对经济发展的乐观态度(见表5-4)。

表5-4 企业盈利状况(%)

年 份		较大盈利	略有盈余	收支平衡	亏损	严重亏损	评价值
2020	上半年实际	5.6	30.6	22.6	34.5	6.7	2.94
	下半年预计	10.2	45	24.6	17.6	2.5	3.43
2019	上半年实际	7.0	43.8	25.8	22.1	1.27	3.33
	下半年预计	7.5	48.5	24.6	17.5	2.0	3.42
2018	上半年实际	6.8	45.1	26.9	19.4	1.8	3.36
	下半年预计	7.4	48.8	26.5	15.2	2.2	3.44
2017	上半年实际	8.3	45.3	26.0	18.5	1.8	3.40
	下半年预计	10.6	50.5	24.6	12.2	2.2	3.55
2016	上半年实际	5.9	45.3	23.3	22.5	3.1	3.29
	下半年预计	7.4	48.8	26.6	14.3	3.0	3.44
2015	上半年实际	5.2	41.0	23.5	26.2	4.0	3.17
	下半年预计	6.0	43.8	26.3	20.1	3.8	3.28
2014	上半年实际	5.9	45.8	21.9	23.7	2.7	3.29
	下半年预计	6.9	49.8	23.4	17.0	2.9	3.41
2013	上半年实际	5.3	43.6	22.8	25.6	2.8	3.23
	下半年预计	8.0	46.1	25.4	18.5	1.9	3.40
2012	上半年实际	4.5	45.2	22.1	24.5	3.7	3.22
	下半年预计	5.4	46.1	25.1	19.9	3.6	3.30
2011	上半年实际	8.0	50.7	20.3	19.1	1.9	3.44
	下半年预计	8.3	51.1	23.2	15.2	2.2	3.48
2009	上半年实际	7.0	44.4	20.5	24.8	3.3	3.27
	下半年预计	9.8	51.8	22.3	14.5	1.7	3.54

注:评价值是由("较大盈利"×5+"略有盈余"×4+"收支平衡"×3+"亏损"×2+"严重亏损"×1)/100计算得出的。最高为5分。最低为1分,分值越大表示越盈利,反之则越亏损。

二、降本增效改革成效显著,外部环境出现新的挑战,不确定性增强

调查数据表明,2020年企业经营发展过程中遇到的困难和压力主要表现在"人工成本上升"(62.1%)、"企业利润率太低"(35.9%)、"资金紧张"(35.8%)、"缺乏人才"(33.1%)、"社保、税费负担过重"(30.2%)和"能源、原材料成本上升"(30.0%)等方面(见表5-5)。

表5-5 企业经营发展中遇到的主要困难(%)

项　目	2020年	2012年	2020年减去2012年	2011年	2010年
人工成本上升	62.1	75.3	-13.2	79.0	72.5
企业利润率太低	35.9	44.8	-8.9	39.1	—
资金紧张	35.8	35.0	0.8	38.8	42.1
缺乏人才	33.1	29.7	3.4	32.8	47.8
社保、税费负担过重	30.2	51.8	-21.6	43.3	47.3
能源、原材料成本上升	30.0	31.3	-1.3	57.7	56.0
未来影响企业发展的不确定因素太多	29.1	27.4	1.7	19.9	—
整个行业产能过剩	28.5	30.9	-2.4	22.9	26.9
企业招工困难	22.8	22.3	0.5	28.9	—
国内需求不足	18.7	25.5	-6.8	7.7	10.6
政府政策多变	13.3	—			
资源、环境约束较大	12.8	8.4	4.4	8.2	18.1
缺乏创新能力	11.4	13.8	-2.4	11.2	24.6
地方政府干预较多	10.5	6.4	4.1	6.1	6.8
企业领导人发展动力不足	8.2	7.8	0.4	7.1	9.2
国际贸易保护加剧	7.7	—			
出口需求不足	6.7	11.6	-4.9	5.2	7.7

续表

项　　目	2020年	2012年	2020年减去2012年	2011年	2010年
遭受侵权等不正当竞争	5.0	6.0	-1.0	7.6	11.5
缺乏投资机会	3.3	3.2	0.1	2.9	4.9

与2012年的数据对比，十八大以来企业经营发展遇到的主要困难状况明显得到改善的依次是"社保、税费负担过重"（下降21.6%）、"人工成本上升"（下降13.2%）、"企业利润率太低"（下降8.9%）、"国内需求不足"（下降6.8%）、"出口需求不足"（下降4.9%）；略有改善的依次是"缺乏创新能力"（下降2.4%）、"整个行业产能过剩"（下降2.4%）、"能源、原材料成本上升"（下降1.3%）及"遭受侵权等不正当竞争"（下降1.0%），这些结果表明，我国政府实施降本增效、简政放权、去产能等改革措施的有效性，国内国际双循环中的需求保持较好同步增长，以及创新驱动发展战略执行的效果初步显现。

同时，企业经营发展的某些困难存在加剧的情况。例如，"资源、环境约束较大"上升4.4%，"地方政府干预较多"上升4.1%，"缺乏人才"上升3.4%，"未来影响企业发展的不确定因素太多"上升1.7%，"资金紧张"上升0.8%，"企业招工困难"上升0.5%，以及"企业领导人发展动力不足"上升0.4%，体现出企业外部环境出现新的挑战，以及在转型升级过程中企业内生动力有待提升的问题。

三、疫情后创新文化更加宽容失败，但鼓励冒险有所下降，中西部地区"山寨"与模仿创新比例增加

区域创新文化受到新冠病毒疫情的显著影响。调查发现，全国总体上对创新失败的容忍度，相较于2016年、2015年的调查结果，2020年有明显上升。具体而言，认为企业所在地对创新失败的容忍度"很低"的企业家占6.7%，"较低"的占33.6%，"较高"的占50.3%，"很高"的占9.3%。从区域来看，东部地区对创新失败的容

忍度较高（评价值为3.31），与2015年相比，中部地区对创新失败的容忍度上升较快（见表5-6）。

表5-6 企业家对所在地区域创新文化的判断（%）

不同分组			很低	较低	较高	很高	评价值
对创新失败的容忍度	总体	2020年	6.7	33.6	50.3	9.3	3.28
		2016年	6.45	49.53	38.89	5.14	3.03
		2015年	6.40	43.00	45.30	5.30	3.12
	东部地区企业	2020年	6.45	32.00	52.00	9.55	3.31
		2016年	5.86	52.43	37.12	4.59	3.01
		2015年	6.10	40.00	48.60	5.30	3.16
	中部地区企业	2020年	7.76	37.50	45.26	9.48	3.21
		2016年	7.03	45.35	42.4	5.22	3.07
		2015年	6.20	50.10	39.60	4.10	3.02
	西部地区企业	2020年	6.60	35.53	49.75	8.12	3.24
		2016年	7.56	45.66	40.06	6.72	3.07
		2015年	8.00	44.10	41.10	6.80	3.08
鼓励冒险和开拓进取的程度	总体	2020年	7.0	43.2	41.1	8.7	3.14
		2016年	5.43	33.42	54.05	7.10	3.29
		2015年	8.80	54.40	32.20	4.60	2.91
	东部地区企业	2020年	7.36	41.60	42.64	8.40	3.15
		2016年	4.82	33.84	54.55	6.79	3.29
		2015年	8.60	53.00	33.90	4.50	2.93
	中部地区企业	2020年	5.63	46.32	38.53	9.52	3.15
		2016年	5.69	32.35	55.13	6.83	3.29
		2015年	8.10	57.90	29.00	5.00	2.89
	西部地区企业	2020年	7.11	45.69	38.07	9.14	3.12
		2016年	7.02	33.43	51.12	8.43	3.26
		2015年	10.30	54.80	30.30	4.60	2.87

注：评价值是由（"很高"×4＋"较高"×3＋"较低"×2＋"很低"×1）/100计算得出的。最大分值为4分，最低为1分，此处转为5分制。分值越大，表示"对创新失败的容忍度"越高。"鼓励冒险和开拓进取的程度"越高，反之则越低。

对企业所在地鼓励冒险精神和开拓进取程度的调查表明,认为企业所在地对鼓励冒险、开拓进取的程度"很低"的企业家占 7.0%,"较低"的占 43.2%,"较高"的占 41.1%,"很高"的占 8.7%。总体而言,相较于 2016 年,2020 年社会对冒险精神和开拓进取的鼓励程度有所下降,体现出疫情可能对人们风险承受能力的影响较大(见表 5-6)。

对"山寨"产品接受程度和企业间产品模仿程度的调查表明,认为当地对"山寨"产品的接受程度"很低"的企业家占 3.2%,"较低"的占 25.5%,"较高"的占 47.9%,"很高"的占 23.4%,说明总体上超过七成的企业家表示企业所在地对"山寨"产品的接受程度较高,相较于 2015 年、2016 年的调查结果,2020 年呈现出增强趋势。从区域来看,东部地区对"山寨"产品的接受程度较大,而中西部地区对"山寨"产品的接受程度增长较快(见表 5-7)。

表5-7 企业家对所在地区域创新文化的判断(%)

不同分组			很低	较低	较高	很高	评价值
对"山寨"产品的接受程度	总体	2020年	3.2	25.5	47.9	23.4	3.64
		2016年	3.00	34.51	44.40	18.10	3.47
		2015年	2.60	38.30	42.90	16.20	3.41
	东部地区企业	2020年	3.63	24.12	47.99	24.25	3.66
		2016年	2.71	31.46	48.19	17.63	3.51
		2015年	2.20	35.90	45.50	16.40	3.45
	中部地区企业	2020年	2.18	29.69	45.85	22.27	3.60
		2016年	3.19	38.95	39.86	18.00	3.41
		2015年	2.60	41.10	38.90	17.40	3.39
	西部地区企业	2020年	2.55	26.02	50.0	21.43	3.63
		2016年	3.65	38.48	38.20	19.66	3.42
		2015年	4.10	43.00	38.70	14.20	3.29
企业间产品模仿程度	总体	2020年	20.5	52.1	22.5	4.9	2.65
		2016年	17.40	60.92	19.54	2.14	2.58
		2015年	18.90	61.70	16.40	3.00	2.54

续表

不同分组			很低	较低	较高	很高	评价值
企业间产品模仿程度	东部地区企业	2020年	20.77	53.03	21.94	4.26	2.62
		2016年	18.05	62.20	17.69	2.06	2.55
		2015年	19.10	62.30	16.10	2.50	2.53
	中部地区企业	2020年	23.91	45.65	23.48	6.96	2.67
		2016年	17.79	60.59	19.37	2.25	2.58
		2015年	19.60	58.90	18.00	3.50	2.57
	西部地区企业	2020年	15.38	55.90	23.59	5.13	2.73
		2016年	14.81	57.26	25.64	2.28	2.69
		2015年	17.00	63.50	15.40	4.10	2.58

注："很低"得分为1分,"很高"得分为4分,此处转为5分制。评价值越高,表明对"山寨"产品的接受程度或企业间产品模仿程度越高,区域创新氛围越差。

对企业间产品模仿程度的调查显示,认为企业间产品模仿程度"很高"的企业家占4.9%,"较高"的占22.5%,"较低"的占52.1%,"很低"的占20.5%,说明总体上企业间相互模仿产品的程度较高,与2015年、2016年的调查结果相比,2020年略有增加。从区域来看,西部地区企业间相互模仿产品的程度较高,中部地区企业间相互模仿产品的程度增长较快(见表5-7)。

综上,近5年创新驱动社会转型的发展及新冠病毒疫情,使我国的创新文化在总体上对创新失败的容忍程度明显上升,但是对冒险精神和开拓进取的鼓励程度不足,对"山寨"产品的接受程度呈现区域发展不均衡的趋势,并且企业间产品模仿程度仍然处于较高水平,值得重视。

第二节 组织韧性及其影响因素

一、企业组织韧性的危机感知能力较强,危机适应能力受到企业"能人"与危机应对专业人士等中介服务市场发展的影响

组织韧性是能够让组织消除压力、维持凝聚力,从挫折中复原,

进而有效应对管理危机的结构性、程序性的能力。这种能力镶嵌于一系列个人层面的知识、技能和能力之中,并通过组织的运作过程进行自我定位、持续发展,建立起一套多元化的整体机制,以帮助组织战胜潜在的破坏性冲击所带来的不良后果。在以往研究[①]的基础上,此次问卷调查主要从危机感知能力与危机适应能力两个维度考察企业的组织韧性(见表5-8)。

表5-8 企业的组织韧性(%)

组织韧性	很不同意	较不同意	比较同意	很同意	评价值
危机感知能力					3.90
拥有能够从危机中学习的组织文化	1.4	9.9	73.3	15.5	3.79
高层管理者积极地关注企业可能存在的问题	0.7	6.3	66.5	26.5	3.99
明确规定危机中和危机之后重要事项的优先次序	0.8	9.0	69.7	20.5	3.88
积极监控外部环境,对潜在问题提前做好准备	0.4	6.7	69.8	23.1	3.95
危机适应能力					3.63
能与同行合作共同应对危机	2.6	17.2	62.6	17.6	3.69
能很快从日常模式切换到危机应对模式	1.4	12.6	67.0	19.0	3.80
如果关键人物不在,总有其他人可以代替他们	2.9	22.7	61.2	13.2	3.56
当出现危机时,很容易获得专业人士的帮助	5.5	28.2	53.4	12.9	3.43

危机感知能力衡量的是企业在多大程度上未雨绸缪,能够提前对危机做出准备。调查结果表明,企业在"危机感知能力"的维度

[①] LEE AV, VARGO, J SEVILLE. E Developing a tool to measure and compare organizations' resilience[J]. Natural hazards review, 2013, 14(1): 29-41.

上得分较高，评价值为3.90（5分制），绝大多数企业家"比较同意"或"很同意"，他们的企业"拥有能够从危机中学习的组织文化"（评价值为3.79），"高层管理者积极地关注企业可能存在的问题"（评价值为3.99），"明确规定危机中和危机之后重要事项的优先次序"（评价值为3.88），以及"积极监控外部环境，对潜在问题做好提前准备"（评价值为3.95）。

危机适应能力测量的是在危机发生时企业应对危机的措施、方案与可选择资源。调查显示，企业在"危机适应能力"的维度上得分相对较低，评价值为3.63。其中，"能与同行合作共同应对危机"和"能很快从日常模式切换到危机应对模式"评价值超过平均值（3.63），分别为3.69和3.80；而"如果关键人物不在，总有其他人可以代替他们"和"当出现危机时，很容易获得专业人士的帮助"，这两项得分低于平均值，分别为3.56和3.43。这说明我国企业的组织韧性受限于企业"能人"，以及外部专业人士等中介服务市场的发展（见表5-8）。

分组比较分析发现，民营企业在组织韧性的适应能力维度得分较低，均值为3.60，显著低于国有企业（均值为3.73）和外资企业（均值为3.71），在0.05水平上显著，这种差异主要来源于在危机出现时，民营企业更难获得专业人士的帮助（均值为3.40）。在企业规模方面，大型企业在组织韧性的危机感知能力维度得分较高（均值为4.02），显著高于中型企业（均值为3.93）和小型企业（均值为3.87），这种差异主要来源于企业是否拥有能够从危机中学习的组织文化。在企业区位上，东部地区企业较少"拥有能够从危机中学习的组织文化"（均值为3.75），中部地区企业更能"明确规定危机中和危机之后重要事项的优先次序"（均值为3.98）。在适应能力方面，西部地区企业更"能与同行合作共同应对危机"（均值为3.83）（见表5-9）。

表5-9 组织韧性与企业特征交叉分析

项目	企业性质				企业规模				企业区位			
	国有企业	民营企业	外资企业	P值	大型	中型	小型	P值	东部	中部	西部	P值
危机感知能力	3.94	3.89	3.94	0.84	4.02	3.93	3.87	0.016	3.88	3.97	3.90	0.077
拥有能够从危机中学习的组织文化	3.76	3.79	3.75	0.755	3.90	3.84	3.75	0.039	3.75	3.86	3.84	0.045
高层管理者积极地关注企业可能存在的问题	4.03	3.98	4.11	0.417	4.11	4.03	3.95	0.055	3.96	4.04	4.00	0.394
明确规定危机中和危机之后重要事项的优先次序	3.84	3.86	3.93	0.499	4.00	3.90	3.85	0.078	3.85	3.98	3.84	0.066
积极监控外部环境，对潜在问题提前做好准备	3.96	3.94	3.95	0.581	4.06	3.95	3.93	0.119	3.94	4.00	3.93	0.318
危机适应能力	3.73	3.60	3.71	0.041	3.72	3.64	3.60	0.167	3.59	3.66	3.68	0.117
能与同行合作共同应对危机	3.75	3.69	3.64	0.833	3.73	3.69	3.69	0.900	3.64	3.76	3.83	0.005
能很快从日常模式切换到危机应对模式	3.79	3.78	3.89	0.205	3.94	3.83	3.76	0.064	3.76	3.85	3.84	0.211
如果关键人物不在，总有其他人可以代替他们	3.70	3.54	3.79	0.089	3.59	3.58	3.55	0.904	3.56	3.59	3.53	0.721
当出现危机时，很容易获得专业人士的帮助	3.68	3.40	3.51	0.045	3.61	3.45	3.39	0.069	3.40	3.43	3.51	0.289

二、技术竞争强度与市场竞争的过程显著提升组织韧性，而市场竞争结果的负面预期显著降低组织韧性

企业是一个动态适应环境的恢复系统。因此，组织韧性的重要影响因素之一就是行业环境。针对行业环境与组织韧性的相关关系分析表明，市场竞争相关的要素与组织韧性相关性存在方向上的差异（见表5-10）。例如，"企业失败的可能性很高"与组织韧性呈现负相关关系（相关系数 $r=-0.09$，在 0.01 水平上显著），而"竞争非常激烈"（相关系数 $r=0.13$，在 0.01 水平上显著）及"新进入的企业很多"（相关系数 $r=0.19$，在 0.01 水平上显著），均与组织韧性显著正相关。这一结果表明，市场竞争的负面结果预期降低组织韧性，而市场竞争的过程，尽管其可能竞争程度较高，能提升组织韧性。

表5-10　行业环境与组织韧性的关系分析（%）

项　　目	年　份	很不同意	较不同意	中立	较同意	很同意	评价值	与组织韧性相关性
企业失败的可能性很高	2020	12.4	24.5	34.9	21.6	6.6	2.86	-0.09**
	2019	12.7	22.5	35.8	23.8	5.4	2.87	
	2015	19.7	33.4	25.0	18.1	3.9	2.53	
竞争非常激烈	2020	1.1	3.6	13.8	46.2	35.3	4.11	0.13**
	2019	0.4	3.0	15.5	54.1	27.1	4.05	
	2015	0.9	4.2	11.0	54.2	29.8	4.08	
新进入的企业很多	2020	5.6	15.0	34.1	30.4	14.9	3.34	0.19**
	2019	4	17.8	31.8	35.2	11	3.31	
	2015	4.7	17.4	27.3	38.3	12.4	3.37	
技术变化很快	2020	2.5	9.9	29.8	38.1	19.7	3.63	0.22**
	2019	1	6.1	28.4	47.3	17.2	3.74	
	2015	0.9	8.3	27.9	44.8	18.2	3.71	
技术变化是影响企业发展的重要因素	2020	2.3	8.4	22.7	40.7	25.9	3.80	0.24**
	2019	1.1	5.6	23.9	48.2	19.3	3.73	
	2015	0.9	7.8	22.2	49.7	19.4	3.79	

续表

项　　目	年份	很不同意	较不同意	中立	较同意	很同意	评价值	与组织韧性相关性
新技术的涌现和新产品的推出很普遍	2020	2.6	8.8	29.2	40.1	19.4	3.65	0.27**
	2019	1.3	7.4	30.8	45.7	14.9	3.66	
	2015	1.1	9.9	29.0	47.3	12.8	3.61	

注：第9列数据为相关系数。** 表示 $P \leqslant 0.01$，* 表示 $P \leqslant 0.05$。

在技术竞争方面，组织韧性呈现出一致的规律。2020年，"技术变化很快""技术变化是影响企业发展的重要因素"和"新技术的涌现和新产品的推出很普遍"都与组织韧性的相关性较强，相关系数分别为 $r=0.22$、$r=0.24$ 和 $r=0.27$，都在0.01水平上显著。这表明技术竞争强度提升组织韧性。

从行业环境的具体得分来看，2020年超过八成的企业家"较同意"或"很同意""竞争非常激烈"，但是仅有28.2%的企业家"较同意"或"很同意""企业失败的可能性很高"，这两个维度的评价值得分差异较大（1.25=4.11-2.86），反映出大部分企业家认为市场竞争的过程很激烈，但对结果预期较为乐观。此外，近六成企业家赞同本行业"技术变化很快"，以及"新技术的涌现和新产品的推出很普遍"，反映出当前行业发展依靠技术驱动的比例较高。因此，2020年66.6%的企业家赞同"技术变化是影响企业发展的重要因素"，评价值呈现出略有上升的趋势，说明依靠科技创新提高企业竞争力逐渐得到多数企业家的认同（见表5-10）。

进一步根据企业经济类型、企业规模、企业区位和是否为高技术企业进行行业环境的交叉分析。结果表明，国有企业、民营企业和外资企业在"企业失败的可能性很高"方面存在显著差异[LSD（最小显著差异法）差异比较在0.01水平上显著]。具体来说，国有企业首先面临较低水平的失败可能性（评价值为2.53），其次是外资企业（评价值为2.78），而面临较高水平失败可能性的是民营企业

（评价值为2.89）。在市场竞争的过程及技术竞争强度方面，这三种类型的企业面临的行业环境统计上不存在显著差异（见表5-11）。

表5-11 行业环境与企业特征交叉分析

项目	企业性质			企业规模			企业区位			是否为高科技企业	
	国有企业	民营企业	外资企业	大型	中型	小型	东部	中部	西部	非高科技企业	高科技企业
企业失败的可能性很高	2.53	2.89	2.78	2.70	2.79	2.90	2.88	2.81	2.81	2.85	2.86
竞争非常激烈	3.98	4.13	4.00	4.23	4.14	4.08	4.09	4.16	4.13	4.09	4.15
新进入的企业很多	3.14	3.36	3.25	3.24	3.44	3.32	3.30	3.38	3.47	3.36	3.29
技术变化很快	3.58	3.64	3.39	3.79	3.66	3.59	3.61	3.68	3.65	3.53	3.87
技术变化是影响企业发展的重要因素	3.73	3.81	3.68	3.95	3.81	3.77	3.79	3.82	3.79	3.68	4.08
新技术的涌现和新产品的推出很普遍	3.51	3.67	3.41	3.81	3.63	3.64	3.64	3.69	3.65	3.60	3.78

从企业规模来看，企业所处的发展阶段不同，企业家对行业环境的压力感受度与创新需求也不同。对比大型企业（评价值为2.70）、中型企业（评价值为2.79）和小型企业（评价值为2.90），小型企业认为企业运营过程中失败的可能性更高。与企业的失败认知呈相反趋势，小型企业（评价值为4.08）、中型企业（评价值为4.14）和大型企业（评价值为4.23）中，大型企业认为行业内竞争更为激烈。中型企业认为新进入的企业更多。这说明中型企业的企

家在企业发展时期更关注来自行业新进入者和发展者的压力,尤其感受到小型企业的发展,使中型企业更具发展动力。此外,分析还发现,大型企业更看重"技术变化"(评价值为3.95)(见表5-11)。

从企业区位来看,东部、中部和西部地区的企业在面对竞争压力和技术变化上没有显著差异。调查还对高科技/非高科技企业与行业环境之间的相关关系作了分析。结果表明,高科技企业和非高科技企业在市场竞争的过程和结果方面都不存在显著差异,两者的差异主要体现在技术竞争强度上,高科技企业在在技术不确定、技术变革重要性及新技术涌现等方面均显著高于非高科技企业(见表5-11)。

三、企业文化塑造组织韧性,民营经济的企业文化务实"双高"

企业文化在危机中帮助企业诠释和塑造周边环境,并赋予特定的含义,为企业应对危机指明方向。当企业为发展组织韧性而存储知识、积累资源、修复集体效能时,组织文化就可以在危机中维持企业的稳定,而不是陷入恐慌、消极认知的恶性循环之中。本次调查从个人主义和集体主义两个维度考察企业文化。[①] 针对企业文化与组织韧性的相关关系分析表明(见表5-12),企业文化的两个维度与组织韧性均显著正相关:个人主义的企业文化与组织韧性的相关系数为0.475(在0.001水平上显著),集体主义的企业文化与组织韧性的相关系数为0.460(在0.001水平上显著),说明不论是个体主义倾向,还是集体主义倾向的企业文化,都有助于形成和发展组织韧性。

---

① ROBERT C, WASTI. SA Organizational individualism and collectivism: theoretical development and an empirical test of a measure[J]. Journal of management, 2002, 28(4): 544-566.

表5-12 企业文化与组织韧性的关系分析（%）

项目	很不同意	较不同意	比较同意	很同意	评价值	与组织韧性相关性
个人主义					3.18	0.475***
鼓励每一位员工发掘他们独特的潜力	1.5	7.7	57.5	33.4	3.23	
公司重视在团队中表现卓越的员工个人	0.9	3.7	53.3	42.2	3.37	
员工重视他们在工作中的独立自主性	2.0	12.4	60.5	25.2	3.09	
公司鼓励员工相互竞争	2.1	17.2	58.0	22.7	3.01	
集体主义					3.25	0.460***
公司会更加保护忠诚的员工	0.6	2.5	45.6	51.3	3.48	
领导和员工共同改进工作方法	0.3	4.1	54.6	41.0	3.36	
每位员工都分担和公司休戚与共的责任	1.3	10.2	54.0	34.5	3.22	
公司决策会考虑尽可能多的员工的意见	1.0	12.5	57.3	29.2	3.15	
有关发展的重大决定，公司会通知到每位员工	3.0	19.6	49.8	27.6	3.02	

注：表中第7列数据为相关系数，*** 表示 $P \leqslant 0.001$。

针对企业文化的调查表明，集体主义的企业文化评价值（3.25）略高于个人主义的企业文化评价值（3.18）。具体来说，在个人主义的企业文化中，超过九成的企业家认为其企业文化"公司重视在团队中表现卓越的员工个人"（95.5%），以及"鼓励每一位员工发掘他们独特的潜力"（90.9%）。而在集体主义的企业文化中，超过九成的企业家认为其企业文化"公司会更加保护忠诚的员工"（96.9%），以及"领导和员工共同改进工作方法"（95.6%）。这些结果表明，我国企业文化存在与国家层面的文化特征不同的地方。通常来说，我国的国家文化被认为是集体主义强于个人主义，而在企业层面，调查显示，企业家采取了一种务实的路径——同时在集体主义和个人主义维度上达到了"双高"（见表5-12）。

对企业文化的进一步分组比较分析发现，民营企业比国有企业更具有个人主义倾向的企业文化，具体表现为民营企业更"鼓励每一位员工发掘他们独特的潜力"（评价值为3.25），以及"公司重视在团队中表现卓越的员工个人"（评价值为3.38）。同时，民营企业也比国有企业和外资企业更具有集体主义倾向的企业文化，具体表现为民营企业"公司会更加保护忠诚的员工"（评价值为3.50），"领导和员工共同改进工作方法"（评价值为3.38），以及"每位员工都分担和公司休戚与共的责任"（评价值为3.24）。上述数据说明，民营企业形成了一种可能更为务实的糅合集体主义和个人主义优点的混杂型企业文化（见表5-13）。

表5-13 企业文化与企业特征交叉分析

项目	企业性质			企业规模			企业区位		
	国有企业	民营企业	外资企业	大型	中型	小型	东部	中部	西部
鼓励每一位员工发掘他们独特的潜力	3.09	3.25	3.11	3.25	3.22	3.23	3.20	3.28	3.29
公司重视在团队中表现卓越的员工个人	3.28	3.38	3.18	3.43	3.37	3.36	3.35	3.37	3.42
员工重视他们在工作中的独立自主性	3.01	3.10	2.95	3.05	3.06	3.11	3.08	3.10	3.12
公司鼓励员工相互竞争	2.96	3.02	3.00	3.07	2.99	3.01	2.98	3.05	3.10
公司会更加保护忠诚的员工	3.27	3.50	3.32	3.34	3.46	3.50	3.47	3.47	3.50
领导和员工共同改进工作方法	3.19	3.38	3.26	3.31	3.34	3.38	3.35	3.39	3.37
每位员工都分担和公司休戚与共的责任	3.10	3.24	2.89	3.22	3.22	3.21	3.18	3.28	3.29

续表

项　目	企业性质			企业规模			企业区位		
	国有企业	民营企业	外资企业	大型	中型	小型	东部	中部	西部
公司决策会考虑尽可能多的员工的意见	3.06	3.16	3.03	3.10	3.08	3.18	3.14	3.19	3.13
有关发展的重大决定，公司会通知到每位员工	3.04	3.02	3.00	2.96	2.97	3.04	3.01	3.06	3.00

四、务实进取型企业家增强组织韧性，职业倦怠、负面情绪的企业家削弱组织韧性，小型、科技型企业受影响较大

企业领导是组织韧性形成和发挥作用的关键环节。以往研究指出，企业领导者价值观的塑造比简单地开发企业家个人韧性对组织韧性的发展更具有重要的意义。本次调查主要从价值观、职业倦怠及负面情绪3个方面考察企业家对组织韧性的影响。

当人类面对环境时，社会心理学关于命运认知的研究发现有3种类型的人类反映：一类是"宿命论"，认为环境是不可改变的，人只能被动地服从环境；一类是"征服论"，认为没有什么是不可征服的，人类可以克服环境的所有约束；还有一类是"务实进取论"，认为环境中有的部分可以改变，而有的部分不可以改变，人类应该接受环境带来的约束，但同时积极利用环境可以改变的部分[①]。

本次调查采用了关于命运认知的成熟量表测量企业家对于环境的认知。相关关系分析表明，企业家的"务实进取型"价值观与组织韧性显著正相关（均在0.001水平上统计显著）。调查数据显示，48.1%的企业家非常认同"命运会照顾那些努力的人"这一说法，

---

① DACH-GRUSCHOW K, AU E, LIAO H. Culture as lay personal beliefs[M]//LEUNG A K, CHIU C Y, HONG Y. Cultural processes:a social psychological perspective. New York: Cambridge University Press,2010:25-39.

38.5%的企业家非常认同"征服论"——他们认为通过行动可以掌握自己的命运、实现愿望。81%的企业家则属于务实进取型,他们认为凭借自身的努力可以弥补命运中的缺憾,超过八成的企业家认为环境中有的部分可以改变,有的不可以改变,如果命运没有给予最好的,就靠自己的努力做到极致,剩下的事情交由命运决定(见表5-14)。

表5-14 企业家价值观与组织韧性关系分析(%)

项 目	很不同意	较不同意	中立	较同意	很同意	评价值	与组织韧性相关性
我应当将命运所已经给予的运用到最佳	3.4	4.3	25.9	37.5	28.9	3.84	0.16***
命运会照顾那些努力的人	3.7	2.3	10.7	35.2	48.1	4.22	0.19***
通过行动,我可以掌握命运,实现我的愿望	3.4	3.2	16.0	38.8	38.5	4.06	0.24***
我的努力可以弥补我命运中的缺憾	3.2	2.6	13.2	43.4	37.6	4.10	0.24***
如果命运没有给我最好的,就把我已有的做到极致	3.3	1.4	11.2	35.6	48.5	4.25	0.21***
努力将自己能做的做到最好,剩下的事情交给命运	4.4	3.2	12.3	33.3	46.9	4.15	0.14***

注:表中第8列数据为相关系数,*** 表示 $P \leq 0.001$。

分组比较看,不同性别、年龄、学历、企业规模、企业经济类型的企业家对通过行动可以掌握命运、实现愿望的看法不存在明显差异,而不同地区的企业家对此看法存在明显差异。其中,西部地区的企业家在"务实进取"价值观上的得分较高(4.27),显著高于东部地区(4.07)和中部地区(4.06)的企业家(见表5-15)。

表5-15 企业家价值观分组比较分析

分 组		均 值	P 值	最小显著性差异法差异比较
总体		4.10		
男	①	4.22	0.132	
女	②	4.09		

续表

分　　组		均　值	P　值	最小显著性差异法差异比较
44岁及以下	①	4.16		
45～54岁	②	4.13	0.078	
55岁及以上	③	4.04		
大专及以下	①	4.26		
大学本科	②	4.11	0.522	
硕士及博士	③	4.07		
大型企业	①	4.08		
中型企业	②	4.08	0.785	
小型企业	③	4.11		
国有企业	①	4.14		
民营企业	②	4.10	0.863	
外资企业	③	4.07		
东部地区企业	①	4.07		
中部地区企业	②	4.06	0.006	①<③；②<③
西部地区企业	③	4.27		
非高科技企业	①	4.07	0.322	
高科技企业	②	4.12		

本次调查还考察了企业家的职业倦怠状况。相关关系分析表明，企业家的职业倦怠与组织韧性显著负相关（均在0.001水平上统计显著）。调查结果表明，44.1%企业家有时会感到工作带来的身心疲惫，13.9%的企业家经常感到身心疲惫，而很少一部分企业家（8.0%）十分或者总是感觉身心疲惫、难以负荷。这一结果说明身心健康确实是困扰大部分企业家的问题，值得关注。至于负面情绪的极端情况，比较少的企业家（8.8%）会意识到工作带来崩溃感的状况，说明企业家的工作带来的压力感是有的，但大部分企业家仍有较强的抗压能力。企业家对于工作本身的兴趣程度和热情也是值得关注的问题。64.7%的企业家对工作仍保持和以往一样的兴趣和热忱，只有很少一部分企业家会对工作不再具有兴趣和热情。对于工作的意义，73.9%的企业家很少或者几乎没有对自己所做的工作持怀疑态度，他

们能够感受到自己工作的意义。超过 3/4 的企业家仍然持续关心自己所做工作的贡献度（见表 5-16）。

表5-16 企业家职业倦怠与组织韧性的关系分析（%）

项　目	几乎没有	很少	有时	经常	十分频繁	总是	评价值	相关系数
工作让我感到身心疲惫	10.7	23.4	44.1	13.9	4.1	3.9	2.89	-0.16[***]
下班时我感到精疲力竭	12.9	29.6	37.2	12.6	4.2	3.5	2.76	-0.16[***]
早晨起床不得不面对一天的工作，我感到很累	19.3	37.5	26.5	10.8	2.9	3.1	2.50	-0.18[***]
整天工作对我来说压力非常大	14.4	30.1	33.7	14.7	3.0	4.2	2.74	-0.14[***]
工作让我有快要崩溃的感觉	40.9	31.9	18.4	5.6	1.3	1.9	2.00	-0.17[***]
我对工作越来越不感兴趣了	39.3	31.2	20.6	5.6	1.7	1.5	2.04	-0.22[***]
我对工作不像之前那么热心了	33.4	31.3	25.6	6.2	2.0	1.5	2.16	-0.24[***]
我对自己所做工作的意义持怀疑态度	43.2	30.7	17.9	4.7	1.7	1.8	1.96	-0.23[***]
我对自己所做工作的贡献越来越不关心	42.6	32.6	16.0	5.6	1.5	1.7	1.96	-0.21[***]

注：*** 表示 $P \leqslant 0.001$。

分组比较看，不同性别、学历和企业经济类型的企业家在职业倦怠上不存在明显差异，而在年龄和企业规模、企业地区、是否为高科技企业上存在明显差异。其中，44岁及以下、小型企业、东部地区企业和高科技企业的企业家感知到的负面情绪显著较高，得分分别是2.48，2.39，2.38和2.39，均高于平均值2.34（见表5-17）。

表5-17 企业家职业倦怠比较分析

不同分组		均值	P值	最小显著性差异法差异比较
总体		2.34		
男	①	2.35	0.087	
女	②	2.17		
44岁及以下	①	2.48	0.002	①>③
45~54岁	②	2.34		
55岁及以上	③	2.24		
大专及以下	①	2.34	0.977	
大学本科	②	2.34		
硕士及博士	③	2.33		
大型企业	①	2.18	0.014	①<③；②<③
中型企业	②	2.25		
小型企业	③	2.39		
国有企业	①	2.37	0.822	
民营企业	②	2.33		
外资企业	③	2.41		
东部地区企业	①	2.38	0.054	①>③
中部地区企业	②	2.26		
西部地区企业	③	2.23		
非高科技企业	①	2.20	0.001	①<②
高科技企业	②	2.39		

面临新冠病毒疫情肆虐全球、世界经济复苏困难、企业发展压力加大的严峻环境，本次报告还针对企业家的负面情绪进行了调查分析。数据显示，整体而言，超过七成（75.4%）的企业家"很少"或"有时"出现负面情绪，"从未出现过"和"经常出现"负面情绪的企业家占比较少，分别为12.4%和12.2%。表明中国企业家整体对企业、市场及宏微观经济发展具有比较积极的心态和情绪（见表5-18）。

表5-18 企业家负面情绪与组织韧性的关系分析（%）

项 目	从未出现过	很少出现	有时出现	经常出现	评价值	相关系数
企业家负面情绪	12.4	35.2	40.2	12.2	2.53	-0.19***
烦躁易怒	6.3	32.4	50.4	10.9	2.66	-0.12***
心情沮丧	11.8	38.7	41.3	8.2	2.46	-0.19***
压力很大	3.3	17.3	49.6	29.7	3.06	-0.05
悲观失望	24.5	42.7	27.5	5.3	2.14	-0.22***
挫折感强	14.4	45.8	34.3	5.5	2.31	-0.19***
疲惫不堪	9.8	29.1	45.0	16.0	2.67	-0.16***
疑虑重重	16.6	40.5	33.2	9.7	2.36	-0.19***

注：*** 表示 $P \leqslant 0.001$。

针对负面情绪细分维度的分析表明，"烦躁易怒""心情沮丧""悲观失望""挫折感强""疑虑重重"这5个子维度的分布与整体接近结果较为一致，而在"压力很大"和"疲惫不堪"这两个子维度上"经常出现"负面情绪的企业家占比明显增多，近三成企业家经常出现"压力很大"的情绪，16.0%的企业家则经常出现"疲惫不堪"的情绪，这说明企业家负面情绪的不断积累对于组织韧性的影响值得重视（见表5-18）。

进一步的分组分析发现，企业家年龄越大，能够感知到的负面情绪越不常出现，55岁及以上的企业家对负面情绪感知的评价值（2.43）低于总样本的均值（2.53）。而44岁及以下和45～54岁的企业家出现负面情绪的频率则显著高于55岁及以上的企业家，也高于样本均值，这说明企业家年龄越高，对压力的承受能力更强，也更有经验处理负面情绪（见表5-19）。

表5-19 企业家负面情绪比较分析

不同分组		均 值	P 值	最小显著性差异法差异比较
总体		2.53		
男	①	2.51	0.793	
女	②	2.53		

续表

不同分组		均值	P值	最小显著性差异法差异比较
44岁及以下	①	2.62		
45～54岁	②	2.57	0.000	①>③；②>③
55岁及以上	③	2.43		
大专及以下	①	2.52		
大学本科	②	2.53	0.632	
硕士及博士	③	2.57		
大型企业	①	2.46		
中型企业	②	2.46	0.026	②<③
小型企业	③	2.56		
国有企业	①	2.57		
民营企业	②	2.53	0.678	
外资企业	③	2.47		
东部地区企业	①	2.55		
中部地区企业	②	2.50	0.397	
西部地区企业	③	2.55		
非高科技企业	①	2.57	0.001	①>②
高科技企业	②	2.43		

对公司规模的分组分析表明，大型企业（均值为2.46）和中型企业（均值为2.46）的领导者出现负面情绪的频率无显著差异，但均显著低于小型企业的领导者出现负面情绪的频率（均值为2.56）。此外，非高科技企业（均值为2.57）的领导者出现负面情绪的频率也显著高于高科技企业（均值为2.43），说明小型企业和非高科技企业面临的环境挑战更为艰巨，企业家因此出现负面情绪的频率也较高（见表5-19）。

第三节　组织韧性与企业创新的关系分析

一、组织韧性高的企业更倾向选择突破式创新模式

为了解企业组织韧性与企业创新模式的关系，本次调查专门统

计 2020 年企业销售中各类产品和服务的占比。调查结果显示，受访企业中"传统产品或服务占比"为 53.60%，"改良产品或服务占比"为 26.40%。其中，"近 5 年新创产品或服务占比"已达到 26.80%。上述结果表明，近半数企业注重创新，并努力利用突破式创新模式实现企业产品与服务的创新。

与此同时，调查发现，组织韧性与企业创新模式的相关关系呈现不同的规律。例如，组织韧性与"传统产品或服务占比"呈负相关关系（相关系数 $r=-0.04$，在 0.001 水平上显著），同时与渐进式创新——"改良产品或服务占比"显著负相关（相关系数 $r=-0.03$，在 0.001 水平上显著），而与突破式创新，"近 5 年新创产品或服务占比"显著正相关（相关系数 $r=0.06$，在 0.001 水平上显著）（见表 5-20）。

表5-20　组织韧性与创新模式相关性分析

项　　目	年　份	平均占比/%	与组织韧性相关性
传统产品或服务占比	2020	53.60	-0.04***
	2016	54.11	
	2015	56.20	
改良产品或服务占比	2020	26.40	-0.03***
	2016	22.98	
	2015	22.80	
近5年新创产品或服务占比	2020	26.80	0.06***
	2016	29.19	
	2015	28.00	

注：表中第 4 列数据为相关系数，*** 表示 $P \leqslant 0.001$。

二、组织韧性促进企业创业导向，大型、高科技企业创业导向更强，民营企业在业务拓展方面更为谨慎

突如其来的疫情就如"黑天鹅/灰犀牛"一样对各行各业的发展带来了巨大的冲击和影响。面对疫情严峻的挑战，企业采取的响

应策略各不相同。本次报告针对企业创业导向，如市场竞争、主动性防御和风险承担性的调查结果进行深入分析。相关关系分析表明，组织韧性与企业创业导向的创新性、主动性与风险承担性均显著正相关（在0.001水平上显著）。调查显示，从评价值来看，创业导向的主动性维度评价值较高，为3.36，其次是创新性，评价值为3.31，随后是风险承担性，评价值为2.88，这些数据说明疫情下企业的创业导向仍处于较弱水平（见表5-21）。

表5-21 组织韧性与企业创业导向相关性分析（%）

项目	很不符合	较不符合	一般	比较符合	完全符合	评价值	与组织韧性相关性
创业导向：创新性						3.31	
重视研发、技术领先和创新	15.1	11.7	30.4	23.6	19.2	3.20	0.15***
过去5年，很多新产品/服务投入市场	6.0	9.9	37.5	28.5	18.1	3.43	0.20***
产品/服务变化很大	7.2	10.3	41.2	26.9	14.4	3.31	0.25***
创业导向：主动性						3.36	
面对竞争对手，先发制人	5.0	8.0	40.4	28.8	17.7	3.46	0.25***
经常首先引入新产品/服务，新的管理及运营方法等	4.8	9.5	34.8	31.9	19.1	3.51	0.31***
希望取代竞争者	11.6	9.7	45.5	22.8	10.4	3.11	0.11***
创业导向：风险承担性						2.88	
投资高风险高回报的项目	16.0	15.2	51.5	12.4	4.9	2.75	0.13***
由于环境的不确定性，需要大刀阔斧地行动，以实现企业的目标	14.9	16.2	45.1	16.7	7.1	2.85	0.18***
采取大胆、进取的姿态，以最大限度地挖掘潜在机会	11.8	13.9	42.8	21.0	10.5	3.05	0.20***

注：表中第8列数据相关系数，*** 表示 $P \leqslant 0.001$。

进一步对数据进行分组对比发现，在企业性质上，外资企业的主动性更强，"希望取代竞争者"评价值得分较高（3.50），风险承担性也较高,"由于环境的不确定性,需要大刀阔斧地行动,以实现企业的目标"评价值得分较高(3.34),这反映出外资企业对风险的偏好水平比民营企业更高。与此对应,民营企业在拓展业务方面的谨慎程度显著高于国有和外资企业(见表5-22)。

表5-22 企业创新战略与企业特征交叉分析

项目	企业性质			企业规模			企业区位			是否为高科技企业	
	国有企业	民营企业	外资企业	大型	中型	小型	东部	中部	西部	非高科技企业	高科技企业
重视研发,技术领先和创新	3.13	3.20	3.41	3.41	3.24	3.16	3.26	3.05	3.13	3.03	3.64
过去五年,很多新产品/服务投入市场	3.33	3.44	3.37	3.74	3.48	3.37	3.45	3.42	3.35	3.26	3.84
产品/服务变化很大	3.30	3.31	3.41	3.66	3.36	3.24	3.31	3.30	3.32	3.18	3.63
面对竞争对手,先发制人	3.43	3.46	3.63	3.71	3.50	3.41	3.47	3.46	3.44	3.36	3.72
经常首先引入新产品/服务,新的管理及运营方法等	3.41	3.51	3.66	3.75	3.55	3.48	3.51	3.56	3.44	3.38	3.82
希望取代竞争者	3.20	3.08	3.50	3.31	3.24	3.02	3.14	3.05	3.04	3.00	3.36
投资高风险高回报的项目	2.88	2.73	3.05	3.02	2.79	2.70	2.75	2.75	2.75	2.67	2.94
由于环境的不确定性,需要大刀阔斧地行动,以实现企业的目标	3.09	2.81	3.34	3.17	2.91	2.78	2.85	2.83	2.89	2.73	3.13
采取大胆、进取的姿态,以最大限度地挖掘潜在机会	3.19	3.03	3.16	3.35	3.16	2.96	3.05	3.10	2.98	2.94	3.31

根据企业规模的交叉分析发现,大型企业在创业导向的创新性、主动性、风险承担性等各项维度上的得分普遍高于中型或小型企业。

说明大型企业在动荡的环境中更可能采取创新性、主动性及具有一定风险的策略。此外,创业导向在高科技企业中显著高于非高科技企业(见表5-22)。

三、组织韧性有利于企业实施探索与利用并举的双元创新战略,大型、高科技企业作用更加明显

创新战略主要考察企业是关注未来技术发展趋势还是利用已有的技术。相关关系分析表明,组织韧性与探索式和利用式创新战略均显著正相关。调查显示,企业在探索式创新战略维度上的得分评价值为3.89,而在利用式创新战略维度上的得分评价值为4.06,说明大部分企业仍偏重于利用式创新战略。具体来说,76.8%企业家认为公司"主要搜集当前市场的信息",81.9%的企业家认为自己的企业"关注改进现有产品的质量",以及80.4%的企业家表示公司"强调积累解决当前市场和产品问题的经验"(见表5-23)。

表5-23 创新战略与组织韧性关系分析

项 目	非常不符合	较不符合	一般	比较符合	非常符合	评价值	与组织韧性相关性
探索式创新战略						3.89	
不断寻求新的市场信息	2.2	1.8	17.0	52.4	26.6	3.99	0.30**
关注产品的大规模更新	2.1	5.9	28.6	43.0	20.4	3.74	0.34**
仔细观察市场中的技术发展态势	1.6	3.4	20.8	48.9	25.3	3.93	0.36**
利用式创新战略						4.06	
主要搜集当前市场的信息	1.4	2.2	19.5	50.6	26.2	3.98	0.32**
关注改进现有产品的质量	1.8	1.8	14.5	46.8	35.1	4.12	0.29**
强调积累解决当前市场和产品问题的经验	1.7	1.6	16.4	48.0	32.4	4.08	0.33**

注:表中第8列数据为相关系数,** 表示 $P \leq 0.01$。

在探索式创新战略方面,79.0%的企业家认为自己的企业"不断

寻求新的市场信息",63.4%的企业家认为他们的企业"关注产品的大规模更新",以及74.2%的企业家认为"仔细观察市场中的技术发展态势"比较或非常符合公司情况(见表5-23)。

进一步分组对比发现,大型企业更为"仔细观察市场中的技术发展态势"(评价值为4.08),同时注重"主要搜集当前市场的信息"(评价值为4.13),体现出一定程度的探索与利用平衡的双元创新战略。此外,高科技企业在各个维度上均显著高于非高科技企业,说明高科技企业往往对市场动态更为敏感,对产品表现更为关注,适应和调整也更为迅速(见表5-24)。

表5-24 创新战略分组比较分析

项 目	企业性质			企业规模			企业区位			是否为高科技企业	
	国有企业	民营企业	外资企业	大型	中型	小型	东部	中部	西部	非高科技企业	高科技企业
不断寻求新的市场信息	3.90	4.01	3.92	4.12	4.05	3.95	3.99	3.97	4.05	3.95	4.12
关注产品的大规模更新	3.61	3.75	3.71	3.86	3.77	3.71	3.72	3.71	3.82	3.69	3.85
仔细观察市场中的技术发展态势	3.82	3.94	4.05	4.08	4.02	3.88	3.93	3.87	4.01	3.87	4.09
主要搜集当前市场的信息	3.89	3.99	3.95	4.13	4.03	3.94	3.96	3.97	4.08	3.97	4.01
关注改进现有产品的质量	4.03	4.12	4.24	4.22	4.17	4.08	4.12	4.10	4.13	4.08	4.22
强调积累解决当前市场和产品问题的经验	3.98	4.09	4.00	4.08	4.12	4.06	4.05	4.06	4.20	4.05	4.15

四、组织韧性显著提升企业创新绩效,且创新作用"开源"强于"节流"

相关关系分析表明,组织韧性显著促进企业创新绩效,与创新绩效的各个维度均正相关,并且在 0.001 水平上统计显著。调查发现,企业家认为,创新发挥作用较大的维度主要包括:"提高了产品或服务质量"(评价值为 3.73),"提高了对健康和安全的影响"(评价值为 3.59),"提高了生产或服务在业务流程上的灵活性"(评价值为 3.58),以及"扩大了产品或服务的类别"(评价值为 3.50)。而在"降低了单位产出的劳动力成本"(评价值为 3.27)和"降低了单位产出的材料和能源的消耗"(评价值为 3.31)方面作用较弱。这些数据说明我国企业创新在"开源"方面的作用大于其在"节流"方面的作用(见表 5-25)。

表5-25 组织韧性与创新绩效的关系分析(%)

项　　目	没有作用	作用较小	中等	作用较大	作用很大	评价值	与组织韧性相关性
扩大了产品或服务的类别	2.3	10.9	36.9	34.6	15.3	3.50	0.42***
进入了新市场或提高了市场份额	3.0	12.8	35.5	35.1	13.6	3.43	0.41***
提高了产品或服务质量	1.6	5.5	29.0	46.0	17.9	3.73	0.43***
提高了生产或服务在业务流程上的灵活性	1.4	7.1	36.6	41.7	13.2	3.58	0.45***
降低了单位产出的劳动力成本	3.2	15.1	42.4	30.0	9.5	3.27	0.35***
降低了单位产出的材料和能源的消耗	2.9	13.7	42.4	31.4	9.6	3.31	0.37***
降低了对环境的负面影响	3.1	10.6	39.2	34.9	12.3	3.43	0.39***
提高了对健康和安全的影响	2.7	7.7	34.1	38.9	16.7	3.59	0.41***

注:表中第 8 列数据为相关系数,*** 表示 $P \leq 0.001$。

进一步分组比较分析发现,创新在大型企业及高科技企业中发挥的作用更强，而企业性质及区位对创新的作用没有影响（见表 5-26）。

表5-26 创新绩效分组比较分析

项目	企业性质			企业规模			企业区位			是否为高科技企业	
	国有企业	民营企业	外资企业	大型	中型	小型	东部	中部	西部	非高科技企业	高科技企业
扩大了产品或服务的类别	3.47	3.51	3.32	3.73	3.54	3.45	3.50	3.48	3.50	3.37	3.82
进入了新市场或提高了市场份额	3.43	3.44	3.29	3.68	3.47	3.39	3.43	3.42	3.46	3.31	3.75
提高了产品或服务质量	3.78	3.74	3.53	3.92	3.79	3.68	3.71	3.79	3.75	3.65	3.95
提高了生产或服务在业务流程上的灵活性	3.65	3.59	3.34	3.68	3.65	3.54	3.57	3.56	3.65	3.53	3.72
降低了单位产出的劳动力成本	3.37	3.27	3.22	3.40	3.29	3.25	3.26	3.25	3.34	3.23	3.38
降低了单位产出的材料和能源的消耗	3.40	3.30	3.27	3.51	3.33	3.28	3.28	3.30	3.43	3.27	3.41
降低了对环境的负面影响	3.54	3.42	3.35	3.62	3.49	3.38	3.40	3.46	3.50	3.36	3.58
提高了对健康和安全的影响	3.56	3.59	3.65	3.75	3.71	3.53	3.56	3.66	3.65	3.54	3.73

第四节 提升组织韧性、有效应对危机，保证企业健康持续发展

一、未雨绸缪、灵活调动资源，创新应对危机的方式和方法

为了渡过疫情难关，企业积极采取应对措施。超过半数的企业会"加强与老客户、供应商的沟通"（68.7%）和"加强内部培训，

增强凝聚力"(59.3%)。"创新商业模式"(41.9%)"优化供应链"(37.2%)也是企业会考虑的两大措施。25.9%的企业在应对危机时会选择减少用工。只有极少数企业(2.8%)会考虑临时转型,投入应急行业(见表5-27)。

上述措施的选择与企业的组织韧性有密切联系。相关关系分析表明,企业的组织韧性越高,在应对疫情时,企业越可能选择"创新商业模式"(相关系数$r=0.07$,在0.01水平上显著)、"优化供应链"(相关系数$r=0.07$,在0.01水平上显著)、"转为远程网上办公模式"(相关系数$r=0.07$,在0.01水平上显著)及"全员降低薪酬"(相关系数$r=0.22$,在0.001水平上显著),更少可能选择"加强与老客户、供应商的沟通"(相关系数$r=-0.08$,在0.01水平上显著)及"加强内部培训,增强凝聚力"(相关系数$r=-0.12$,在0.001水平上显著)。上述结果表明,组织韧性保证企业在危机来临前已经将老客户、供应商及内部凝聚力等应对危机的力量团结起来,在危机来临时企业需要做的更多是灵活调动这些资源,创新应对危机的方式和方法(见表5-27)。

表5-27 企业的疫情应对措施(%)

项 目	比 重	与组织韧性相关性
加强与老客户、供应商的沟通	68.7	-0.08[**]
加强内部培训,增强凝聚力	59.3	-0.12[***]
创新商业模式	41.9	0.07[**]
优化供应链	37.2	0.07[**]
减少用工	25.9	-0.04
转为远程网上办公模式	13.7	0.07[**]
高管主动降薪,员工不降薪	9.2	0.05
全员降低薪酬	6.2	0.22[***]
临时转型应急行业(如口罩等)	2.8	-0.03

注:表中第3列数据为相关系数。*** 表示 $P \leqslant 0.001$,** 表示 $P \leqslant 0.01$。

针对为应对疫情采取的措施,按照企业性质、企业规模和企业区位进行交叉分析。结果表明，国有企业更偏好采取的措施为"转为远程网上办公模式"（26.7%）和"全员降低薪酬"（13.3%），而民营企业（26.8%）和外资企业（31.6%）则较多地选择"减少用工"，说明不同性质的企业在应对疫情采取措施的侧重点是不同的，展现出的韧性的方面也是不同的。根据企业规模进行交叉分析，大型企业为应对疫情，通常会采取"加强内部培训，增强凝聚力"（68.6%）、"创新商业模式"（49.5%）和"优化供应链"（49.5%）等措施，中型企业和小型企业选择措施的侧重点均与之类似。根据企业区位进行交叉分析，结果发现中部地区（68.1%）和西部地区（67.5%）的企业都选择"加强内部培训、增强凝聚力"来应对疫情，这些都是企业具备韧性的表现（见表5-28）。

表5-28 企业应对疫情措施的比较分析（%）

项目	企业性质				企业规模				企业区位			
	国有企业	民营企业	外资企业	P值	大型	中型	小型	P值	东部	中部	西部	P值
全员降低薪酬	13.3	5.5	10.5	0.015	6.7	4.1	6.9	0.219	6.7	6.0	4.4	0.493
减少用工	21.1	26.8	31.6	0.049	14.3	19.4	29.9	0.000	26.8	24.7	23.6	0.592
临时转型应急行业（如口罩等）	1.1	2.7	5.3	0.514	4.8	0.6	3.3	0.020	2.8	24.7	23.6	0.659
优化供应链	33.3	37.3	39.5	0.769	49.5	45.7	32.3	0.000	36.2	38.7	39.4	0.613
高管主动降薪，员工不降薪	8.9	9.5	7.9	0.700	6.7	11.1	8.7	0.301	8.8	11.5	7.9	0.359
转为远程网上办公模式	26.7	12.2	21.1	0.001	25.7	15.2	11.6	0.000	13.1	11.5	18.7	0.062
加强与老客户、供应商的沟通	57.8	69.1	73.7	0.092	60.0	70.2	69.2	0.128	68.6	64.7	73.9	0.116
加强内部培训，增强凝聚力	67.8	58.7	47.4	0.119	68.6	67.6	54.9	0.000	54.6	68.1	67.5	0.000
创新商业模式	42.2	41.9	26.3	0.107	49.5	47.3	38.7	0.008	41.4	41.3	44.3	0.735

二、加大企业管理与运营的数字化程度，提升企业管理水平

突如其来的疫情加速了迈向数字化时代的步伐，也迫使一些企业不得不面对数字化转型带来的压力。本次调查考察了企业的内部管理与运营在数字化方面的状况。相关关系分析表明，数字化管理与运营的水平越高，企业的组织韧性越强（均在0.01水平上显著）。调查结果显示，超过半数的企业目前的内部管理已经在中等程度上实现了数字化，如内部管理等。在业务管理方面，有将近85%的企业家认为自己的企业已经拥有中等及以上程度的数字化运营能力，如客户数据、业务流程、产品/服务质量管理等。对于企业数字化系统的成熟度，有9.1%的企业家认为他们的"企业数字化系统逐渐趋于成熟"，而24.5%的企业家则认为他们的企业数字化系统还不够完善，还有提高的空间。对于数字化在企业中的应用情况，有76.4%的企业家认为"数字化已经在企业决策中起到了非常重要的作用"，仅有6.6%的企业家认为数字化没有起到重要作用。有八成左右的企业家认同"数字化提高了企业的财务绩效"。由此可见，大多数的企业家已经将数字化应用到了企业决策过程中，数字化的优势无论是在管理企业内部还是在提升企业业务能力方面都已经凸显出来（见表5-29）。

表5-29　企业数字化管理及运营情况

项　目	没有	←	中等程度	→	很大程度	评价值	与组织韧性相关性
内部管理（员工数据、办公流程、内部交流等）	5.4	11.4	51.2	17.8	14.4	3.24	0.24***
业务管理（客户数据、业务流程、产品/服务质量管理等）	3.7	11.7	48.1	22.3	14.3	3.32	0.24***
企业数字化系统逐渐趋于成熟	6.9	17.6	45.9	20.5	9.1	3.07	0.25***
对企业数据进行整合分析，从中获取有价值的信息	5.3	15.7	47.5	21.0	10.5	3.16	0.26***

续表

项目	没有	←	中等程度	→	很大程度	评价值	与组织韧性相关性
数字化已经在企业决策中起到非常重要的作用	6.6	17.0	40.4	22.1	13.9	3.20	0.26***
数字化改进了企业管理效率	6.0	14.6	38.8	26.2	14.4	3.28	0.27***
数字化提高了企业的财务绩效	5.0	13.9	38.8	26.4	15.8	3.34	0.28***

注：表中第8列数据为相关系数。*** 表示 $P \leq 0.001$。

从企业特征分组比较来看，数字化管理在不同企业经济类型、企业规模、企业区位、是否为高科技企业中有明显差异。其中，外资企业的数字化管理能力在各个方面都是较好的，其次是国有企业，而民营企业数字化程度和质量表现较差，存在较大提升空间。从不同企业规模分组上看，随着企业规模的增大，数字化管理程度在各方面都在增加，大型企业在内部管理上的评价值是3.80，其利用数字化改进企业管理效率和提高企业的财务绩效方面表现较好，评价值分别是3.63和3.58。而对于不同区位的企业而言，仅在内部管理上面存在明显差异，即东部地区企业内部管理的数字化程度较高（评价值为3.28），西部地区企业次之（评价值为3.25），较低的是中部地区企业（评价值为3.13）。此外，高科技企业在数字化程度的各方面都要显著高于非高科技企业（见表5-30）。

表5-30 企业数字化管理比较分析

项目	企业性质			企业规模			企业区位			是否为高科技企业	
	国有企业	民营企业	外资企业	大型	中型	小型	东部	中部	西部	非高科技企业	高科技企业
内部管理（员工数据、办公流程、内部交流等）	3.49	3.21	3.58	3.80	3.42	3.11	3.28	3.13	3.25	3.13	3.51

续表

项 目	企业性质			企业规模			企业区位			是否为高科技企业	
	国有企业	民营企业	外资企业	大型	中型	小型	东部	中部	西部	非高科技企业	高科技企业
业务管理（客户数据、业务流程、产品/服务质量管理等）	3.48	3.29	3.59	3.72	3.48	3.20	3.35	3.25	3.29	3.23	3.54
企业数字化系统逐渐趋于成熟	3.25	3.04	3.45	3.49	3.26	2.95	3.10	3.03	3.03	3.00	3.25
对企业数据进行整合分析，从中获取有价值的信息	3.26	3.13	3.58	3.49	3.31	3.06	3.18	3.17	3.08	3.11	3.27
数字化已经在企业决策中起到非常重要的作用	3.31	3.18	3.55	3.54	3.37	3.09	3.20	3.23	3.16	3.11	3.40
数字化改进了企业管理效率	3.37	3.27	3.58	3.63	3.46	3.17	3.28	3.29	3.30	3.19	3.51
数字化提高了企业的财务绩效	3.41	3.32	3.63	3.58	3.54	3.23	3.33	3.39	3.32	3.27	3.50

三、坚持长期导向，制订并充分发挥应对危机/紧急事件书面计划的作用

企业是否具有长期导向的发展理念，是企业是否足够有"韧性"的基础，即以非短期目标为导向、具备从容应对危机的能力。相关关系分析表明，企业长期导向与组织韧性显著正相关（相关系数 $r = 0.24$，在 0.001 水平上显著）。调查表明，22.3% 的企业有"1年以内计划"，38.4% 的企业有"3年以内规划"，18.6% 的企业有

"5年以内规划",2.1%的企业有"10年以内规划",而仅有2.6%的企业有"10年以上规划"。由此说明,绝大多数(84%)的企业具有书面长期规划,而这其中以3年以内的规划最为常见,18.6%的企业具有中期发展规划(3～5年),而具有5年以上长期规划的企业较少。纵向比较来看,企业长期导向的评价值逐年递减,2015年评价值仍略高于中等水平(3.02),而到2020年评价值降为1.76,与2015年相比下降42%,说明企业越来越倾向短期主义,没有长期规划,这一现象值得重视(见表5-31)。

表5-31 企业长期导向(%)

长期导向	2020年	2019年	2017年	2016年	2015年
1年以内计划	22.3	17.2	10.0	12.8	6.6
3年以内规划	38.4	38.1	14.0	12.9	6.0
5年以内规划	18.6	25.7	40.7	35.3	44.7
10年以内规划	2.1	3.8	25.2	30.1	29.6
10年以上规划	2.6	1.7	5.8	5.1	6.2
评价值	1.76	1.94	2.90	2.90	3.02

当发生紧急事件时,企业是否制订书面计划且该计划是否有效,是在危急时刻衡量企业"韧性"的重要指标。关于企业是否有应对危机/紧急事件的书面计划的调查显示,超过半数企业有应对危机/紧急事件的书面计划(52.5%),少量企业没有书面计划(42.6%),还有极少数企业不清楚是否有书面计划(4.9%)。在有紧急事件书面计划的企业中,大多数企业的书面计划都发挥过作用(49.0%),表现出较强的组织韧性(见表5-32)。

表5-32 企业应对危机/紧急事件的书面计划(%)

项 目	有	没 有	不清楚
是否有应对危机/紧急事件的书面计划	52.5	42.6	4.9
应对危机/紧急事件的计划是否发挥过作用	49.0	43.7	7.3

进一步分组比较发现，企业性质、企业规模对应对危机/紧急事件的书面计划存在显著差异，而企业区位则不存在显著差异。从企业性质来看，多数国有企业都有应对危机/紧急事件的书面计划（70.0%），其次是外资企业（65.8%），而仅有49.6%的民营企业有此书面计划。从企业规模来看，规模越大的企业，应对危机/紧急事件的书面计划越完备，其中大型企业（68.9%）和中型企业（67.5%）大多都有应对危机/紧急事件的书面计划（见表5-33）。

表5-33 应对危机/紧急事件书面计划的不同企业比较分析（%）

不同分组	有	没有	不清楚	P值
总体	52.5	42.6	4.9	
国有企业	70.0	21.1	8.9	
民营企业	49.6	46.1	4.4	0.000
外资企业	65.8	26.3	5.3	
大型企业	68.9	24.5	6.6	
中型企业	67.5	29.3	3.2	0.000
小型企业	44.6	50.1	4.9	
东部地区企业	50.5	44.0	5.5	
中部地区企业	56.3	40.7	3.0	0.084
西部地区企业	56.2	39.4	4.4	

调查分析表明，企业规模和企业区位对应对危机/紧急事件计划是否发挥作用具有显著影响。从企业规模来看，大多数大型企业（65.3%）和中型企业（61.8%）制订的应对危机/紧急事件计划均可以有效发挥作用，然而较少数的小型企业（41.6%）可以制订有效的应对危机/紧急事件计划。相比于国有企业和民营企业，外资企业中内部制订的应对危机/紧急事件计划发挥作用更大，其中有58.1%的应对危机/紧急事件计划发挥过作用，41.9%的应对危机/紧急事件计划未发生过作用。从企业区位来看，东部地区应对危机/紧急事件计划发挥过作用的企业比重（44.3%）显著低于中部地区企业（58.2%）和西部地区企业（57.2%）（见表5-34）。

表5-34 应对危机/紧急事件计划发挥作用的不同企业比较分析

不同分组	有	没有	不清楚	P值
总体	49.0	43.7	7.3	
国有企业	57.3	32.9	9.8	
民营企业	47.6	44.9	7.4	0.258
外资企业	58.1	41.9	0.0	
大型企业	65.3	29.5	5.3	
中型企业	61.8	32.2	6.0	0.000
小型企业	41.6	50.3	8.1	
东部地区企业	44.3	47.8	7.9	
中部地区企业	58.2	37.1	4.6	0.001
西部地区企业	57.2	34.9	7.8	

四、多措并举应对资金链危机,提升市场营销和研发创新能力,转危为机、增强企业文化氛围,全面提升核心竞争力

危机是检验企业核心竞争力的试金石,也是企业正确认识自我的良好时机。本次报告调查了企业核心竞争能力的变化。数据显示,企业家认为,在受疫情影响而增强的核心竞争能力中,前3项依次是"市场营销能力"(52.5%)、"研究与开发能力"(43.1%)及"经营组织能力"(42.4%)。而在企业家所认为的受疫情影响而削弱的企业核心竞争能力前3项依次是"资金投入能力"(54.7%)、"核心商业模式"(31.4%)及"研究与开发能力"(29.1%)。上述结果表明,疫情造成了企业核心竞争能力配置上的重大变化:增大了企业之间在研究和开发能力、市场营销能力上的差距;普遍削弱了企业的资金投入能力与核心商业模式,并且增强了其经营组织能力(见表5-35)。

表5-35 疫情对企业核心竞争能力的影响(%)

内容	增强的核心竞争能力	削弱的核心竞争能力
研究与开发能力	43.1	29.1
生产制造能力	33.3	26.7

续表

内容	增强的核心竞争能力	削弱的核心竞争能力
市场营销能力	52.5	28.5
经营组织能力	42.4	20.9
资金投入能力	14.9	54.7
企业文化氛围	22.9	21.3
战略决策能力	25.8	18.3
动态适应能力	29.7	26.2
核心商业模式	14.6	31.4

进一步分析表明：相对于其他性质的企业，疫情影响下的国有企业显著增强的企业核心竞争能力是"研发与开发能力"（55.2%）；而外企显著增强的核心竞争能力是"生产制造能力"（60%）（见表5-36）。

表5-36 增强的企业核心竞争能力（%）

项目	企业性质				企业规模				企业区位			
	国有企业	民营企业	外资企业	P值	大型	中型	小型	P值	东部	中部	西部	P值
研究与开发能力	55.2	41.0	37.1	0.002	48.9	44.7	41.7	0.357	45.8	40.9	35.1	0.034
生产制造能力	28.6	33.2	60.0	0.004	25.6	31.4	35.0	0.152	35.2	29.8	29.8	0.209
市场营销能力	53.9	52.1	45.7	0.579	50.0	48.7	54.2	0.273	52.9	52.0	51.2	0.912
经营组织能力	43.4	43.4	25.7	0.140	42.2	43.9	41.8	0.841	40.7	42.9	48.5	0.177
资金投入能力	14.5	14.9	17.1	0.980	11.1	16.3	14.9	0.492	13.7	21.2	12.3	0.019
企业文化氛围	22.4	22.7	28.6	0.871	33.3	26.5	20.1	0.005	21.5	25.8	25.1	0.335
战略决策能力	21.1	26.6	22.9	0.599	34.4	26.5	24.3	0.114	26.4	23.2	26.3	0.663
动态适应能力	25.0	29.4	42.9	0.282	23.3	29.2	30.8	0.341	28.2	28.8	36.8	0.082

续表

项目	企业性质				企业规模				企业区位			
	国有企业	民营企业	外资企业	P值	大型	中型	小型	P值	东部	中部	西部	P值
核心商业模式	17.1	14.6	11.4	0.878	18.9	15.2	13.8	0.423	15.2	11.6	15.7	0.413

根据企业规模进行交叉分析,可以发现,大型企业显著增强的企业核心竞争能力是"企业文化氛围"(33.3%)。这说明在疫情影响下,规模越大的企业越具有增强企业文化氛围的优势,体现出在应对重大外部危机时大型企业能团结凝聚更多资源、提升员工安全感的竞争优势(见表5-36)。

根据企业区位进行交叉分析,可以发现,东部地区企业选择"研究与开发能力"的比重相对较高(45.8%),中部地区企业更倾向于增强"资金投入能力"(21.2%),而西部地区更显著增强的是"动态适应能力"(36.8%)。这说明企业所在区位的不同,也就是地区的发展和环境差异会造成疫情冲击上的差异性,从而促使不同地区的企业为应对危机而增强不同方面的核心竞争能力(见表5-36)。

针对有所削弱的企业核心竞争能力,按照企业经济类型、企业规模、企业区位进行交叉分析,结果表明,在疫情影响下,大型企业显著削弱的核心竞争能力是动态适应能力(41.0%)。另外,东部企业显著削弱的企业核心竞争能力是生产制造能力(28.9%)(见表5-37)。

表5-37 削弱的企业核心竞争能力(%)

项目	企业性质				企业规模				企业区位			
	国有企业	民营企业	外资企业	P值	大型企业	中型企业	小型企业	P值	东部	中部	西部	P值
研究与开发能力	27.5	29.8	24.1	0.828	23.1	27.0	30.7	0.263	29.1	25.0	34.0	0.198
生产制造能力	28.6	26.0	21.4	0.214	26.9	29.1	25.8	0.624	28.9	24.4	21.0	0.097

续表

项目	企业性质				企业规模				企业区位			
	国有企业	民营企业	外资企业	P值	大型企业	中型企业	小型企业	P值	东部	中部	西部	P值
市场营销能力	37.1	28.0	35.7	0.114	23.1	30.7	28.3	0.426	28.4	26.4	30.9	0.668
经营组织能力	24.6	20.1	25.0	0.561	28.2	19.6	20.5	0.242	20.6	23.8	19.0	0.526
资金投入能力	43.5	56.0	53.6	0.208	57.7	52.2	55.2	0.625	52.5	55.8	61.7	0.104
企业文化氛围	17.1	20.6	34.5	0.104	19.0	20.4	21.9	0.784	21.2	22.7	20.4	0.867
战略决策能力	26.1	17.0	21.4	0.162	10.3	19.6	18.8	0.156	17.4	22.7	16.7	0.247
动态适应能力	30.4	26.1	28.6	0.764	41.0	24.3	25.1	0.008	27.1	26.7	22.2	0.444
核心商业模式	21.7	31.7	41.4	0.220	26.6	33.0	31.4	0.566	31.4	33.7	29.0	0.651

五、加强学习、修炼内功，健全治理结构、加强控制，建立防火墙隔离机制，应对未来可能出现的危机

本次报告调查了企业家应对疫情的未来策略。数据显示，在企业家针对未来类似情况的应对策略中，前5项依次排名是"保持良好的现金流"（66.7%），"加强学习，修炼内功"（50.5%），"建立预警方案，提前应对"（49.4%），"建立关爱员工身心健康的保障机制"（45.5%），以及"监控环境，预期预判"（38.3%）。这一结果说明此次疫情使得企业家更加关注"内功"，重视提前准备，以应对未来可能出现的危机（见表5-38）。

表5-38 应对疫情的未来策略（%）

内　　容	比例	与组织韧性相关分析
保持良好的现金流	66.7	0.01
加强学习，修炼内功	50.5	0.15***
建立预警方案，提前应对	49.4	0.02
建立关爱员工身心健康的保障机制	45.5	0.03
监控环境，预期预判	38.3	0.04
注重履行社会责任	36.7	0.05
健全治理结构和控制	35.8	0.11**
与政府保持良好关系	35.6	-0.04
设立危机管理部门	17.1	-0.12***
与其他企业搞好关系	16.6	0.04
建立防火墙隔离危机	10.6	0.06*

注：表中第3列数据为相关系数，*** 表示 $P \leq 0.001$，** 表示 $P \leq 0.01$，* 表示 $P \leq 0.05$。

相关关系分析表明，企业的组织韧性越高，企业家越有可能在接下来的工作中"加强学习，修炼内功"（相关系数 $r=0.15$，在0.001水平上统计显著）、"健全治理结构和控制"（相关系数 $r=0.11$，在0.01水平上统计显著）及"建立防火墙隔离危机"（相关系数 $r=0.06$，在0.05水平上统计显著），而较少"设立危机管理部门"（相关系数 $r=-0.12$，在0.001水平上统计显著）（见表5-38）。

进一步的比较分析发现：相对于国有企业和外资企业，民营企业更加强调"保持良好的现金流"策略的重要性（69.0%）；在企业规模上，大型企业更倾向于制定"健全治理结构和控制"（47.6%）与"设立危机管理部门"（21.9%）的策略，而小型企业更倾向于制定"与其他企业搞好关系"（19.0%）的策略；从企业区位来看，东部地区的企业家更倾向于"建立防火墙隔离危机"（12.1%），中部地区更强调"与政府保持良好关系"（44.1%）及"保持良好的现金流"（68.6%）（见表5-39）。

表5-39 应对疫情的未来策略的交叉分析（%）

项目	企业性质				企业规模				企业区位			
	国有企业	民营企业	外资企业	P值	大型	中型	小型	P值	东部	中部	西部	P值
监控环境、预期预判	37.1	37.1	54.1	0.090	37.1	39.4	38.0	0.879	39.5	34.3	38.3	0.357
建立预警方案、提前应对	53.9	48.7	51.4	0.803	56.2	48.6	48.8	0.341	47.0	54.7	52.2	0.081
建立防火墙隔离危机	11.2	10.1	18.9	0.375	15.2	11.4	9.6	0.184	12.1	7.2	8.5	0.058
健全治理结构和控制	37.1	34.8	51.4	0.154	47.6	36.6	34.0	0.022	37.2	32.6	33.8	0.354
设立危机管理部门	20.2	16.6	24.3	0.517	21.9	20.8	15.1	0.028	16.1	18.2	19.9	0.392
与政府保持良好关系	36.0	35.4	37.8	0.986	29.5	36.6	36.0	0.387	33.2	44.1	35.3	0.009
注重履行社会责任	38.2	36.9	35.1	0.952	32.4	37.2	37.0	0.631	35.7	39.8	36.8	0.517
与其他企业搞好关系	11.2	17.2	8.1	0.235	7.6	13.2	19.0	0.002	15.7	17.4	18.9	0.519
保持良好的现金流	50.6	69.0	54.1	0.001	62.9	69.1	66.3	0.456	68.1	68.6	59.2	0.046
加强学习、修炼内功	42.7	51.5	43.2	0.338	50.5	53.0	49.5	0.574	49.9	49.6	53.7	0.601
建立关爱员工身心健康的保障机制	50.6	46.1	35.1	0.176	43.8	46.4	45.3	0.892	45.2	44.9	47.3	0.852

六、健全国家应急管理体系、深化改革开放、完善社会保障体系，为企业发展创造更好的环境

在疫情初期，中国企业家调查系统开展了关于企业家最希望政府实施哪些举措的调查。调查显示，关于对政府的政策建议，在所有18个选项中，排在前5位的是"健全国家应急管理体系"（71.2%）、"加

大减税降费"(70.0%)、"强化公共卫生法治保障"(59.0%)、"重视企业家的贡献,保护企业家积极性"(47.3%)、"降低企业融资成本"(46.6%)。

调查同时发现,企业家选择"加快落实'民企28条'"(39.5%)、"加大简政放权力度"(33.6%)、"优化公平竞争的市场环境"(32.5%)、"给予部分受疫情影响受损严重行业财政贴息"(30.8%)的比重也相对较高,选择比重均超过30%(见表5-40)。

表5-40 为了更好地促进企业发展,在新冠病毒疫情之后,企业家最希望哪些举措(%)

项 目	比 重
健全国家应急管理体系	71.2
加大减税降费	70.0
强化公共卫生法治保障	59.0
重视企业家的贡献,保护企业家积极性	47.3
降低企业融资成本	46.6
加快落实"民企28条"	39.5
加大简政放权力度	33.6
优化公平竞争的市场环境	32.5
给予部分受疫情影响受损严重行业财政贴息	30.8
提高政府办事效率	29.1
减轻租金压力	27.6
完善法治环境	23.0
对参与捐赠企业和个人行为给予所得税抵扣	22.5
按不可抗力,处理或放宽部分贷款及订单合同	22.1
释放流动性,减轻现金流压力	19.7
参照金融危机"五缓四减三补贴"政策	17.1
深化国企改革	9.3
加快产权制度改革	5.3

2021年是《中华人民共和国国民经济和社会发展第十四个五年规划和2035年远景目标纲要》(简称"十四五"规划)的开局之年。

"十四五"时期,经济社会发展强调六个目标,追求更高水平开放型经济新体制的形成,增强社会文明程度,实现生态文明建设新进步,推进民生福祉新高度及提升国家治理效能。调查数据显示,企业家认为"十四五"期间促进我国消费稳定增长的最为重要的3条途径依次是"完善社会保障体系"(76.9%)、"对企业和个人减税"(73.5%)、"促进民营企业发展"(72.1%)。同时,超过三成的企业家认为"引导促进服务性消费"(36.9%)和"增加对低收入人群补贴"(36.1%)也是促进我国消费稳定增长的主要途径。超过二成的企业家认为,"加快新型城镇化进程"(27.0%),"加快电商等新经济发展"(22.2%),"普遍提高工资水平"(20.8%),也与消费增长密不可分。此外,企业家认为"提高国企红利上缴比重"(19.7%)"鼓励信贷消费"(13.7%)和"提高粮食等农产品价格"(12.4%)也与消费增长有联系。仅有10.8%的企业家认为"推动住房刚性需求增长"可促进消费增长(见表5-41)。

表5-41 "十四五"时期促进我国消费稳定增长的主要途径(%)

项 目	比 重
完善社会保障体系	76.9
对企业和个人减税	73.5
促进民营企业发展	72.1
引导促进服务性消费	36.9
增加对低收入人群补贴	36.1
加快新型城镇化进程	27.0
加快电商等新经济发展	22.2
普遍提高工资水平	20.8
提高国企红利上缴比重	19.7
鼓励信贷消费	13.7
提高粮食等农产品价格	12.4
推动住房刚性需求增长	10.8
促进奢侈品消费	0.8

第六章
企业家在数字化转型中的战略选择与实践推进
（2022年）[①]

近年来，我国数字经济发展非常迅猛，在国家数字经济战略、网络强国战略和国家大数据战略的引领下，中国经济正在经历着从高速度发展向高质量发展，从自然资源密集型向数据资源密集型的转变，数字经济比重已经占到国民经济的38.6%[②]。2021年10月19日，习近平总书记在中国共产党中央委员会政治局第三十四次集体学习时强调：发展数字经济意义重大，是把握新一轮科技革命和产业变革新机遇的战略选择，需要把握数字经济发展趋势和规律，推动我国数字经济健康发展。在这个背景下，传统企业数字化转型成为广受重视的研究和实践课题，其中，既涉及政府政策与企业战略选择之间的关系，也涉及传统企业数字化转型过程中需要解决的企业家认知、战略管理、资源投入、人才培养、技术应用、能力建设和绩效评价等众多复杂问题。因此，深入了解我国传统企业数字化转型的现状和问题，探究其内在特征和规律，对国家制定有针对性的

---

① 课题组执笔人：李兰、董小英、彭泗清、戴亦舒、叶丽莎、王云峰等。

② 数字经济是指"继农业经济、工业经济之后更高级的经济阶段。数字经济是以数字化的知识和信息为关键生产要素、以数字技术创新为核心驱动力，以现代网络为重要载体，通过数字经济与实体经济的深度融合，不断提高传统产业数字化、智能化水平，加速重构经济发展与政府治理模式的新型经济形态"（中国信息通信研究院，2022）。根据2021年世界互联网大会乌镇峰会上发表的由中国网络空间研究院编写的《世界互联网发展报告2021》和《中国互联网发展报告2021》蓝皮书，2020年我国数字经济占GDP比重达38.6%，保持9.7%的增长率，成为稳定经济增长的关键动力。

政策，学术界理解和解决新的管理问题和挑战，企业家把握综合的发展趋势并进行战略决策，具有非常重要的意义和价值。为此，中国企业家调查系统课题组于 2021 年 8—10 月组织实施了"2021·中国企业经营者问卷跟踪调查"，以数字企业模型中的要素和量表为调研框架和指标[①]，从政府数字经济影响与企业数字化转型动力、数字化战略管理和资源配置、数字化组织与人才、数字化技术应用能力与绩效评价、数字化转型企业的自我定位与对标 5 个维度展开。本次调查得到了北京卓越企业家成长研究基金会的支持。

本次调查回收有效问卷 1247 份，调查对象的基本情况见表 6-1。被调查的企业家以男性为主（93.6%），平均年龄 51 岁，其中 55 岁及以上占 35.8%，50～54 岁占 17.9%，45～49 岁占 15.8%，44 岁及以下占 30.5%。从企业家文化程度来看：大专及以上占 88.4%，其中具有本科及以上学历占 56.5%；所学专业以经管类为主，其中管理类占 37.5%，经济类占 21.7%，理工农医类为 20.1%。从企业家现任职务来看，任企业董事长或总经理、厂长、党委书记的占 89.4%，担任其他职务的企业家占 10.6%。

本次调查主要涉及的样本企业基本情况见表 6-2。从行业来看，企业首先集中在制造业，占 50.1%，其次为批发和零售业，建筑业，信息传输、软件和信息技术服务业等。从区位来看，大多数企业分布在东部地区，占 72.7%。从规模来看，调查企业主要为小型企业，占 72.4%。从企业经济类型来看，国有企业占 3.8%，外资企业占 3.0%，民营企业占 81.9%。从企业盈亏情况来看，盈利的企业占 46.6%，亏损的占 26.9%。从生产状况来看，处于正常运作的企业占 75.0%，停产或半停产状态的占 22.7%。从出口类型来看，大多数企业为非出口型企业，占 71.3%，出口型企业占 28.7%。

---

① 董小英，戴亦舒，晏梦灵，等．变数：中国数字企业模型及实践 [M]．北京：北京大学出版社，2020．

表6-1 调查对象基本情况（%）

类别	项目	比例	类别	项目	比例
性别	男	93.6	文化程度	初中或以下	1.9
	女	6.4		中专、高中	9.7
年龄	44岁及以下	30.5		大专	31.9
	45～49岁	15.8		大学本科	41.3
	50～54岁	17.9		硕士	13.4
	55岁及以上	35.8		博士	1.8
	平均年龄/岁	51.0	现任职务	董事长	52.8
所学专业	文史哲法律	8.1		总经理	51.0
	经济	21.7		厂长	2.2
	管理	37.5		党委书记	6.2
	理工农医	20.1		其他	10.6
	其他	12.6	本企业股份所持比重	没有	14.1
本企业工作时间	10年及以下	31.4		10%及以下	8.2
	10～20年	31.4		11%～30%	13.2
	20～30年	23.1		31%～50%	17.3
	30年以上	14.1		51%～99%	36.9
				100%	10.3

注：由于存在职务兼任情况，因此现任职务比例合计大于100%。

表6-2 调查样本基本情况（%）

类别	项目	比例	类别	项目	比例
行业	农林牧渔业	2.2	规模	大型企业	6.7
	采矿业	0.6		中型企业	20.9
	制造业	50.1		小型企业	72.4
	电力、热力、燃气及水的生产和供应业	1.4	经济类型	国有企业	3.8
	建筑业	9.3		外资企业	3.0
	交通运输、仓储和邮政业	3.4		民营企业	81.9
	信息传输、软件和信息技术服务业	4.8	盈亏	盈利企业	46.6
	批发和零售业	9.6		持平企业	26.5
	住宿和餐饮业	1.5		亏损企业	26.9

续表

行业	房地产业	2.9	生产状况	超负荷生产企业	2.3
	租赁和商务服务业	4.7		正常运作企业	75.0
	其他行业	9.5		半停产企业	20.9
区位	东部地区企业	72.7		停产企业	1.8
	中部地区企业	10.3	出口类型	出口型企业	28.7
	西部地区企业	17.0		非出口型企业	71.3
成立年限	10年及以下	28.9	职工人数	50人及以下	43.7
	10~20年	33.3		50~100人	17.5
	20~30年	23.9		100~300人	20.4
	30年以上	13.9		300人以上	18.3
	平均成立年限/年	17.9		平均职工人数/人	478

注：1. 其他行业包括：金融业，科学研究和技术服务业，水利、环境和公共设施管理业，居民服务、修理和其他服务业，教育，卫生和社会工作，文化、体育和娱乐业等行业。
2. 东部地区包括京、津、冀、辽、沪、苏、浙、闽、鲁、粤、桂、琼12省（自治区、直辖市）；中部地区包括晋、蒙、吉、黑、皖、赣、豫、鄂、湘9省（自治区）；西部地区包括渝、蜀、黔、滇、藏、陕、甘、宁、青、新10省（自治区、直辖市）。
3. 由于企业经济类型包括但不限于国有企业、外资企业和民营企业，因此这三者的合计比重小于100%。

  本次调查还根据企业自身的数字化转型程度进行自评，并根据企业认为自身在数字化转型中的进程、参与度和批判性思考能力，将企业定位分为领先者、快速追随者、谨慎采纳者、观望者和怀疑者5种类型。① 其中，5种类型企业的占比分别为：领先者8.8%、快速追随者22.4%、谨慎采纳者36.3%、观望者31.1%、怀疑者1.4%。

  本章的主要结论如下：

---

① 企业的自我定位有多种划分方式。从创新理念或创新方式相较其他企业的时间，可分为领先者、早期采纳者、早期追随者、晚期追随者和滞后者；根据自身数字化转型的成熟度，即利用数字化技术和能力改善流程和创造价值的程度，可分为成熟者、转型进行者和早期采纳者；根据企业面对挑战具备的批判性思考能力和参与度，可分为自我激励者、跟风者、谨慎采纳者、怀疑者。本文结合文献和自2018年以来对企业数字化转型调研数据的分析，采纳了目前的5种概念。

在国家数字经济战略发展与推进的过程中，企业家是重要的领军者、推进者和践行者。调查发现，企业家对数字经济认识深刻，对数字化转型的战略选择理性务实。企业家推动数字化转型的主要内部动力是寻求未来的发展机会和空间，主要外部动力来自客户行为的变化和政府政策的引导。企业家启动数字化转型的首要目标是降本增效。

调查分析发现，企业家对环境、现状和未来看法越积极、越有信心，对数字经济政策关注度越高，对数字化战略和数字化转型重视度越高，对数字化投入也就越多。企业家在数字化能力建设、数据资产管理方面做得越好，对财务绩效和非财务绩效的影响也更正向。

领先者在数字化转型中扮演"领头羊"和"探路者"的角色，它们对数字化战略高度重视，对数字化转型投入更大，行动更快，规划更长远，数字化能力建设成熟度也更高。快速追随者企业紧跟领先者企业步伐，模仿领先者企业相关做法，以期快速复制成功。谨慎采纳者企业和观望者企业在数字化转型中面临的困难更多，参与度较低，怀疑者对数字化转型仍有疑虑，参与度较低或不参与。

在组织保障方面，多数企业将数字化转型作为"一把手工程"，数字化战略地位越高，"一把手"主抓的比例越高。其中，数字化转型主要负责人的关键能力是整体规划和决策。在组织体系上，多数企业未设立专门负责数字化转型的部门，大多数工作交给互联网技术（internet technology，IT）部门等中层职能部门负责，这在组织保障上弱化了数字化整体性和协同性的要求。

在数字化转型投入方面，中小型企业投入普遍不足。多数企业的技术投入集中在管理信息系统，信息化任务尚未完成，处于数字化发展的初级阶段，整体数字化能力建设仍然偏弱。

企业推动数字化转型的主要困难是数字化人才和转型方法论的缺失，小型企业、民营企业数字化转型的困难更加突出。数字化转型是一项专业性较强的工作，涉及战略、技术、业务、项目管理等多个专业，政府、高校、企业和社会组织应就人才培养模式进行统筹规划，推进协同创新。在当前复杂多变的国际局势和经济形势下，企业家要有坚定的信念，加强对数字化转型的长期投入，加速战略领导者、数字化落地推动者等重点人才的选用育留，打造"人才雁阵"。政府、高校、科研机构等应创新开发数字化人才联合培训机制，提供更多的案例研究和公共知识产品。同时，政府在制定数字化转型政策时应更多考虑中小型企业，激励大型企业分享平台能力资源，避免在不同规模的企业中出现"数字鸿沟"。

第一节 企业家对数字化转型的认知、动机与目标

一、企业家积极关注数字经济政策

政府的数字经济政策是引导企业数字化转型的关键外部动力。本次调查了解了企业家对数字经济政策的关注度，调查结果显示：企业家对国内数字化战略和政策的关注度较高（评价值为3.49），同时也会关注国际数字化战略和政策（评价值为3.40）；企业家在转型过程中较为重视与政府部门的沟通联系（评价值为3.45），并与政府相关部门保持密切合作（评价值为3.42）；企业家在制定发展战略的过程中会紧紧跟随政府数字化政策导向（评价值为3.42），同时企业高管会经常讨论政策对企业数字化转型的影响（评价值为3.33）（见表6-3）。调查结果表明，政府政策在一定程度上引导了企业的发展方向，并作用于企业的创新行为与转型结果[1]。值得注意的是，数据反映出企业家对数字化政策的关注度持中立意见的比例在50%左右，

---

[1] 戴亦舒，晏梦灵，董小英. 数字化创新中企业对政策关注与绩效关系研究[J]. 科学学研究，2020，38(11):2068-2076.

说明相当比例的企业经营者对数字经济政策的关注度不够,政策的影响力还有待加强。

表6-3 企业家对数字经济政策的关注度(%)

项 目	非常不同意	不同意	中立	同意	非常同意	评价值
对政府有关数字经济政策的关注度						3.42
密切关注国内数字化战略和政策	1.9	2.9	47.1	41.0	7.1	3.49
保持与政府部门的沟通联系	1.3	4.9	46.8	41.1	5.9	3.45
紧紧跟随政府数字化政策导向	1.6	5.6	47.6	39.3	5.9	3.42
保持与政府相关部门的密切合作	1.6	5.6	48.4	38.0	6.4	3.42
密切关注国际数字化战略和政策	2.0	4.4	51.4	35.9	6.3	3.40
企业高管经常讨论政策对企业数字化转型的影响	2.1	6.4	53.2	33.2	5.1	3.33

注:评价值是由("非常同意"×5+"同意"×4+"中立"×3+"不同意"×2+"非常不同意"×1)/100 计算得出的,最高为5分,最低为1分,分值越大,表示对该说法的认同程度越高,反之则越低。

调查分析发现,快速追随者类型的企业最关注数字经济政策。调查显示,企业的数字化转型自我定位不同,对数字经济政策的关注度有显著差异,其中快速追随者在各方面均表现出对数字经济政策的较高关注度,紧随其后的分别是领先者、谨慎采纳者、观望者、怀疑者(见表6-4)。以上结果表明,政府政策对快速追随者推进数字化转型产生了更大的影响。相比之下,领先者较早启动数字化转型且成熟度较高,很多理念已经付诸实践。

表6-4 不同定位的企业对数字经济政策的关注度(%)

项 目	领先者	快速追随者	谨慎采纳者	观望者	怀疑者	P值
密切关注国内数字化战略和政策	3.57	3.84	3.49	3.25	2.57	0.000
保持与政府部门的沟通联系	3.62	3.77	3.38	3.31	2.43	0.000
紧紧跟随政府数字化政策导向	3.65	3.80	3.37	3.19	2.43	0.000

续表

项目	领先者	快速追随者	谨慎采纳者	观望者	怀疑者	P值
保持与政府相关部门的密切合作	3.61	3.71	3.37	3.26	2.57	0.000
密切关注国际数字化战略和政策	3.54	3.74	3.38	3.19	2.50	0.000
高管经常讨论政策对企业数字化转型的影响	3.62	3.69	3.29	3.06	2.38	0.000

注：P 值表示群体间差异的显著化程度。$P<0.05$，表示判断群体间差异具有统计学意义而不是由误差造成的，可靠性为95%以上，$P<0.01$ 则可靠性达99%以上，依此类推。

二、多数企业家对数字经济关键特征认识清晰

本次调查还了解了企业家对有关数字经济的看法，调查结果（见表6-5）显示，企业家对数字经济的关键特征与核心要素具有较高认同，其中认同最高的依次是：数字化是信息化的高级阶段（评价值为3.66）；数字化转型是企业业务能力的根本改变（评价值为3.49），数字化转型的关键是数据资产（评价值为3.34）。调查表明，大多数企业家清晰意识到数字经济对自身的影响，认识到其对企业能力的根本改变和数据资产开发利用的价值。

表6-5 企业家对数字经济的看法（%）

项目	非常不同意	不同意	中立	同意	非常同意	评价值
我认为数字化是信息化的高级阶段	1.6	4.0	34.8	46.3	13.3	3.66
我认为数字化转型是企业业务能力的根本改变	1.6	8.5	37.7	43.6	8.6	3.49
我认为数字化转型的关键是数据资产	1.7	11.3	45.1	35.5	6.4	3.34
我研究过一些企业"数字化转型"的成功经验	3.1	13.1	54.7	24.8	4.3	3.14

续表

项　目	非常不同意	不同意	中立	同意	非常同意	评价值
我了解国家有关发展"数字经济"的各项政策	2.0	15.3	58.4	21.0	3.3	3.08
我认为数字化转型就是实现办公自动化	4.8	31.3	39.0	21.5	3.4	2.87
我认为数字化转型就是创建在线销售渠道	6.4	29.4	42.0	19.1	3.1	2.83
我认为发展数字经济是互联网企业的事	8.2	42.6	34.8	11.4	3.0	2.58

注：评价值是由（"非常不同意"×1＋"不同意"×2＋"中立"×3＋"同意"×4＋"非常同意"×5）/100计算得出的，最高为5分，最低为1分，分值越大，表示企业家对该说法的认同程度越高，反之则越低。

同时，调查还发现，企业家研究了一些企业数字化转型的成功经验（评价值为3.14），同时也了解了政府发展数字经济的政策（评价值为3.08），但超过半数的企业家对业界成功经验和国家政策持中立态度（54.7%和58.4%）。仍然有相当比例的企业家对国家有关发展"数字经济"的各项政策了解不够，比较了解的比例不足1/4（24.3%）（见表6-5）。

三、数字化转型内生动力与外部压力并存

关于企业启动数字化转型的原因，调查结果显示：企业家寻求未来新的发展机会是推动数字化转型的第一动力（评价值为3.77），展现了企业家主动求变的意愿和对未来发展的积极看法；第二个动力是客户消费行为的数字化与在线化（评价值为3.56），说明消费者的数字化生存倒逼传统企业推动数字化转型；第三个动力是新冠病毒疫情带来的冲击（评价值为3.54），新冠病毒疫情是对数字化生存能力的最佳验证，在疫情期间，具有数字化运营能力的企业恢复速度快、线上销售和服务活跃，展现出了良好的生存和发展能力；第

四个动力是跨行业带来的竞争压力（评价值为3.50），如果与同行业数字化转型进程快（评价值为3.37）做比较，说明企业面临的异业竞争压力大于本行业，特别是消费类互联网企业在衣食住行方面的服务效率，给传统企业的数字化转型造成的压力大于本行业，这一数据在制造业与非制造业上均是显著的。调查结果表明，企业家数字化转型的主要原因是期待未来有更多发展空间，同时受到外部竞争压力的影响，地方政府尚未成为推动企业数字化转型的主导力量（评价值为3.33）（见表6-6）。

表6-6 启动企业数字化转型的原因（%）

项目	非常不同意	不同意	中立	同意	非常同意	评价值
寻求未来新的发展机会	0.9	1.2	30.1	55.4	12.4	3.77
客户消费行为数字化与在线化	0.7	4.2	41.3	45.9	7.9	3.56
新冠病毒疫情带来的冲击	1.1	5.7	41.2	42.4	9.6	3.54
跨行业带来的竞争压力	0.9	5.7	43.7	41.5	8.2	3.50
经营压力和生存压力大	2.0	5.6	41.8	43.6	7.0	3.48
同行业数字化转型进程快	1.2	7.3	50.6	34.8	6.1	3.37
当地政府的推动与要求	1.5	7.1	53.0	33.7	4.7	3.33

注：同表6-5注。

四、数字化转型首要目标是解决内部管理问题

本次调查将企业家启动数字化转型的核心目标主要分为4种类型：内部管理运营、客户服务、企业业绩和提高企业外部竞争力。调查结果显示，企业家启动数字化转型的核心目标是解决内部问题，排名最高的5个目标分别是"提高业务运营效率"（75.9%）、"提高生产制造效率"（54.5%）、"降低经营成本"（49.5%）、"创造新的商业模式"（49.2%）和"抓住未来发展机会"（34.2%）。排名最低的目标是"提高被竞争对手模仿的门槛"（5.4%）。调查结果表明，企业

家推动数字化转型的核心目标聚焦在提升内部管理运营能力和降本增效上,大多数企业家尚未意识到数字化转型对打造能力"护城河"的战略意义(见表6-7)。

表6-7 企业家数字化转型的主要目标(%)

项 目	总体	企业规模			经济类型			行业	
		大型企业	中型企业	小型企业	国有企业	外资企业	民营企业	制造业	非制造业
提高业务运营效率	75.9	84.4	77.1	74.8	68.1	75.0	76.4	73.4	78.4
提高生产制造效率	54.5	49.4	56.5	54.4	57.4	75.0	53.4	69.5	39.1
降低经营成本	49.5	58.4	53.8	47.5	42.6	47.2	49.9	51.2	47.8
创造新的商业模式	49.2	48.1	47.4	49.9	68.1	66.7	49.2	42.6	56.1
抓住未来发展机会	34.2	33.8	41.5	32.1	40.4	33.3	34.9	34.8	33.5
推动产品或服务的数字化	33.4	44.2	34.0	32.3	36.2	27.8	33.6	31.0	35.9
提高企业收入	29.8	18.2	23.3	32.8	21.3	33.3	29.8	27.9	31.8
提高客户满意度	29.0	40.3	31.2	27.3	21.3	36.1	29.7	29.5	28.4
提高企业服务能力	27.0	35.1	30.8	25.1	42.6	22.2	27.2	23.1	31.0
加快产品服务推出速度	25.5	20.8	19.4	27.7	21.3	16.7	25.8	25.6	25.3
提高环境适应能力	17.0	13.0	19.0	16.8	19.1	25.0	17.3	16.7	17.3
发展新的组织结构	13.1	22.1	15.4	11.7	19.1	8.3	13.2	10.2	16.2
提高被竞争对手模仿的门槛	5.4	3.9	5.1	5.6			5.3	6.3	4.4

从企业规模看,大、中、小型企业领导人的核心目标都是"提高业务运营效率"(84.4%、77.1%、74.8%)。对不同规模企业的比较分析表明,大型企业领导人更注重"降低经营成本"(58.4%)、中型企业领导人希望"抓住未来发展机会"(41.5%),小型企业领导人希望"创造新的商业模式"(49.9%)、"提高企业收入"(32.8%)。从企业性质看:国有企业和外资企业希望"推动产品或服务的数字化"(分别为36.2%和27.8%)、"创造新的商业模式"(分别为68.1%和

66.7%）；国有企业注重"抓住未来发展机会"（40.4%）、"提高企业服务能力"（42.6%）；外资企业追求"提高生产制造效率"（75.0%）、"提高环境适应能力"（25.0%）和"提高客户满意度"（36.1%）；民营企业追求"降低经营成本"（49.9%）、"加快产品服务推出速度"（25.8%），"提高被竞争对手模仿的门槛"（5.3%）。

五、数字化战略在企业战略中的地位有待提升

在信息化时代，信息战略与企业战略的关系多数是从属性关系，信息战略制定以IT部门为主，目标是赋能业务并支持企业战略的实现，信息战略关注的重点是特定流程、局部环节和对内融合。在数字化时代，数字化技术应用范围迅速扩大，越来越深入地融合到企业整体运营和商业模式中，并与企业未来的生存发展能力密切相关。因此，数字化战略从关注局部上升到关注全局，与企业战略的关系也随之发生变化。

关于企业家对数字化战略重要性的判断，调查结果显示，超过半数的企业"尚未制定明确的数字化战略"（54.4%），近1/3的企业认为"数字化战略与企业核心战略同等重要"（32.1%），认为"数字化战略是企业全局的战略核心"的企业不到一成（9.4%）。分组来看，大型企业负责人对数字化战略重要性的认知明显高于中小型企业，国有企业和民营企业的负责人在数字化战略重要性的认知上超过外资企业，国有企业负责人在这方面的认知分化较严重（见表6-8）。

调查发现，当地政府数字化试点企业对数字化战略的重视程度明显高于非试点企业。在1247个样本企业中，数字化试点企业有429家，占比34.4%。这些企业中认为"数字化战略与企业核心战略同等重要"的占比57.5%；超过八成的企业制定了明确的数字化战略；相同指标下非试点企业中持有相同看法的占比30.2%，且半数以上"尚未制定明确的数字化战略"（57.1%）。

表6-8 企业家对数字化战略重要性的判断（%）

不同分组	尚未制定明确的数字化战略	数字化战略与企业核心战略同等重要	数字化战略是企业全局的战略核心	数字化战略与企业核心战略无关
总体	54.4	32.1	9.4	4.1
大型企业	30.4	55.6	8.9	5.1
中型企业	47.6	39.7	9.5	3.2
小型企业	58.6	27.7	9.4	4.3
国有企业	51.1	31.1	17.8	
外资企业	63.8	27.8	5.6	2.8
民营企业	54.5	32.1	9.1	4.3
制造业	53.3	34.6	8.3	3.8
非制造业	55.5	29.6	10.5	4.4
当地政府数字化试点企业	18.4	57.5	18.4	5.7
非当地政府数字化试点企业	57.1	30.2	8.7	4.0

调查分析发现：领先者和快速追随者对数字化战略重要性的认知明显高于谨慎采纳者、观望者和怀疑者；超半数的领先者和快速追随者将数字化战略视为企业全局战略核心，或与核心战略同等重要。调查结果显示：领先者认为"数字化战略是企业全局的战略核心"的比例最高，占比21.4%，其次为快速追随者，占比14.9%，而谨慎采纳者和观望者占比均不足10%；快速追随者认为"数字化战略与企业核心战略同等重要"的比例最高，占比55.7%，领先者和谨慎采纳者的比例也相对较高，分别占比33.0%和36.0%；大多数的谨慎采纳者、观望者、怀疑者"尚未制定明确的数字化战略"，占比分别为53.1%、78.8%和92.9%（见表6-9）。

相关分析表明，对环境、现状和未来发展越积极、越有信心的企业家，对数字经济政策关注度越高，越重视数字化战略和数字化转型。调查结果显示，企业家对数字经济政策的关注度与数字化战略在企业中的重要性呈正相关关系（相关系数 $r=0.328$，在 0.01 水平上显著）；这意味着企业家对政府数字经济政策关注度越高，数字化战略在企业内的重要性越强。企业家对宏观形势的看法与数字化战略与其对数字经济政策的关注度之间呈现正相关关系（相关系数分别为 0.074 和 0.113），说明企业家对宏观形势判断越积极越乐观，对数字经济政策的关注度越高，数字化战略在企业中的重要性越高。企业数字化转型还与其对自身状态满意度有关，对自身现状的总体感受越好，数字化战略重要性越强。同时，企业家对企业现状的总体感受与数字化战略地位、对数字经济政策的关注度也呈正相关关系（相关系数分别为 0.061 和 0.158）。企业家对下一阶段经营发展的信心与数字化战略、其对数字经济政策的关注度也呈现正相关关系（相关系数分别为 0.147 和 0.238），说明企业家对企业未来越有信心，其对数字经济政策的关注度越高，数字化战略的重要性越高。数据还显示，新冠病毒疫情对企业数字化战略和企业家对数字经济政策的关注度之间相关性不显著（见表6-10）。

表6-9　不同定位企业对数字化战略重要性的判断（%）

项　　目	领先者	快速追随者	谨慎采纳者	观望者	怀疑者
尚未制定明确的数字化战略	34.9	26.0	53.1	78.8	92.9
数字化战略与企业核心战略同等重要	33.0	55.7	36.0	13.1	0.0
数字化战略是企业全局的战略核心	21.4	14.9	7.6	4.2	0.0
数字化战略与企业核心战略无关	10.7	3.4	3.3	3.9	7.1

表6-10 数字化战略重要性与外界环境因素的相关性（%）

项目	数字化战略在企业中的重要性	对政府有关数字经济政策的关注度	对宏观形势的看法	新冠病毒疫情对企业市场形势影响	对企业现状的总体感受	对企业下一阶段经营发展的信心
数字化战略在企业中的重要性	1					
对政府有关数字经济政策的关注度	0.328**	1				
对宏观形势的看法	0.074*	0.113**	1			
新冠病毒疫情对企业市场形势影响	0.003	-0.031	0.142**	1		
对企业现状的总体感受	0.061*	0.158**	0.363**	0.202**	1	
对企业下一阶段经营发展的信心	0.147**	0.238**	0.336**	0.141**	0.572**	1

注：表中数据为相关系数，** 代表 $P \leqslant 0.01$；* 代表 $P \leqslant 0.05$。

六、六成企业未制定明确的数字化战略

尽管部分企业家认为数字化转型战略是企业全局战略的核心，但这仅仅反映了认识层面对数字化转型的看法，这一看法能否转化为企业战略、资源配置和实际行动，还需要进一步调研。调查结果显示，在战略中明确提及数字化转型的企业占比36.1%，未提及这一概念的企业占比63.9%，其中大型企业、国有企业和制造业企业在战略中明确提及数字化转型的比例相对较高（见表 6-11）。

调查分析发现，领先者数字化转型时间更长，观望者更多将数字化转型视为未来战略发展方向。调查结果显示：27.5% 的领先者提

出数字化战略的时间为 5 年及以上，该比例明显高于其他类型的企业；38.5% 的观望者在未来的战略规划中明确提出即将要开展数字化转型，该比例明显高于其他类型的企业，怀疑者填表数据比重不足 0.5%（见表 6-12）。

表6-11 在企业战略中是否明确提出数字化转型（%）

不同分组	是	否
总体	36.1	63.9
大型企业	60.5	39.5
中型企业	42.5	57.5
小型企业	32.1	67.9
国有企业	48.9	51.1
外资企业	32.4	67.6
民营企业	34.9	65.1
制造业	40.7	59.3
非制造业	31.4	68.6

表6-12 不同定位的企业在企业战略中明确提出数字化转型的具体时间（%）

不同分组	1年及以内	2~5年	6~10年	10年以上	2021年之后
总体	29.8	38.8	6.5	5.5	19.4
领先者	25.0	37.5	10.0	17.5	10.0
快速追随者	32.1	35.8	9.2	5.3	17.6
谨慎采纳者	28.8	46.4	3.2	2.4	19.2
观望者	30.8	23.1	3.8	3.8	38.5
怀疑者					

注：最后一行数据为空，表示答题者未回答此题。

第二节 企业数字化转型的组织保障与战略投入

一、多数企业将数字化转型作为"一把手工程"

关于企业主抓数字化转型的关键负责人，调查结果显示，企业数字化转型的关键负责人中，总经理或首席执行官（chief executive officer，CEO）占比39.7%，董事长占比25.3%，IT部门负责人占比9%，首席信息官（chief information officer，CIO）占比3.6%（见表6-13）。调查结果表明，"一把手工程"成为数字化转型中的主要领导模式，首席信息官缺位明显，这或许与本次调研中样本主要为中小型企业有关。大企业"一把手工程"的特征更明显，国有企业董事长亲自推进的比例相对更高。

表6-13 企业主抓数字化转型的负责人（%）

负责人	总体	规模			经济类型			行业	
		大型企业	中型企业	小型企业	国有企业	外资企业	民营企业	制造业	非制造业
总经理或首席执行官	39.7	30.1	41.5	40.0	30.4	36.3	40.4	42.2	37.3
董事长	25.3	27.4	22.5	26.0	32.7	15.2	25.6	23.4	27.3
IT部门负责人	9.0	8.2	11.3	8.4	6.5	12.1	8.8	9.7	8.2
副总裁	3.8	15.1	4.6	2.6	10.9	3.0	3.8	5.2	2.4
首席信息官	3.6	11.0	3.8	2.9		15.2	3.5	4.2	3.0
首席技术官	2.7	6.8	4.2	1.9	13.0		2.4	3.3	2.1
首席数字官	0.7		1.3	0.6	2.2	3.0	0.6	0.5	0.9
首席数据官	0.3		0.8	0.1			0.3	0.2	0.3
其他	14.9	1.4	10.0	17.5	4.3	15.2	14.6	11.3	18.5

领先者企业"一把手"主抓数字化转型的比例最高，快速追随者紧随其后，怀疑者最低。调查结果显示：在领先者中，董事长负责推进数字化转型的比例为44.1%，总经理或首席执行官的比例为39.2%；在快速追随者中，董事长负责推进数字化转型的比例为26.7%，总经理或首席执行官的比例为42.4%；怀疑者较少有"一把手"负责数字化转型，总经理或首席执行官的比例为30.8%（见表6-14）。

表6-14 不同定位的企业主抓数字化转型的负责人（%）

负责人	总体	领先者	快速追随者	谨慎采纳者	观望者	怀疑者
总经理或首席执行官	39.7	39.2	42.4	42.2	35.7	30.8
董事长	25.3	44.1	26.7	21.1	24.1	
IT部门负责人	9.0	5.9	6.5	12.3	8.1	
副总裁	3.8	1.0	8.0	3.6	2.0	
首席信息官	3.6		6.5	4.6	1.4	
首席技术官	2.7	1.0	3.1	3.6	1.7	7.7
首席数字官	0.7		1.1	0.7	0.6	
首席数据官	0.3				0.9	
其他	14.9	8.8	5.7	11.9	25.5	61.5

二、数字化转型负责人的关键能力是整体规划

数字化转型涉及企业全要素、全流程和全价值链，统筹全面尤为重要。调查结果显示，企业家认为在数字化转型负责人的关键能力中，"整体规划能力"（评价值为4.03）和"判断决策能力"（评价值为4.02）最重要，"有效沟通能力"（评价值为3.98）、"技术推进能力"（评价值为3.97）、"多方协作能力"（评价值为3.96）、"环境适应能力"（评价值为3.77）也是数字化转型负责人必须具备的核心能力（见表6-15）。

表6-15 数字化转型负责人的关键能力（%）

关键能力	非常不重要	较不重要	中立	较重要	非常重要	评价值
整体规划能力	1.0	0.8	21.1	48.7	28.4	4.03
判断决策能力	1.0	1.1	22.5	46.1	29.3	4.02
有效沟通能力	0.8	1.3	22.5	49.8	25.6	3.98
技术推进能力	1.1	0.9	22.9	50.1	25.0	3.97
多方协作能力	0.7	1.4	23.6	50.2	24.1	3.96
环境适应能力	1.1	2.3	30.5	50.4	15.8	3.77

注：评价值是由（"非常不重要"×1＋"较不重要"×2＋"中立"×3＋"较重要"×4＋"非常重要"×5)/100计算得出的，最高为5分，最低为1分，分值越大，表示该项能力越重要，反之则越不重要。以下同。

调查分析发现,快速追随者企业对数字化负责人的能力要求更高。快速追随者认为,在数字化转型负责人的关键能力中,"整体规划能力"(评价值为4.21)、"判断决策能力"(评价值为4.19)、"有效沟通能力"(评价值为4.16)、"多方协作能力"(评价值为4.15)、"技术推进能力"(评价值为4.08)均是很重要的能力,"环境适应能力"(评价值为3.94)也较为关键,快速追随者在数字化转型负责人能力上的高要求从侧面反映出其数字化转型处在加速拓展阶段,负责人需要统领全局,快速推进(见表6-16)。

表6-16 不同定位的企业数字化负责人的关键能力(%)

关键能力	领先者	快速追随者	谨慎采纳者	观望者	怀疑者	P值
整体规划能力	3.95	4.21	4.11	3.84	3.13	0.000
判断决策能力	3.89	4.19	4.11	3.85	3.13	0.000
有效沟通能力	3.94	4.16	4.05	3.80	3.13	0.000
技术推进能力	3.88	4.08	4.07	3.83	3.13	0.000
多方协作能力	3.86	4.15	4.04	3.77	3.07	0.000
环境适应能力	3.65	3.94	3.81	3.67	3.00	0.000

注:同表6-4注。

三、负责数字化转型部门的专业性和地位尚待提升

是否设立了专门负责数字化转型的部门,对企业数字化转型的落地至关重要。调查结果显示,仅有25.8%的企业设立了专门的数字化转型部门,没有设立数字化转型部门的企业占74.2%(见表6-17)。多数企业将数字化转型工作交给中层职能部门负责,通常由业务部门或IT部门负责,较少上升到高层或集团层面,组织保障力度有限。从企业规模看,大中型企业数字化转型工作主要由IT部门负责,小型企业由业务部门负责,影响了数字化转型中的专业性(见表6-18)。

表6-17 企业是否有负责数字化转型的部门（%）

不同分组	有	没有
总体	25.8	74.2
大型企业	70.3	29.7
中型企业	39.1	60.9
小型企业	18.1	81.9
国有企业	50.0	50.0
外资企业	34.3	65.7
民营企业	24.3	75.7
制造业	30.8	69.2
非制造业	20.7	79.3

表6-18 企业具体负责数字化转型的部门（%）

不同分组	企业IT职能部门	企业业务职能部门	成立专门的数字化转型部门或委员会	外包给第三方数字合作伙伴	成立独立的数字化子公司
总体	32.9	29.9	17.8	14.1	5.3
大型企业	44.0	24.0	22.0	4.0	6.0
中型企业	46.0	22.4	15.3	11.2	5.1
小型企业	21.2	36.6	17.9	19.2	5.1
国有企业	33.3	28.6	19.0	4.8	14.3
外资企业	61.5		15.4	15.4	7.7
民营企业	31.5	34.1	16.6	14.0	3.8
制造业	30.9	30.4	21.0	15.5	2.2
非制造业	35.7	29.3	13.0	12.2	9.8

具体来看，国有企业在企业战略管理层面成立专门的数字化转型部门或委员会的比例略多（19.0%），成立独立的数字化子公司比例较多（14.3%），较少选择外包给第三方数字合作伙伴（4.8%）。外资企业主要由IT职能部门负责数字化转型的实施（61.5%），说明外资企业的专业化程度高、技术资源能力强；民营企业较少成立独立的数字化子公司（3.8%）。制造业企业涉及智能制造等多个领域，更多成立专门数字化转型部门或委员会统筹管理（见表6-18）。

调查分析发现：领先者在企业战略管理层面成立专门的数字化转型部门或委员会的比例较多（33.3%），快速追随者更多由企业IT职能部门负责（37.9%），谨慎采纳者更多由企业业务职能部门负责（40.0%）；在所有类型企业中，领先者将数字化转型部门衍生为单独的数字化子公司的比例最高（16.7%），这种模式有助于数字化转型部门具有内部创业的特征，观望者将数字化转型外包给第三方数字合作伙伴的比例最高（23.5%）（见表6-19）。

表6-19 不同定位的企业具体负责数字化转型的部门（%）

不同分组	IT职能部门	业务职能部门	成立专门的数字化转型部门或委员会	外包给第三方数字合作伙伴	成立独立的数字化子公司	P值
总体	32.9	29.9	17.8	14.1	5.3	0.000
领先者	21.4	16.7	33.3	11.9	16.7	
快速追随者	37.9	25.0	25.0	10.6	1.5	
谨慎采纳者	31.8	40.0	4.5	18.2	5.5	
观望者	29.4	29.4	11.8	23.5	5.9	
怀疑者						

四、中小型企业数字化转型资金投入普遍不足

数字化转型投入资金是考察企业数字化转型行动的最真实指标。调查结果显示，数字化转型中没有投入资金的企业占比50.7%，数字化转型投入在100万元以下占比33.8%，数字化转型的投入在100万～500万元的企业占比9.6%，投入在500万～1000万元的企业仅占比2.7%，1000万～5000万元的企业占比2.5%，投入在5000万元以上的仅占比0.7%（见表6-20）。数字化转型资金投入较大的均为大型企业，中小企业数字化转型的资金投入严重不足，1/3以上的企业数字化资金投入在100万元之内，超半数企业没有投入资金。

表6-20 企业数字化转型投入情况（%）

不同分组	没有	100万元以下	100万～500万元	500万～1000万元	1000万～5000万元	5000万元以上
总体	50.7	33.8	9.6	2.7	2.5	0.7
大型企业	10.0	21.3	36.1	11.3	18.8	2.5
中型企业	36.3	36.0	16.2	6.3	4.0	1.2
小型企业	58.6	34.3	5.3	0.9	0.6	0.3
国有企业	34.0	27.7	10.6	12.8	14.9	
外资企业	50.0	27.8	11.1	8.3	2.8	
民营企业	51.2	35.0	9.3	2.1	1.9	0.5
制造业	44.7	35.1	11.7	4.4	3.3	0.8
非制造业	56.9	32.5	7.4	1.0	1.7	0.5

调查结果显示：领先者企业中，投入在1000万元及以上的企业占比为8.7%，快速追随者紧随其后，占比为8.0%，其他类型的企业均占比非常少；快速追随者的数字化资金投入较大，且主要集中在1000万元以下，其中投入在100万元以下的企业占比为47.6%，投入在100万～500万元的企业占比为17.6%，投入在500万～1000万元的企业占比为5.0%；谨慎采纳者在数字化投入上也很谨慎，主要集中在100万元以下，占比为44.5%；观望者和怀疑者多数在数字化转型中没有投入资金，占比分别为83.3%和86.7%（见表6-21）。调查结果表明，领先者的数字化资金投入超过1000万元的比例更大，快速追随者的数字化资金投入主要集中在1000万元以内，谨慎采纳者的数字化资金投入主要集中在100万元以下，观望者和怀疑者多数在数字化转型中没有投入资金。

表6-21 不同定位的企业数字化转型投入情况（%）

不同分组	没有	100万元以下	100万～500万元	500万～1000万元	1000万～5000万元	5000万元以上
总体	50.7	33.8	9.6	2.7	2.5	0.7
领先者	34.9	28.2	24.3	3.9	6.8	1.9

续表

不同分组	没有	100万元以下	100万~500万元	500万~1000万元	1000万~5000万元	5000万元以上
快速追随者	21.8	47.6	17.6	5.0	6.1	1.9
谨慎采纳者	40.8	44.5	9.7	3.3	1.7	
观望者	83.3	15.7	0.5	0.5		
怀疑者	86.7	13.3				

相关分析表明，企业对数字化战略越重视，对数字化转型投入的资金越多。从相关分析来看，数字化战略与企业数字化转型投入之间呈现正相关关系（相关系数 $r=0.397$，在 0.01 水平上显著），说明企业对数字化的战略认知对其采取的行动至关重要。

第三节　数字化能力建设及对绩效的影响

一、数字化实现程度越好，对价值链覆盖越全面

数字化的实现程度重点反映在企业各业务环节和职能部门利用数字化技术的水平和能力，如研发、制造、决策、营销、客户体验、合作协作和办公等环节。数字化涵盖价值链各环节越全面，数字化实现程度越好。从发展趋势看，数字化应包含企业运营的全要素、全流程和全价值链。

调查分析发现，不同定位的企业在企业数字化实现程度上存在显著差异。总体而言，领先者数字化实现程度最高，贯穿价值链全流程，快速追随者在内部办公管理沟通上更胜一筹。具体来看，领先者的数字化实现程度最高（评价值为 3.40），其次依次是快速追随者（评价值为 3.30）、谨慎采纳者（评价值为 2.87）、观望者（评价值为 2.51）和怀疑者（评价值为 1.92）（见表 6-22）。

表6-22 不同定位企业的数字化实现程度（%）

项目	领先者	快速追随者	谨慎采纳者	观望者	怀疑者	P值
总体	3.40	3.30	2.87	2.51	1.92	
内部办公管理沟通	3.51	3.57	3.13	2.69	2.47	0.000
产品服务销售营销	3.48	3.42	2.89	2.51	2.14	0.000
客户服务交互体验	3.44	3.32	2.88	2.58	1.93	0.000
企业经营决策制定	3.40	3.28	2.89	2.55	1.71	0.000
客户潜在需求识别	3.37	3.26	2.86	2.54	1.71	0.000
合作伙伴协作运营	3.30	3.17	2.85	2.55	1.86	0.000
生产制造流程运作	3.39	3.18	2.80	2.36	1.79	0.000
产品服务研发创新	3.29	3.16	2.66	2.33	1.71	0.000

注：同表6-4注。

二、数字化能力与数据管理能力密切相关

企业数字化能力主要体现在数据采集、集成和分析应用3个方面[①]，调查结果显示，目前企业这3个方面的能力普遍较弱，企业内部数据整合能力优于外部数据整合能力。具体来看，当前企业的数据采集能力较弱（评价值为2.79），其中对产品数据（评价值为2.85）和运营数据（评价值为2.81）的采集较好于对生产数据（评价值为2.74）和客户数据（评价值为2.77）。企业的数据集成能力也较弱（评价值为2.73），其中企业内部各系统互联互通（评价值为2.91）较好于企业访问合作伙伴IT系统中的数据（评价值为2.54），快速整合各类数据的能力仍然不足（评价值为2.76）。企业的数据分析应用能力仍然较弱（评价值为2.86），其中"基于数据掌握企业经营状况"（评价值为2.93）较好于"基于数据快速响应市场变化"（评价值为2.81）和"基于数据提升企业绩效"（评价值为2.83）（见表6-23）。

---

① 根据北京大学研究团队的相关研究，将企业数字化能力细分为3个能力，分别为：数据采集能力、数据集成能力、数据分析应用能力（戴亦舒等，2018）。

表6-23 企业数字化能力评估（%）

企业数字化能力	非常弱	比较弱	中立	比较强	非常强	评价值
数据采集能力						2.79
采集足够多的生产数据	11.4	25.9	42.4	18.1	2.2	2.74
采集足够多的客户数据	10.2	25.1	45.2	16.7	2.8	2.77
采集足够多的产品数据	9.1	23.4	44.0	20.2	3.3	2.85
采集足够多的运营数据	9.4	24.0	45.3	18.7	2.6	2.81
数据集成能力						2.73
内部各系统互联互通	8.2	20.2	46.8	22.5	2.3	2.91
快速整合各类数据	9.7	25.2	47.0	15.8	2.3	2.76
访问合作伙伴IT系统中的数据	14.2	30.6	43.7	9.7	1.8	2.54
数据分析应用能力						2.86
基于数据掌握企业经营状况	8.5	18.9	46.5	23.5	2.6	2.93
基于数据快速响应市场变化	9.4	22.5	48.0	17.8	2.3	2.81
基于数据提升企业绩效	9.4	22.1	46.5	19.7	2.3	2.83

注：评价值是由（"非常弱"×1＋"比较弱"×2＋"中立"×3＋"比较强"×4＋"非常强"×5）/100计算得出的，最高为5分，最低为1分，分值越大，表示企业该项能力越强，反之则越弱。

调查分析发现，相对而言，领先者和快速追随者数字化能力更高，在3个能力上均有优势，怀疑者在各项维度上均明显低于其他企业。具体来看，不同定位的企业在数据采集能力、数据集成能力、数据分析应用能力上存在显著差异，且呈现明显规律性。领先者在3种能力的各项维度中得分最高（评价值分别为3.39、3.32和3.45），快速追随者次之（评价值分别为3.21、3.13和3.29），最后分别是谨慎采纳者（评价值分别为2.82、2.72和2.85）、观望者（评价值分别为2.34、2.36和2.44），怀疑者得分最低（评价值分别为1.72、1.53和1.47）（见表6-24）。

表6-24　不同定位企业现阶段数字化能力（%）

企业数字化能力	领先者	快速追随者	谨慎采纳者	观望者	怀疑者	P值
数据采集能力	3.39	3.21	2.82	2.34	1.72	
采集足够多的生产数据	3.35	3.15	2.79	2.25	1.81	0.000
采集足够多的客户数据	3.39	3.19	2.75	2.35	1.67	0.000
采集足够多的产品数据	3.40	3.28	2.89	2.39	1.73	0.000
采集足够多的运营数据	3.41	3.22	2.84	2.36	1.67	0.000
数据集成能力	3.32	3.13	2.72	2.36	1.53	
内部各系统互联互通	3.47	3.39	2.90	2.46	1.53	0.000
快速整合各类数据	3.36	3.17	2.73	2.38	1.53	0.000
访问合作伙伴IT系统中的数据	3.14	2.83	2.53	2.24	1.53	0.000
数据分析应用能力	3.45	3.29	2.85	2.44	1.47	
基于数据掌握企业经营状况	3.47	3.37	2.95	2.49	1.47	0.000
基于数据快速响应市场变化	3.45	3.23	2.79	2.40	1.47	0.000
基于数据提升企业绩效	3.43	3.27	2.82	2.42	1.47	0.000

注：同表6-4注。

三、数字化转型已对企业运营和市场绩效产生积极影响

数字化转型是一项战略投资，能力建设至关重要。对于多数传统企业来说，数字化技术与核心业务的深度融合，需要较长时间和较多资金投入，使绩效显性（特别是财务绩效）具有一定的延迟性。在数字化能力建设中，需设立综合绩效考核体系才能全面展现数字化转型的商业价值。例如，运营绩效反映企业内部管理能力的改善，

市场绩效反映对外客户服务能力的改善，财务绩效反映企业数字化转型投入产出的价值。

调查分析发现，企业数字化转型对非财务绩效带来部分提升，对财务绩效的正向作用尚未完全呈现，大型企业数字化转型的积极作用更明显。具体来看，大型企业的财务绩效（评价值为3.39）和市场绩效（评价值为3.56）相比于中型企业和小型企业来说提升相对明显，大型企业（评价值为3.63）和中型企业（评价值为3.65）在运营绩效上相对于小型企业提升相对明显（见表6-25）。

表6-25 不同规模、性质及行业的企业2020年数字化转型绩效指标（%）

数字化转型绩效	企业规模				性质				行业		
	大型企业	中型企业	小型企业	P值	国有企业	外资企业	民营企业	P值	制造业	非制造业	P值
运营绩效	3.63	3.65	3.45		3.50	3.44	3.51		3.52	3.48	
客户服务效率	3.63	3.64	3.47	0.001	3.52	3.49	3.52	0.963	3.53	3.51	0.614
业务流程效率	3.43	3.35	3.23	0.006	3.45	3.06	3.27	0.032	3.30	3.25	0.217
运营管理效率	3.67	3.64	3.43	0.000	3.49	3.40	3.49	0.751	3.53	3.45	0.095
市场绩效	3.56	3.45	3.35		3.45	3.32	3.38		3.41	3.36	
新产品/服务推出的速度	3.59	3.46	3.36	0.004	3.45	3.34	3.39	0.784	3.43	3.36	0.118
新产品/服务品类的数量	3.59	3.45	3.35	0.003	3.45	3.37	3.39	0.815	3.42	3.36	0.173
新产品/服务的市场占有率	3.63	3.64	3.47	0.001	3.52	3.49	3.52	0.963	3.53	3.51	0.614
财务绩效	3.39	3.29	3.21		3.33	3.09	3.24		3.25	3.23	
总销售额	3.49	3.34	3.25	0.010	3.47	3.09	3.28	0.046	3.32	3.26	0.192
客户数量	3.47	3.36	3.25	0.007	3.36	3.11	3.29	0.245	3.29	3.29	0.931
市场份额	3.43	3.35	3.23	0.006	3.45	3.06	3.27	0.032	3.30	3.25	0.217
经营成本	3.50	3.44	3.33	0.019	3.47	3.26	3.37	0.355	3.38	3.35	0.464

调查分析还发现，快速追随者数字化转型绩效提升作用最明显，其次是领先者和谨慎采纳者，尚未进行转型的观望者和怀疑者经营业绩没有明显变化。具体来看，快速追随者认为数字化转型对企业

发展指标的提升作用最大（评价值为3.67），其次是领先者（评价值为3.59）和谨慎采纳者（评价值为3.39），观望者和怀疑者由于尚未进行数字化转型，对数字化转型给企业经营带来的影响缺乏感知，评价值分别为3.15和2.78。具体来看，快速追随者在大部分维度上均表现较佳，领先者在"经营成本"上（评价值为3.19）略优于快速追随者（评价值为3.18），在"新产品/服务的市场占有率"上与快速追随者持平（评价值为3.63），在其他发展指标维度上略次于快速追随者。领先者在技术应用成熟后，绩效增长趋向稳定（见表6-26）。

表6-26　不同定位企业的2020年数字化转型绩效指标（%）

数字化转型绩效指标	领先者	快速追随者	谨慎采纳者	观望者	怀疑者	P值
总　　体	3.59	3.67	3.39	3.15	2.78	
新产品/服务推出的速度	3.61	3.65	3.41	3.15	2.88	0.000
新产品/服务品类的数量	3.56	3.68	3.40	3.14	2.81	0.000
新产品/服务的市场占有率	3.63	3.63	3.34	3.15	2.88	0.000
客户服务效率	3.71	3.83	3.52	3.24	2.87	0.000
业务流程效率	3.66	3.84	3.51	3.23	2.87	0.000
运营管理效率	3.62	3.78	3.52	3.22	2.87	0.000
总销售额	3.47	3.53	3.28	3.09	2.56	0.000
客户数量	3.52	3.55	3.26	3.09	2.63	0.000
市场份额	3.50	3.52	3.25	3.08	2.63	0.000
经营成本	3.19	3.18	3.13	3.07	2.69	0.089

注：同表6-4注。

四、数字化战略及能力建设与绩效显著正相关

调查分析发现，企业数字化转型战略重要性越强、数字化转型投入越多、数字化能力越突出、数据资产管理能力越好，财务绩效和非财务绩效提升越多。从相关分析中来看：数字化战略重要

性与财务绩效、运营绩效和市场绩效显著正相关（相关系数分别为0.238、0.276、0.271）；数字化转型投入与财务绩效、运营绩效和市场绩效显著正相关（相关系数分别为0.256、0.312、0.264）；数据采集能力与财务绩效、运营绩效和市场绩效显著正相关（相关系数分别为0.313、0.325、0.297）；数据集成能力与财务绩效、运营绩效和市场绩效显著正相关（相关系数分别为0.301、0.291、0.293）；数据分析应用能力与财务绩效、运营绩效和市场绩效显著正相关（相关系数分别为0.330、0.354、0.341）；数据资产管理支持与财务绩效、运营绩效和市场绩效显著正相关（相关系数分别为0.232、0.237、0.279）；数据资产管理水平与财务绩效、运营绩效和市场绩效显著正相关（相关系数分别为0.262、0.189、0.248）（见表6-27）。

表6-27 数字化转型绩效指标与数字化战略重要性等因素的相关性（%）

项目	财务绩效	运营绩效	市场绩效	数字化战略重要性	数字化转型投入	数据采集能力	数据集成能力	数据分析应用能力	数据资产管理支持	数据资产管理水平
数字化转型绩效	1									
数字化转型效率	0.676**	1								
数字化转型成果	0.707**	0.768**	1							
数字化战略重要性	0.238**	0.276**	0.271**	1						
数字化转型投入	0.256**	0.312**	0.264**	0.397**	1					
数据采集能力	0.313**	0.325**	0.297**	0.255**	0.331**	1				
数据集成能力	0.301**	0.291**	0.293**	0.254**	0.243**	0.805**	1			
数据分析应用能力	0.330**	0.354**	0.341**	0.254**	0.318**	0.796**	0.870**	1		
数据资产管理支持	0.232**	0.237**	0.279**	0.235**	0.362**	0.266**	0.251**	0.278**	1	
数据资产管理水平	0.262**	0.189*	0.248**	0.204**	0.231**	0.235**	0.286**	0.273**	0.822**	1

注：表中数据为相关系数。** 表示 $P \leq 0.01$，* 表示 $P \leq 0.05$。

第四节　企业数字化转型的问题及对策建议

一、多数企业信息化建设尚未完成，数字化转型处于初级阶段

关于企业当前数字化技术的建设重点，调查结果显示，总体上企业数字化技术建设重点排在第一位的是"管理信息系统"（56.1%），说明多数企业仍致力于信息化建设，为数字化转型打好基础。多数企业数字化转型从数据资源利用和平台资源整合两个方面切入，"大数据分析与应用"（46.3%）和"平台建设"（37.7%），仍然处在较为初级的转型阶段；除此之外，企业在"人工智能"（33.6%）、"机器人/自动化技术"（31.0%）、"数据中心/数据中台"（28.2%）、"网络安全技术"（20.7%）、"物联网"（20.5%）开始布局建设，说明多数企业仍在不断深化数字化转型。其中，大型企业对管理信息系统建设重点占比高达78.4%，对大数据分析与应用的建设重点占比为63.5%，对平台建设的建设重点占比为45.9%。国有企业数字化技术建设重点排在第一位的是"大数据分析与应用"（69.6%），明显高于外资企业与民营企业；外资企业显示出对"机器人/自动化技术"（48.6%）和"物联网"（25.7%）的偏爱。制造业企业更加关注"机器人/自动化技术"（46.5%）（见表6-28）。

表6-28　企业当前数字化技术的建设重点（%）

数字化技术	总体	企业规模			经济类型			行业	
		大型企业	中型企业	小型企业	国有企业	外资企业	民营企业	制造业	非制造业
人工智能	33.6	31.1	34.6	33.5	34.8	28.6	32.7	34.3	32.9
机器人/自动化技术	31.0	41.9	35.8	28.6	30.4	48.6	30.3	46.5	15.1
云计算	17.9	14.9	14.0	19.3	28.3	8.6	17.9	12.5	23.4
网络安全技术	20.7	32.4	22.6	19.0	28.3	14.3	20.3	16.4	25.0
大数据分析与应用	46.3	63.5	48.1	44.2	69.6	51.4	45.4	40.3	52.4
数据中心/数据中台	28.2	37.8	29.2	27.0	39.1	34.3	27.5	25.8	30.6

续表

数字化技术	总体	企业规模			经济类型			行业	
		大型企业	中型企业	小型企业	国有企业	外资企业	民营企业	制造业	非制造业
管理信息系统	56.1	78.4	63.0	52.2	60.9	48.6	57.1	58.0	54.3
移动应用技术	11.7	17.6	12.8	10.8	13.0	8.6	11.3	10.0	13.4
区块链	9.1	4.1	7.8	9.9	8.7	11.4	9.0	6.4	11.8
物联网	20.5	16.2	19.3	21.2	10.9	25.7	21.3	19.9	21.1
平台建设	37.7	45.9	35.8	37.5	32.6	25.7	38.7	33.0	42.4
虚拟现实与增强现实	7.0	5.4	4.1	8.0	8.7	5.7	6.8	4.1	10.0

调查分析发现，领先者建设重点是人工智能，快速追随者、谨慎采纳者和观望者重点投入最多的是管理信息系统，仍然在数字化初级阶段。具体来看：领先者建设重点排名前三的有人工智能（58.4%）、大数据分析与应用（50.5%）和管理信息系统（39.6%）；对于快速追随者、谨慎采纳者和观望者来说，数字化技术的建设重点排名前三的有管理信息系统（分别占比61.2%，64.3%，48.4%）、大数据分析与应用（分别占比56.2%，47.7%，38.4%）和平台建设（分别占比42.2%，40.0%，32.1%），可以看出，领先者的数字化转型进程更快，投入更多高级的人工智能技术以向智能化演进（见表6-29）。

表6-29 不同定位企业当前数字化技术的建设重点（%）

项 目	领先者	快速追随者	谨慎采纳者	观望者	怀疑者
管理信息系统	39.6	61.2	64.3	48.4	33.3
大数据分析与应用	50.5	56.2	47.7	38.4	13.3
平台建设	36.6	42.2	40.0	32.1	40.0
人工智能	58.4	36.8	29.0	29.5	33.3
机器人/自动化技术	30.7	34.1	33.1	26.1	26.7
数据中心/数据中台	36.6	38.8	26.1	21.2	20.0

续表

项目	领先者	快速追随者	谨慎采纳者	观望者	怀疑者
网络安全技术	30.7	26.7	18.5	16.0	20.0
物联网	24.8	27.1	18.0	18.1	13.3
云计算	32.7	21.3	13.9	16.6	6.7
移动应用技术	12.9	15.5	12.0	7.7	6.7
区块链	14.9	10.1	7.7	7.7	20.0
虚拟现实与增强现实	9.9	5.8	7.4	6.6	6.7

二、企业数字化规划以中短期居多，应坚持长期主义导向

关于企业数字化规划的时长，调查结果显示，近一半企业制定了数字化转型短中期规划，还有一半没有做规划，做长期规划的企业比例很低。具体来看：15.1%的企业做了1年规划，23.1%的企业做了3年规划，12.2%的企业做了5年规划；44.5%的企业没有做数字化转型规划，做10年和10年以上规划的企业分别占比仅为2.3%和2.8%。从企业规模看：大型企业数字化转型规划集中在3～5年，中小型企业集中在1～3年；中小型企业没有数字化转型规划的比例高。从企业性质来看，国有企业做5年规划的比例较高，民营企业做3年规划的比例较高（见表6-30）。

表6-30 企业数字化规划时长（%）

不同分组	尚未做规划	1年规划	3年规划	5年规划	10年规划	10年以上规划
总体	44.5	15.1	23.1	12.2	2.3	2.8
大型企业	19.2	3.8	33.4	33.4	5.1	5.1
中型企业	40.4	14.3	24.0	14.7	1.9	4.7
小型企业	48.1	16.3	21.9	9.6	2.1	2.0
国有企业	39.1	10.9	17.4	23.9		8.7
外资企业	43.3	10.8	21.6	18.9		5.4

续表

不同分组	尚未做规划	1年规划	3年规划	5年规划	10年规划	10年以上规划
民营企业	44.0	15.8	24.7	10.5	2.5	2.5
制造业	42.2	15.0	23.6	14.4	2.4	2.4
非制造业	47.1	15.2	22.5	9.9	2.2	3.1

调查分析发现,领先者做长期数字化规划的比例更大,快速追随者做中长期数字化规划的比例更大,谨慎采纳者做短期数字化规划的比例更大,观望者和怀疑者尚未做规划的比例更大。具体来看:在领先者中,做10年及以上数字化规划的占比为21.4%,是所有类型企业中占比最多的企业;在快速追随者中,做3～5年数字化规划的占比为60.2%,是所有类型企业中占比最多的企业;在谨慎采纳者中,做1年数字化规划的占比为21.4%,是所有类型企业中占比最多的企业;观望者和怀疑者尚未做数字化规划的占比分别为72.9%和81.1%,明显高于其他类型的企业(见表6-31)。

表6-31 不同定位的企业数字化规划时长(%)

不同分组	尚未做规划	1年规划	3年规划	5年规划	10年规划	10年以上规划
总体	44.5	15.1	23.1	12.2	2.3	2.8
领先者	26.2	8.7	23.3	20.4	7.8	13.6
快速追随者	17.1	16.3	36.2	24.0	3.4	3.0
谨慎采纳者	37.3	21.4	27.5	10.6	1.6	1.6
观望者	72.9	9.6	10.7	4.9	0.5	1.4
怀疑者	81.1	6.3	0.0	6.3	6.3	0.0

对大多数企业而言,数字化转型是构建新能力、打造"第二增长曲线"的重要方式。但数字化转型需要将新一代数字技术与已有业务流程和价值链进行深度融合,因此,进程漫长、见效周期长,企业家需要平衡对现有业务的资源投入和对数字化转型的长期投入,实现短期利用和长期探索的"双轮"驱动。在当前复杂多变的国际

局势和经济形势下,企业既要考虑自身生存问题,又要为未来竞争早做打算。

三、企业家在困难时期仍坚持数字化转型信念及投资

数字化转型是一项艰难而持续的过程,需要战略视野、战略投资和战略耐心;它对企业中长期可持续发展能力和综合竞争力至关重要,对此,企业家要有坚定的信念。2022年6月15日—7月3日,企业家调查系统课题组进行了新冠病毒疫情对企业影响的追加问卷调查,通过网络回收有效问卷584份,进一步了解2022年疫情下企业在面临短期困难时是否会影响数字化转型战略与实践。调查数据显示,超半数企业家对"疫情让企业认识到数字化转型的必要性""疫情让企业认识到数字化转型的紧迫性"及"疫情给企业数字化转型带来契机"等说法表示"非常同意"或"同意",评价值介于3.53～3.61之间,四成以上(43.1%)的企业家对"企业在疫情下加大了数字化投入"这一说法表示"非常同意"或"同意",评价值为3.31(见表6-32)。

表6-32 对2022年"新冠病毒疫情"对企业数字化转型的影响的认同程度(%)

项目	非常不同意	不同意	中立	同意	非常同意	评价值
疫情让企业认识到数字化转型的必要性	2.5	4.0	37.3	44.5	11.7	3.59
疫情让企业认识到数字化转型的紧迫性	1.9	4.7	36.1	45.6	11.7	3.61
新冠疫情给企业数字化转型带来契机	1.9	6.3	37.3	45.7	8.8	3.53
新冠疫情给企业数字化转型带来困难	1.6	18.1	54.8	23.2	2.3	3.07
企业在疫情下加大了数字化投入	2.1	11.2	43.6	39.9	3.2	3.31
企业在疫情下缩减了数字化投入	2.0	29.7	55.6	11.3	1.4	2.80

续表

项　　目	非常不同意	不同意	中立	同意	非常同意	评价值
企业在疫情中获得政府对数字化转型的支持	6.4	9.8	56.2	24.0	3.6	3.09

注：评价值是由（"非常同意"×5＋"同意"×4＋"中立"×3＋"不同意"×2＋"非常不同意"）/100 计算得出的。最高分为5分，最低分为1分。分值越大，表示企业家对该说法越认同；反之则越不认同。

调查表明，虽然疫情下企业面临较大的短期困难，但多数企业家认识到企业数字化转型的必要性和紧迫性，并加大了数字化投入，以期有效应对疫情挑战，凸显了企业家的创新精神。

四、企业推进数字化转型的主要困难是人才和方法论的缺乏

关于企业数字化转型面临的主要困难，调查结果显示，数字化人才和转型方法论的缺乏是当前大多数企业面临的主要困难，小型企业、民营企业数字化转型的困难更加突出。数字化转型是一项专业性较强的工作，所需的人才涉及战略、技术、业务、项目管理等不同层面，包括数字化转型的战略领导者、推动者、技术业务复合型人才、项目经理和数据科学家等。同时，数字化转型过程需要和企业战略、业务、模式密切配合，在数字化转型规划、商业价值评价和寻找切入点上需要有系统化的方法指导，作为一个新生事物，数字化转型人才的培养和知识体系建设仍然处于早期阶段。

具体来看，国有企业"缺少可学习的行业标杆"（评价值为3.28），民营企业"缺少实施方法论"（评价值为3.60）和"缺少数字化转型资金"（评价值为3.61），外企"缺少数字化转型资金"（评价值为3.51）和"缺少实施方法论"（评价值3.58）。在缺少数字化转型资金方面，中小型企业更为严重，评价值分别为3.47和3.65，相比大型企业（评价值2.95），问题更加突出；在方法论方面，相比大型企业，中小型企业"缺少实施方法论"（分别为3.59和3.60）、"不清楚转型切入点"（分别为3.42和3.51）也更严重（见表6-33）。

表6-33 不同规模、经济类型及行业的企业数字化转型的主要困难（%）

项目	规模				经济类型				行业		
	大型企业	中型企业	小型企业	P值	国有企业	外资企业	民营企业	P值	制造业	非制造业	P值
缺少数字化人才	3.57	3.76	3.76	0.087	3.57	3.67	3.76	0.172	3.76	3.74	0.574
缺少规划和顶层设计	3.32	3.62	3.65	0.002	3.36	3.58	3.63	0.059	3.62	3.63	0.756
缺少实施方法论	3.25	3.59	3.60	0.001	3.22	3.58	3.60	0.005	3.57	3.59	0.774
缺少可学习的行业标杆	3.33	3.55	3.60	0.017	3.28	3.50	3.59	0.028	3.56	3.58	0.719
缺少数字化转型资金	2.95	3.47	3.65	0.000	3.00	3.51	3.61	0.000	3.50	3.63	0.005
难以评估数字化转型的商业价值	3.36	3.51	3.50	0.319	3.26	3.51	3.51	0.099	3.47	3.52	0.274
不清楚转型切入点	3.12	3.42	3.51	0.000	3.15	3.47	3.49	0.023	3.42	3.51	0.056

注：同表6-4注。

调查分析发现，领先者在数字化转型中处于"领头羊"位置，除了人才和资金外，领先者数字化转型的最大困难是"缺少可学习的行业标杆"（评价值为3.45）。快速追随者、谨慎采纳者和观望者在数字化转型中的最大困难除了人才之外，在"缺少规划和顶层设计"上的评价值分别为3.51、3.70和3.69；在"不清楚转型切入点"上，评价值分别为3.21、3.50和3.66。在缺少数字化人才、缺少实施方法论、难以评估数字化转型的商业价值和不清楚转型切入点等指标上，怀疑者、观望者、谨慎采纳者主要困难程度依次比快速追随者和领先者更严重（见表6-34）。

表6-34 不同定位企业认为数字化转型的主要困难(%)

项 目	怀疑者	观望者	谨慎采纳者	快速追随者	领先者	P值
总体	3.69	3.66	3.62	3.46	3.41	
缺少数字化人才	3.80	3.72	3.80	3.75	3.63	0.266
缺少规划和顶层设计	3.73	3.69	3.70	3.51	3.35	0.000
缺少实施方法论	3.60	3.65	3.63	3.48	3.35	0.001
缺少可学习的行业标杆	3.67	3.65	3.60	3.46	3.45	0.021
缺少数字化转型资金	3.60	3.62	3.55	3.50	3.56	0.499
难以评估数字化转型的商业价值	3.60	3.61	3.56	3.31	3.31	0.000
不清楚转型切入点	3.86	3.66	3.50	3.21	3.19	0.000

注：同表6-4注。

关于人才的缺乏，调查分析发现，领先者、观望者和怀疑者企业最缺乏战略领导者，快速追随者最缺乏数字化落地推动者，谨慎采纳者最缺乏技术业务复合型人才。具体来看：数字化转型领先者最缺乏的人才排名前列的分别是战略领导者（52.4%）、数字化落地推动者（43.7%）、数字化项目经理（41.7%）和技术业务复合型人才（41.7%）；快速追随者最缺乏的人才是数字化落地推动者（50.6%）、技术业务复合型人才（47.9%）和战略领导者（46.0%）；谨慎采纳者最缺乏的是技术业务复合型人才（51.1%）、数字化落地推动者（49.2%）、战略领导者（47.1%）；观望者和怀疑者最缺乏的均是战略领导者（分别占56.3%和50.0%）（见表6-35）。领先者、观望者和怀疑者最缺乏的均是战略领导者，但他们对战略领导者的根本诉求存在差异。对领先者而言，战略领导者的主要作用为对企业未来数字化转型的发展方向和实施路径进行研判，制订顶层设计和战略规划，而对观望者和怀疑者而言，战略领导者的作用为识别数字化转型的价值和找到转型切入点。快速追随者和谨慎采纳者缺乏的人才则偏向业务侧，亟须尽快有效推动数字化战略落地，并配备相关人才。

表6-35 不同定位企业最缺乏的数字化人才（%）

项　　目	领先者	快速追随者	谨慎采纳者	观望者	怀疑者
战略领导者	52.4	46.0	47.1	56.3	50.0
数字化落地推动者	43.7	50.6	49.2	51.8	42.9
技术业务复合型人才	41.7	47.9	51.1	40.0	35.7
数字化项目经理	41.7	35.4	37.4	34.9	42.9
数字化市场营销专家	20.4	30.4	28.5	26.2	42.9
用户互动和用户体验设计师	13.6	13.3	11.1	11.0	14.3
数据科学家	15.5	12.2	13.2	8.2	7.1
机器人和智能化工程师	12.6	11.8	11.3	7.6	

在传统企业数字化转型的过程中，人才是推动转型的关键资源和核心驱动力，人才短缺和方法论缺失是当前企业数字化转型面临的普遍困难。一方面，中小型企业的企业家需要增强对数字化转型的战略认知和紧迫意识，充分发挥中小型企业战略灵活、业务相对简单的有利条件，借助数字化技术，为企业的下一步发展寻找空间和机会，在资源有限的情况下，充分利用已有资源，特别是年轻人的积极性，使其搭上数字化转型的"快车"。另一方面，大型企业数字化转型迫切需要懂数字化价值并能带领企业走向未来的战略型领导人才，针对既能制定数字化战略，又能将其落地并带来业务转型；既懂技术又懂业务的复合型人才缺少的现实困难，应以"高精尖缺"为导向，大力培育或引入战略科学家、科技领军人才等骨干力量，充分发挥"头雁效应"；针对技术和业务兼备的复合型人才，加强人才储备和梯队建设，将关键人才用在关键岗位，通过事业留人、待遇留人等激励机制吸引人才在某一领域持续深耕，并面向优秀青年人才建立以老带新的成长"快车道"，帮助企业形成"人才雁阵"。与此同时，政府、高校、科研机构和社会组织应创新开发数字化人才联合培训机制，提供更多的案例研究和公共知识产品，助力中国传统企业转型成功。

五、大型企业应进一步开放平台,形成与中小型企业共创共生的数字化时代新格局

调查结果显示,小型企业数字化转型的困难是全方位的,在资金问题上尤其突出(小型企业评价值为 3.65,中型企业和大型企业的评价值分别为 3.47、2.95)。在"缺少实施方法论"方面,中小型企业非常接近(中小型企业的评价值分别为 3.59 和 3.60,大型企业评价值为 3.25)。在"缺少规划和顶层设计"方面,中小型企业也非常接近(二者评价值分别为 3.62 和 3.65,大型企业评价值为 3.32)。在"不清楚转型切入点"方面,小企业更加困惑(评价值为 3.51,中型企业评价值为 3.42,大型企业评价值为 3.12)。"缺少可学习的行业标杆"在三种类型企业中都存在,大型企业评价值为 3.33,中型企业评价值 3.55,小型企业评价值为 3.60,参见表 6-33。

对此,政府在制定政策时需重点关注数字化转型中小型企业面临的困难和挑战,激励大型企业分享平台能力资源,促进大中小型企业协同发展,确保工业和产业生态的多样性、丰富性和价值链韧性。我们应把握当下的时间窗口,充分利用中国数字基础设施建设和数字经济转型的战略契机,鼓励大型企业加速工业互联网平台建设并开放平台资源和能力赋能中小型企业,助力中小型企业通过共享资源来搭上数字化转型的"快车",确保中国产业生态的多样性、避免中小型企业出现"数字鸿沟"现象。将建设高效、敏捷、协同、智能、韧性等综合特征的工业互联网体系作为数字化转型的核心目标,构建对国内外市场环境的快速响应和资源整合的能力"护城河",将我国丰富的工业品类和制造体系的综合优势发扬光大,在激烈的国际竞争中立于不败之地。

附录一
中国企业家调查系统历年调查对象基本情况

附表1-1 30年调查中调查对象基本情况（%）

年份		1993	1994	1995	1996	1997	1998	1999	2000	2001	2002	2003	2004	2005	2006	2007	2008	2009	2010	2011	2012	2013	2014	2015	2016	2017	2018	2019	2020	2021	2022
有效样本份		2620	2756	2752	3154	2415	3180	3562	5075	4695	3539	3192	2881	3511	4586	5576	5920	5016	4256	4225	4015	3545	2446	2526	1960	1495	1562	1124	1243	1247	2034
性别	男	—	98.7	98.4	97.9	97.5	95.4	96.7	97.0	96.6	96.0	96.1	95.9	95.7	95.9	95.6	95.8	96.1	94.4	93.9	93.6	93.6	95.1	92.0	91.6	93.1	89.7	92.5	92.5	93.6	92.1
	女	—	1.3	1.6	2.1	2.5	4.6	3.3	3.0	3.4	4.0	3.9	4.1	4.3	4.1	4.4	4.2	3.9	5.6	6.1	6.4	6.4	4.9	8.0	8.4	6.9	10.3	7.5	7.5	6.4	7.9
年龄	44岁及以下	27.4	22.8	24.3	26.0	29.3	36.1	31.6	33.9	33.3	29.3	27.7	26.4	28.7	32.9	28.3	26.7	22.1	22.7	21.5	22.4	19.8	13.9	21.6	21.2	23.7	24.2	15.4	27.0	30.5	37.3
	45～49岁	24.3	23.6	22.5	22.9	22.2	22.8	25.0	26.0	26.0	28.1	24.4	21.8	19.2	16.0	17.3	19.7	20.7	21.7	21.4	19.5	17.0	13.7	15.7	15.7	13.5	13.5	11.9	16.0	15.8	18.5
	50～54岁	27.7	27.7	28.3	29.0	26.9	21.7	23.9	22.2	22.5	22.8	25.4	27.5	26.5	25.6	25.6	24.3	20.5	17.2	17.3	17.2	19.4	20.5	19.6	19.6	17.8	17.5	16.2	15.1	17.9	18.3
	55岁及以上	20.6	25.9	24.9	22.1	21.6	19.4	19.5	17.9	18.2	19.8	22.5	24.3	25.6	25.5	28.8	29.3	36.7	38.4	39.8	40.9	43.8	51.9	43.1	43.5	45.0	44.8	56.5	41.9	35.8	25.9
	平均年龄/岁	48.5	49.6	49.5	49.0	48.7	47.2	47.8	46.8	46.7	48.0	48.7	49.2	49.1	48.9	49.7	49.7	50.9	51.0	51.4	51.6	52.5	54.4	52.6	52.9	53.0	52.9	55.8	51.9	51.0	48.8
学历	高中及以下	30.9	27.5	19.7	12.5	15.8	18.2	15.3	17.2	17.5	18.4	13.9	16.8	17.5	17.6	20.0	23.1	20.7	20.3	22.0	20.9	19.6	21.5	18.0	18.2	18.5	17.7	18.9	14.1	11.6	7.9
	大专	35.2	35.6	37.6	45.7	43.5	40.2	40.1	41.9	41.2	41.0	37.6	38.8	38.7	35.6	36.9	35.7	38.6	36.1	36.9	36.4	35.2	36.4	37.6	36.7	35.1	33.8	35.4	31.5	31.9	28.7
	大学本科	35.7	35.7	40.0	38.3	36.1	34.3	34.8	32.5	28.7	28.6	32.6	27.9	27.4	26.6	25.3	25.3	26.0	26.9	25.5	27.2	26.6	27.5	30.8	32.1	33.0	35.1	33.1	39.1	41.3	47.9
	研究生及以上	33.9	1.2	2.7	3.5	4.6	7.3	9.8	8.4	12.6	12.0	15.9	16.5	16.4	17.6	16.6	15.9	16.5	16.7	15.6	15.5	18.6	14.6	13.6	13.0	13.4	13.4	12.6	15.3	15.2	15.5
所学专业	文史哲	—	1.7	2.8	2.3	4.1	5.2	6.8	5.8	7.0	7.7	7.7	6.6	6.8	7.0	6.4	6.6	7.2	6.4	6.7	6.7	6.7	5.5	6.3	6.5	5.8	6.3	5.1	5.8	8.1	8.8
	法律	—	5.4	6.8	8.4	6.4	9.0	7.7	24.1	33.0	32.9	35.2	36.4	34.0	31.3	32.5	33.2	32.7	33.2	33.6	31.3	31.4	20.9	18.1	18.8	19.8	17.1	18.9	22.0	21.7	17.7
	经济	—	15.4	21.7	26.7	39.8	31.0	37.4	38.2	44.6	50.0	47.0	49.7	48.2	48.7	47.6	48.5	49.6	48.9	47.6	47.6	48.5	37.4	41.0	41.5	41.4	38.6	39.9	38.1	37.5	38.1
	管理	—	38.1	48.8	49.8	42.5	32.6	31.4	23.4	28.4	26.6	28.3	26.3	24.7	24.5	23.7	24.9	25.7	25.1	26.0	24.0	23.9	24.2	21.7	20.5	19.9	19.1	21.7	23.1	20.1	21.9
	理工农医	—	0.8	0.8	1.3	7.2	12.9	8.8	4.7	7.1	3.5	6.0	5.9	11.7	13.1	11.5	13.2	11.3	11.5	10.1	13.7	13.3	12.0	12.9	12.7	13.1	18.9	14.4	11.0	12.6	13.5
	其他	—	—	—	—	—	—	—	—	—	—	—	—	—	—	—	—	—	—	—	—	—	—	—	—	—	—	—	—	—	—

续表

年份		1993	1994	1995	1996	1997	1998	1999	2000	2001	2002	2003	2004	2005	2006	2007	2008	2009	2010	2011	2012	2013	2014	2015	2016	2017	2018	2019	2020	2021	2022
现任职务	董事长	4.2	—	8.3	33.5	36.8	39.6	42.6	44.0	47.5	49.0	53.6	57.1	59.2	59.2	60.7	61.9	61.7	60.7	61.8	59.0	60.3	60.7	60.1	58.7	58.9	61.0	64.7	54.0	52.8	45.3
	总经理	—	28.4	32.0			58.0	60.2	60.2	61.2	58.9	59.9	59.7	58.8	59.2	57.7	58.8	57.6	55.3	56.1	53.5	54.1	52.6	45.0	46.1	50.2	47.4	48.7	51.0	51.0	53.4
	厂长	44.2	49.0	53.3		47.4	26.7	26.8	27.5	22.3	21.4	13.3	13.7	10.3	9.2	8.6	8.0	7.3	6.5	7.0	5.5	5.0	5.4	4.0	4.6	3.4	2.7	3.4	2.1	2.2	1.5
	党委书记	5.4	—	11.8			23.4	33.5	31.4	30.7	27.0	27.6	25.6	22.4	19.1	18.0	16.3	16.4	14.7	13.7	13.1	12.6	13.6	9.0	11.0	11.2	9.2	10.6	7.3	6.2	2.7
	其他	4.4	—	5.1	14.2	4.6	8.6	5.6	5.1	4.4	2.1	4.7	2.8	7.7	6.7	7.2	6.1	5.7	6.9	4.9	7.5	7.2	7.5	9.9	9.2	8.3	8.7	7.3	11.5	10.6	14.7
现任职方式	主管部门任命	85.8	75.3	—	75.1	—	48.3	43.4	56.4	49.2	45.8	38.3	32.9	25.7	19.9	18.0	14.5	14.3	12.7	11.3	10.0	11.1	9.7	7.8	—	—	—	—	—	—	—
	董事会任命	3.8	11.1	—	17.4	—	40.3	36.8	—	—	—	38.6	39.2	40.5	41.6	42.9	44.7	41.3	44.6	39.2	36.7	38.4	41.5	41.0	—	—	—	—	—	—	—
	自己创业	—	—	—	—	—	—	—	16.1	19.6	24.5	15.7	20.9	26.3	31.3	31.5	34.2	38.6	36.9	43.2	46.6	44.7	41.7	44.3	—	—	—	—	—	—	—
	其他任职方式	10.4	13.6	—	7.5	—	11.4	19.8	27.5	31.2	29.7	7.4	7.0	7.5	7.2	7.6	6.6	5.8	5.8	6.3	6.7	5.8	7.1	6.9	—	—	—	—	—	—	—
年收入	2万元及以下	97.3	94.8	90.6	82.7	70.8	56.7	44.2	41.9	33.9	31.9	19.3																			
	2万~10万元	2.7	5.2	9.3	16.3	27.7	38.6	48.2	46.6	50.7	50.8	55.2	60.4	50.7	48.9	42.2	41.2	44.0	31.7	31.2											
	10万~20万元			0.1	0.5	0.9	2.5	3.8	5.4	6.8	8.5	12.6	23.3	20.5	21.3	25.4	26.8	27.3	28.7	28.1											
	20万~50万元			0.2	0.6	1.4	1.7	2.8	4.4	4.9	7.2	9.4	13.0	13.0	16.4	15.9	16.8	16.3	19.6	20.9											
	50万元以上											0.3																			

注：1. 由于存在跨专业和职务兼任情况，因此所学专业和现任职务比例合计大于100%。
2. 其他任职方式包括：职代会选举、企业内投标竞争以及企业外部招聘等。
3. "—"表示该年度没有涉及此调查项内容，空白处表示答题者未选择此项。下同。

附表1-2 30年调查中调查企业基本情况（%）

年 份	1993	1994	1995	1996	1997	1998	1999	2000	2001	2002	2003	2004	2005	2006	2007	2008	2009	2010	2011	2012	2013	2014	2015	2016	2017	2018	2019	2020	2021	2022
有效样本份	2620	2756	2752	3154	2415	3180	3562	5075	4695	3539	3192	2881	3511	4586	5576	5920	5016	4256	4225	4015	3545	2446	2526	1960	1495	1562	1124	1243	1247	2034
地区 东部地区企业	—	—	57.8	56.2	43.7	58.2	55.1	52.3	53.2	47.9	54.0	56.6	59.9	63.2	63.2	62.5	62.2	60.5	66.7	66.3	65.2	68.2	59.4	57.9	62.2	58.5	64.3	64.6	72.7	67.3
中部地区企业	—	—	25.4	28.4	42.4	26.0	27.0	25.6	24.8	26.2	23.1	22.4	22.9	20.9	21.9	23.2	23.1	23.8	20.2	20.6	21.6	19.7	23.6	23.2	22.1	27.3	19.0	19.1	10.3	11.1
西部地区企业	—	—	16.8	15.4	13.9	15.8	17.9	22.1	22.0	25.9	22.9	21.0	17.2	15.9	14.9	14.3	14.7	15.7	13.1	13.1	13.2	12.1	17.0	18.9	15.7	14.2	16.7	16.3	17.0	21.6
规模 大型企业	37.0	37.4	41.6	42.0	45.9	33.8	35.1	25.8	22.0	19.0	21.2	18.9	14.8	12.4	11.4	9.3	8.7	8.6	7.3	9.1	11.1	11.0	9.9	9.2	10.3	7.9	9.0	8.5	6.7	5.9
中型企业	48.7	53.3	46.1	48.2	44.0	38.1	47.3	47.0	50.3	47.0	50.2	47.2	47.8	45.2	49.7	43.4	44.1	41.5	37.4	35.3	31.1	29.0	25.1	24.8	24.5	20.7	25.6	25.7	20.9	19.6
小型企业	14.3	9.3	12.3	9.8	10.1	28.1	17.6	27.2	27.4	34.0	28.6	33.9	37.4	42.4	38.9	47.3	47.2	49.9	55.3	55.6	57.8	60.0	65.0	66.0	65.2	71.4	65.4	65.8	72.4	74.5
经济类型 国有企业	75.0	74.3	72.7	70.1	64.4	38.5	45.7	38.2	31.0	30.5	26.1	22.6	17.7	12.8	11.4	9.1	8.8	7.4	6.3	5.9	6.4	5.7	4.0	3.7	3.6	2.8	2.0	3.1	1.8	3.0
私营企业	0.1	—	0.6	0.5	1.2	12.2	3.5	4.3	5.1	6.6	6.3	7.7	9.1	11.0	11.1	12.3	12.1	15.1	20.0	23.9	19.7	23.7	28.3	26.9	26.7	27.1	25.3	34.0	38.1	37.0
股份有限公司	3.1	—	—	10.1	13.9	22.1	13.9	11.3	13.5	13.0	15.2	15.2	14.4	15.5	15.3	16.5	17.0	15.9	15.7	14.7	16.4	16.3	17.0	17.6	18.1	16.7	18.9	17.5	15.4	14.2
有限责任公司	—	—	—	—	—	—	17.0	22.8	28.3	30.9	33.7	37.4	42.5	45.8	46.8	47.9	48.5	49.8	44.7	42.9	46.2	43.1	40.8	42.5	42.4	45.1	44.7	37.3	36.1	36.8
外商及港澳台投资企业	3.6	7.4	6.9	5.3	4.6	15.8	8.6	6.7	8.2	6.5	8.3	6.6	6.5	7.7	7.6	7.5	7.6	5.9	6.9	6.4	5.1	5.1	4.5	3.7	3.6	3.0	3.1	3.1	3.0	2.6
其他	18.2	18.3	19.8	14.0	15.9	11.4	11.3	16.7	13.9	12.5	10.4	10.5	9.8	7.2	7.8	6.7	6.0	5.9	6.4	6.2	6.2	6.1	5.4	5.6	5.6	5.3	6.0	5.0	5.6	6.4
成立时间 1978年及以前	—	—	—	—	—	37.0	49.0	47.9	41.0	37.1	31.2	31.0	27.1	19.1	17.9	15.8	15.7	13.0	11.5	12.0	13.1	14.1	11.0	11.7	9.7	10.1	11.6	11.5	7.0	4.3
1979—1992年	—	—	—	—	—	33.7	29.8	29.7	28.1	28.2	22.9	23.7	22.8	19.7	20.1	18.3	18.0	16.8	16.1	16.3	16.8	18.0	14.3	14.7	16.4	12.3	16.0	10.4	8.8	7.3
1993年及以后	—	—	—	—	—	29.3	21.2	22.4	30.9	34.7	45.9	45.3	50.1	60.8	62.0	65.9	66.3	70.2	72.3	71.7	70.1	67.9	74.7	73.6	73.9	77.6	72.4	78.1	84.2	88.4

续表

年份	1993	1994	1995	1996	1997	1998	1999	2000	2001	2002	2003	2004	2005	2006	2007	2008	2009	2010	2011	2012	2013	2014	2015	2016	2017	2018	2019	2020	2021	2022
生产状况 超负荷生产企业	—	—	—	4.6	4.7	3.2	4.4	5.6	4.6	5.3	6.6	6.9	6.8	4.9	6.8	4.4	3.7	8.0	4.6	2.1	3.3	1.9	1.4	2.1	3.5	2.8	1.5	2.7	2.3	1.7
正常运作企业	—	—	—	70.9	74.3	74.6	75.9	81.6	82.3	82.8	84.8	84.6	84.3	86.9	85.4	80.4	74.8	80.8	77.8	74.8	76.4	74.3	69.6	74.3	78.7	78.1	77.6	77.5	75.0	68.1
半停产企业	—	—	—	23.8	20.4	21.3	18.9	12.0	12.1	11.0	8.1	7.9	8.4	7.6	7.1	14.4	20.8	10.8	16.8	22.3	19.8	23.0	27.6	22.8	16.9	18.1	20.2	18.7	20.9	29.0
停产企业	—	—	—	0.7	0.6	0.9	0.8	0.8	1.0	0.9	0.5	0.6	0.5	0.6	0.7	0.8	0.7	0.4	0.8	0.8	0.5	0.8	1.4	0.8	0.9	1.0	0.7	1.1	1.8	1.2
盈亏 盈利企业	—	—	—	—	51.8	50.7	50.4	60.2	60.8	61.7	63.1	—	66.1	69.3	70.8	62.8	51.5	67.9	58.7	49.7	48.8	51.7	46.3	51.1	53.7	51.9	50.8	36.2	46.6	30.4
持平企业	—	—	—	—	31.1	29.7	20.0	14.6	15.2	16.8	15.8	—	16.2	15.7	16.1	16.9	20.5	17.3	20.3	22.1	22.8	21.9	23.5	23.3	26.0	26.9	25.8	22.6	26.5	22.1
亏损企业	—	—	—	—	17.1	19.6	29.6	25.2	24.0	21.5	21.1	—	17.7	15.0	13.1	20.3	28.0	14.8	21.0	28.2	28.4	26.4	30.2	25.6	20.3	21.2	23.4	41.2	26.9	47.5

注：1. 东部地区包括京、津、冀、辽、沪、苏、浙、闽、鲁、粤、桂、琼 12 省（自治区、直辖市）；中部地区包括晋、蒙、吉、黑、皖、赣、豫、鄂、湘 9 省（自治区）；西部地区包括渝、蜀、滇、黔、陕、甘、宁、青、藏、新 10 省（自治区、直辖市）。

2. 其他经济类型企业包括：集体企业、联营企业、股份合作企业以及其他内资企业等。

附录二
历年调查主题及样本量（1993—2021年）

附表2-1　历年调查主题及样本量

调查年份	主　　题	样本量/份
1993	● 重点：企业家基本情况 ● 内容：企业家的年龄结构、文化素质和专业化水平、企业家的自主意识和行为取向 ● 主要结论： （1）中国的企业改革，从整体上改变了中国企业家的年龄结构、文化素质和专业化水平，企业家的自主意识和以市场为目标的行为取向更加突出，迅速成为推动改革的主要力量。 （2）部分企业家还远不能适应建立社会主义市场经济体制对企业家队伍所提出的更高要求。 （3）市场存在不公平竞争、行业主管部门行为不规范及动力机制短缺是制约中国企业家健康成长的三大主要原因。 （4）企业与政府部门之间的摩擦日益加剧	2620
1994	● 重点：企业家的行为特征 ● 内容：企业家的角色意识与职业化追求、企业家的行为特征、企业家的身体状况、经营目标与成长环境 ● 主要结论： （1）我国企业家队伍主要来源于管理人员、技术人员和党政干部。 （2）企业家的角色意识正在形成，走职业化道路已成为企业家们的主流意向。 （3）企业家重视自身职业素质的提高，注重个人修养，他们有着极强的进取精神，并表现出求实、奉献和民主的行为及价值取向。 （4）在体制转轨的过程中：企业家行为的市场取向逐渐加强，企业家的职业目标尚有待进一步明确；企业家成长的环境明显好转，但亟须进一步改善	2756

续表

调查年份	主　题	样本量/份
1995	● 重点：职业流动与职业化取向 ● 内容：企业经营管理者基本情况、经营活动、职业流动、职业化倾向、职业化的配套改革 ● 主要结论： （1）我国企业经营者的整体文化素质已有大幅度的提高，一大批企业基层管理人员、党政干部和企业技术人员进入企业领导岗位，促进了政府职能的转换和企业家队伍素质的提高。 （2）企业经营者活动表现出明显的市场取向，他们的职业化意识不断增强，职业流动日趋活跃，但是，现行的组织、人事及户籍管理制度难以适应其职业流动的需要	2752
1996	● 重点：激励与约束问题 ● 内容：企业经营管理者基本情况、激励的重要性、激励因素、约束的重要性、约束因素、激励制度与约束制度改革的方式、地位满意度 ● 主要结论： （1）企业经营者认为，深化企业改革，正确评价企业经营者的劳动价值，充分赋予企业经营管理的权利，是社会激励的核心内容。 （2）企业经营者呼吁，建立鼓励创新的社会环境，解决其后顾之忧，建立和健全企业经营者的考核、职业资格认证制度，把企业经营者纳入国家职业管理体系，是促进企业经营者健康成长的重要保证	3154
1997	● 重点：素质与培训 ● 内容：企业经营管理者基本情况、素质与能力、培训与提高 ● 主要结论： （1）我国企业经营管理者主要来源于企业基层管理人员、党政干部和企业技术人员，他们文化程度较高，阅历丰富，对经营管理企业充满信心，整体素质呈提高趋势。 （2）多数企业经营管理者未受过现代工商管理知识的系统培训，过半数认为自己对现代经营管理知识的掌握有限，创新能力、市场营销能力和公关能力亟须提高。 （3）企业经营管理者认为，应改善现有培训方式和培训内容，加强以现代工商管理知识为主的在职短期培训，以全面提高企业经营管理者的素质和能力	2415

续表

调查年份	主　题	样本量/份
1998	● 重点：知识素质与适应知识经济的能力 ● 内容：企业经营管理者基本情况、知识素质状况及影响因素 ● 主要结论： （1）大多数企业经营者重视学习，积极参加多种专业培训，外语和计算机水平与过去几年相比有所提高，他们对在知识经济中占有重要地位的智力资源、技术进步和无形资产等因素较为重视。 （2）大多数企业经营者未接受过全面系统的工商管理培训，采用现代学习方式者较少，对一些新的管理理念、方法和技能还不够熟悉，只有少数企业经营者能够熟练地使用外语、计算机和国际互联网，大多数企业经营者认为参加不必要的会议太多，学习时间有限。 （3）企业经营者中学历程度、外语水平和计算机使用技能较高者，其收入水平也相应较高，这说明，有利于企业经营者素质提高的激励机制正在逐步形成	3180
1999	● 重点：制度化建设 ● 内容：企业经营管理者基本情况、职业满意状况、职业目标选择、企业领导制度、选聘制度、激励制度、约束制度、对企业家队伍建设的期望 ● 主要结论： （1）改革开放以来，我国企业经营者的整体素质不断提高。 （2）企业经营者对其职业有比较高的满意度，职业化意识逐渐增强，但与市场经济和现代企业制度对经营者的要求还有一定距离。 （3）近年来我国企业经营者队伍制度化建设有了较大进展，企业领导制度日趋科学化、规范化，董事会的决策作用明显增强。适应现代企业制度要求的企业经营者选拔、任命制度不断完善。 （4）企业经营者激励与约束制度的改革继续深化，适合市场经济特点的经营者报酬制度正在积极探索和形成之中，经营者收入水平不断提高，收入形式趋于多样化。企业经营者业绩考核制度逐步健全，考核指标更注重企业的利润和资产保值增值率，企业经营者能上能下的机制正在逐步形成。 （5）目前我国企业经营者队伍制度化建设也存在着一些明显的不足：通过市场机制选拔企业经营者的比重还较少；股份制企业监事会的作用发挥得不够；与其他类型企业相比，国有企业经营者收入水平相对较低，激励约束制度亟待完善	3562

续表

调查年份	主　题	样本量/份
2000	● 重点：企业创新 ● 内容：企业经营者创新意识、技术创新、管理创新、制度创新、对企业创新状况的评价 ● 主要结论： （1）大多数经营者比较重视企业创新工作，把创新视为企业家精神的核心，学历高、年纪轻的经营者风险意识较强，更具有创新精神。 （2）企业经营者普遍对高新技术的发展持积极乐观态度，技术创新方式逐渐步入以国内自主开发为主的道路；企业管理组织形式呈现多元化趋势，管理技术与手段的信息化程度日趋提高。 （3）虽然企业技术创新、管理创新和制度创新都有不同程度的进展，但总体创新水平还不高；许多经营者感到观念创新难度较大；管理组织形式的创新相对滞后，技术创新人才缺乏；现行企业经营者的任用制度与经营者的期望尚有较大差距；政企职责不分和产权改革滞后仍是制度创新中的主要障碍。 （4）企业经营者希望全社会培育和倡导创新文化，进一步强化创新意识，建立鼓励创新的社会环境，突破制度创新瓶颈，加大管理创新和技术创新力度，切实提高企业核心竞争力	5075
2001	● 重点：企业信用 ● 内容：企业信用的基本情况、企业经营者对企业信用重要性的认识、影响企业信用的主要因素、企业信用的问题与对策 ● 主要结论： （1）大多数企业经营者已经认识到市场经济条件下企业信用的重要性，企业在商务活动中已经开始重视信用管理。 （2）目前企业家品格对企业信用有着重要的影响，同时现行体制环境、法律环境、企业管理水平和传统文化对企业信用的影响也相当重要。 （3）我国企业的信用状况存在很多不容忽视的问题，尤其是拖欠（货款、贷款、税款）、违约和制售假冒伪劣产品等现象较为严重，主要原因是有关部门执法不严、部分企业经营者职业道德素质不高和企业普遍追求短期利益等。	4695

续表

调查年份	主　　题	样本量/份
2001	(4) 企业经营者希望加快体制改革步伐，提高企业和全社会的信用意识，建立并完善企业和个人的信用信息系统，加强信用制度建设，从而形成良好的社会主义市场经济秩序	4695
2002	● 重点：成长现状与环境 ● 内容：企业经营者对成长状况的评价、对成长环境和相关制度的评价、对个人工作与生活状况的感受 ● 主要结论： (1) 企业经营者普遍认为，造就企业家队伍对促进中国改革与发展具有重要作用，大多数企业经营者对改革开放以来企业家队伍的成长环境和制度建设给予了积极的评价，对自身的社会地位、政治地位基本满意，对自己的工作状况和家庭生活比较满意，认为良好的素质与个人努力是事业成功的主要因素。 (2) 大部分企业经营者认为，目前企业家队伍整体上还不能适应经济、社会发展的要求，队伍需要扩大，素质需要进一步提高，成长环境有待进一步改善，尤其是法律环境建设亟待加强。 (3) 企业经营者希望在自身加强学习，不断提高素质、修养和能力的同时，通过积极的舆论宣传和文艺创作，引导全社会形成理解、尊重企业家的风气，进一步提升企业家的社会地位和职业声望，为企业家队伍的健康成长创造良好的社会环境	3539
2003	● 重点：中国企业经营者价值取向 ● 内容：中国企业经营者的一般价值取向、职业目标价值取向、企业经营与发展的价值取向、企业家角色的价值取向的现状和特征 ● 主要结论： (1) 在一般价值取向方面，大部分企业经营者更看重的是品格，强调人在精神追求、良心、助人和维护公共利益方面的价值；强调社会利益，重视环境保护；希望加强法治，倡导依法经营；对工作成就有着强烈的追求，注重通过实力取得成功，并在工作过程中获得快乐和满足；多数企业经营者并不过分看重金钱权力，同时希望过上比较富裕的生活。	3192

续表

调查年份	主　　题	样本量/份
2003	（2）在职业目标价值取向方面，企业经营者首选提高企业竞争力，同时希望得到社会承认、实现人生理想；在生活目标价值取向方面，企业经营者强调事业第一，关注个人健康，同时也比较看重家庭生活。 （3）在企业经营与发展的价值取向方面，企业经营者关注投资者利益，强调守法经营；认为企业价值观对企业发展有着重要影响，强调企业必须有明确的价值观，而且价值观要得到员工的认同；倾向于不单纯从企业的短期成功看待企业的成就，把先进技术和产品及营销能力视为企业成功的重要因素。 （4）在企业家角色的价值取向方面，大多数企业经营者十分热爱自己从事的事业，认为诚信、守法和创新是企业家最重要的优秀特征，最不认同的是失信、违规经营、贪婪、妄自尊大、自私自利等行为。 （5）还有不少企业经营者认为，目前社会上还存在着"守法吃亏、违规有利"的情况，存在着过分追求短期利益、企业对社会关系的依赖程度高于客户和市场、国有企业经营者激励不足、部分企业经营者不重视学习和提高自身素质等现象	3192
2004	● 重点：企业文化建设 ● 内容：企业经营者对企业文化基本问题的认识、企业文化建设基本状况和企业文化建设存在的主要问题 ● 主要结论： （1）大多数企业经营者认为任何企业都有自己的企业文化，企业文化对企业生存和可持续发展具有重大影响。 （2）企业家个人观念、企业传统和企业制度环境是企业文化的主要影响因素。 （3）企业经营者对企业文化的制度层面相对熟悉，对精神层面和行为层面的关注程度相对较低。除少数企业已进入企业文化建设的深化提高阶段外，多数企业的企业文化建设尚处于基本形成和酝酿探索阶段。 （4）企业经营者大多认识到企业文化建设的重要性，但在行动上还存在较大差距。 （5）企业经营者认为，企业的持续发展离不开优秀的企业文化，推进企业文化建设一方面应努力形成内部共识，增强内在动力，另一方面也期望政府及社会各界共同努力，创造良好的外部环境，促进企业文化建设	2881

续表

调查年份	主　题	样本量/份
2005	● 重点：企业学习 ● 内容：企业学习的现状、影响企业学习的因素、企业学习对企业创新成效和竞争优势的影响 ● 主要结论： （1）我国企业经营者越来越重视学习，大部分企业经营者认为其个人学习能力处于中上水平。 （2）与企业经营者个人学习能力相比，企业的组织学习能力相对较弱，尤其在获取知识和传递知识的能力方面有待进一步提高。 （3）总体上看，绝大多数企业经营者个人学习能力明显强于组织学习能力，企业经营者个人学习能力与组织学习能力之间存在一定程度的相互影响。个人学习能力和组织学习能力的提升都对企业创新成效和竞争优势有较大影响，其中组织学习能力的影响更大	3511
2006	● 重点：企业家对企业社会责任的认识与评价 ● 内容：企业经营者对企业社会责任的认识、对企业社会责任的国际标准和国际经验的熟悉程度、对企业社会责任履行情况的评价、促进企业更好地履行社会责任的主要措施 ● 主要结论： （1）企业经营者普遍认同"优秀企业家一定具有强烈的社会责任感"，企业在创造利润的同时也在为社会创造财富并促进国家发展。 （2）企业经营者认识到企业履行社会责任对企业的持续发展非常重要，认为近年来企业的社会责任意识在不断提高。 （3）企业经营者高度认同企业履行经济、法律、伦理、公益4个方面社会责任的重要意义。其中，企业家对经济责任认同度最高，其他依次为伦理责任、法律责任、公益责任。 （4）大多数企业经营者比较关注履行社会责任的成本；还有部分企业经营者认为，企业社会责任是企业发展到一定阶段才能顾及的事。不少企业经营者将提升企业品牌形象作为企业履行社会责任的主要动因。	4586

续表

调查年份	主　题	样本量/份
2006	（5）企业经营者对社会责任认识不够、对企业履行社会责任的理论和方法缺乏了解，企业经营困难，企业经营者素质不高、缺乏良好的社会诚信环境，以及社会相关部门责任履行不到位，被企业经营者认为是企业履行社会责任不够好的主要原因。 （6）企业经营者认为，履行好企业的社会责任，需要全社会的共同努力。一方面要提高整个企业对社会责任的认识和履行社会责任的自觉性，另一方面要强化社会各界的责任意识，建立健全相关法规制度，借鉴有关社会责任的国际经验和国际标准，总结中国企业履行社会责任方面的成功经验	4586
2007	● 重点：企业家面临的新使命、新素质要求及对社会的新期望 ● 内容：1993—2007年中国企业家群体15年来的构成变化、企业家面临的新使命、企业创新的新阶段、企业社会责任的新内涵、对企业家的新素质要求、企业家对企业环境的新期望 ● 主要结论： （1）1993年以来，企业家所在企业的总体构成发生了很大变化，企业家群体的构成也发生了显著变化，企业家社会角色的自我认同也发生了较大的变化，企业经营者为促进企业发展付出了很大代价。 （2）企业家群体逐步意识到时代赋予自身的新使命。一方面，企业家需要增强创新动力，带领企业跨入创新的新阶段，通过更高水平的创新来提高企业的核心竞争力，开辟企业持续健康发展的新道路，为建设创新型国家贡献力量；另一方面，企业家应该带领企业迈上履行社会责任的新台阶，通过全面履行企业社会责任，来树立中国企业和企业家的良好社会形象，推动中国现代商业文明的建设，促进社会的和谐发展。 （3）我国企业的创新大都处于初级阶段。与创新相关的制度和机制不健全、创新人才与创新资金的缺乏、创新动力不足等因素成为制约企业创新发展的瓶颈。	5576

续表

调查年份	主　　题	样本量/份
2007	（4）社会经济发展的新时期，对企业家领导企业创新提出了新的任务和新的素质要求：要设计创新的路线图、构建创新的价值链、强化创新的内在动力源，要求企业家应该具备更高的战略决策能力、资源整合能力和组织学习能力。 （5）大部分企业经营者认同企业的经济责任、法律责任、伦理责任和公益责任，但是，企业在履行社会责任方面的状况与经济社会发展的时代要求之间还有一定的距离。 （6）落实科学发展观、建设社会主义和谐社会的时代要求，对企业履行社会责任和企业家的素质都提出了新的要求：进一步的落实企业在诚信经营、保护环境、利益共享和社会公益等方面的责任，同时，对企业家在法治意识和品德修养、环保意识和经营理念、精神境界和团队领导力、社会参与和社会影响力等方面提出更高期望。 （7）企业家们期望加快服务型政府的建设，建立完善的法律法规和制度体系，营造良好的社会文化氛围。同时，也期望全社会尊重企业家的劳动，承认企业家的价值，有效保护企业家的合法权益，帮助企业家全面提升素质和能力，营造企业家健康成长的良好环境	5576
2007	● 重点：市场化改革与中国企业家成长 ● 内容：市场化改革与中国企业家成长相互影响的历程，过去30年市场化进程中企业家的成长和发展规律，企业家对未来市场化改革的期望与建议 ● 主要结论： （1）改革开放30年来，国有企业逐步实现了体制转型和相应的经营管理方式的变革，与此同时，非国有企业也在市场化进程中不断成长壮大。伴随着企业的转型和发展，企业家的构成也发生了很大变化，任职方式趋于市场化，国有企业与民营企业的企业经营者的管理行为逐渐趋同，企业家的社会地位和经济地位也不断提高。 （2）随着市场化改革的深入，企业的经营环境发生了很大变化，对企业家的综合素质提出了更高的要求，而企业家综合素质的提高也进一步促进了市场化改革的深入。	5576

续表

调查年份	主　题	样本量/份
2007	（3）产品及要素的市场化改变了企业经营的竞争环境，促进了企业家的学习、创新能力及以此为基础的综合竞争能力的提升；市场经济法律体系的逐步建立在完善企业经营法治环境的同时，提高了企业家的法治意识；社会诚信环境对企业的健康发展关系重大，企业家品格与外部环境共同影响企业诚信行为；经济全球化改变了企业经营的国际环境，对企业家拓展国际视野、提升国际化运作能力提出了更高要求。 （4）企业家认为，政府职能转变是市场化改革的关键，在减轻企业负担、减少行政干预和增加政策透明度等方面取得了一定成效。 （5）企业家认为，深化市场经济体制改革要求进一步加快政府职能转变的步伐，期望政府该管的管，该放的放，特别是在加强政府的社会管理和公共服务职能、打破行业垄断和地方保护等方面发挥重要作用，逐步实现建立"服务型政府"的目标	5576
2008	● 重点：企业家精神 ● 内容：企业经营者对企业家精神的认识和评价，企业家精神对企业发展的影响，影响企业家精神的主要因素 ● 主要结论： （1）企业经营者普遍认同创新是企业家精神的重要特征，同时也认为敬业、实现自我价值、乐于奉献是企业家精神的重要内涵。 （2）大多数企业经营者重视创新，善于把握市场机会，而对自己在冒险和挑战意识方面的评价相对较低。 （3）对企业家精神自我评价越高的企业经营者，对企业家这一职业角色的认同度越高，勇于承担风险和不断创新的意识越强，更乐于主动捕捉市场机会、拓展外部发展空间，对未来经济走势的判断更具前瞻性；同时，企业经营者对其所在企业的现状更为满意，企业的诚信度、综合绩效相对较好。 （4）外部环境对企业家精神有较大的影响，尤其是快速的技术变化和行业增长，对企业家精神影响更为显著，特别是对企业家创新意识和冒险意识的提高有较大的促进作用。此外，政府职能转变、知识产权保护和人力资源环境改善，对企业家精神的影响也较为显著。	5920

续表

调查年份	主　题	样本量/份
2008	（5）企业经营者们期望全社会共同努力，不断改善企业发展的市场环境、体制环境、政策环境、法律环境、文化和社会舆论环境，激发全社会创业、创新的活力和热情，为建设富强、民主、文明、和谐的社会主义现代化国家而努力	5920
2009	● 重点：企业战略 ● 内容：中国企业在企业战略方面的现状与问题，企业经营者的战略决策能力及对企业战略的认识、评价及建议，转型经济下中国企业战略的影响因素 ● 主要结论： （1）企业经营者普遍重视战略管理，对所承担的战略决策责任有一定的认识，同时企业经营者大都认为制定战略难，执行战略更难。 （2）中国企业战略决策责任的主体为董事长/总经理和董事会；相对来说，国有企业多为集体决策，民营企业多为个人决策；目前中国企业的战略决策模式多为"命令式"和"愿景式"，员工参与程度不太高。 （3）企业经营者认为，提升企业战略决策能力，关键在于优化高管团队构成、改善经营者战略思维、完善组织机构与管理体制，对国有企业来说，优化产权与公司治理也是改进企业战略决策的重要途径。 （4）在竞争战略方面，中国企业普遍采用了成本领先战略，以低成本、宽产品线、低价格为主要竞争手段。但低价格竞争并不一定能提升企业绩效。 （5）在总体发展战略上，中国企业呈现内资多元化、外资专业化的特征。主导业务型企业和相关多元化企业绩效相对较好。 （6）快速变化、充满不确定性的外部环境，使企业的战略制定和战略执行面临较大的挑战。为了应对这种挑战，大多数企业经营者强调创新，普遍重视前瞻性、主动性和快速行动，其中，外资企业表现出更强的创新导向。在技术创新方面，企业经营者普遍重视集成开发、二次开发与独特技术开发，低成本研发较为广泛；在制度创新方面，企业经营者重视产权优化，强调制度化和流程规范。技术创新和制度创新更能促进企业绩效的提升。	5016

续表

调查年份	主　题	样本量/份
2009	（7）目前企业战略有待于从三个方面不断完善和提升：第一，要从基于廉价生产要素的低成本战略向基于产品与技术创新的差异化战略转型；第二，中国企业的国际化，总体上仍处于以低成本生产要素为基础、出口为主要方式的初级阶段，并表现出人才短缺、产品不够高端、缺乏品牌与销售渠道等问题；第三，目前中国企业在战略决策模式上，偏重"命令式""愿景式"，战略规划的有效性及员工参与程度较低。 （8）企业经营者呼吁，在中国经济转型发展的关键时期，政府要进一步加快行政体制改革，全社会要大力弘扬企业家精神，企业自身应大力推进差异化战略发展，企业经营者要提高自身综合素养和自我认知能力，重视企业的团队建设，从"个人英雄"时代迈向"企业群英"时代	5016
2010	● 重点：资本市场与中国企业家成长 ● 内容：中国企业家参与资本市场的现状、存在的问题和未来战略，对发展中国资本市场的建议 ● 主要结论： （1）当前，中国企业家越来越重视资本市场，但是其参与资本市场的能力和水平仍处于初级阶段。银行贷款和民间借贷是目前企业获取资金的主要来源，只有少数企业能够通过参与股票市场、引入风险投资等直接融资方式获得资金。对于多数企业来说，银行贷款只能满足日常生产经营的需要，并不能满足外部扩张的需要。中小型企业和外资企业融资难问题仍然比较突出。 （2）企业家已经意识到借助资本市场可以帮助企业实现跨越式发展，但是，目前企业参与资本市场的动机大都只属于日常经营层面，还没有提升到战略层面。 （3）企业家认为参与资本市场面临多重困扰，主要体现在民间金融市场不完善、上市成本较高、上市后监管更严格、内部人控制风险较大等方面。 （4）产业资本向金融资本的渗透已初具规模，但产融结合的总体水平还不高；企业家进行产融结合的主要动机大多是获得更多信贷支持、增强财务灵活性。虽然企业家推动产融结合的意愿比较强烈，但近半数的企业家在政策允许时仍不打算进行产融结合，其首要原因是与企业的专业化战略不一致。	4256

续表

调查年份	主题	样本量/份
2010	(5) 对于企业未来3年计划实施的融资战略，调查发现，企业家对民间借贷的依赖程度呈下降趋势，参与资本市场的意识明显增强，中小型企业和外资企业上市融资的积极性提高较快。与此同时，部分企业家认为自己已经基本具备了参与资本市场的个人能力，企业在一定程度上也具备了参与资本市场的组织能力。 (6) 保持稳健的资本结构和财务政策、提升企业家资本运作能力、健全公司治理结构和内部控制，是企业家规避资本市场风险的主要措施。 (7) 企业家对中国资本市场的健康发展充满期待：一方面，企业家自身要把参与资本市场提高到企业发展的战略层面，重视学习，全面提升个人能力和素质，增强企业参与资本市场的组织能力；另一方面，企业家希望政府进一步加快构建有效的资本市场运行机制和健全的法律制度环境，为企业家与资本市场的深度结合、弘扬企业家精神创造良好的外部环境	4256
2011	● 重点：企业家对人性的看法及其管理实践 ● 内容：企业家的人性观及精神境界，企业家的领导风格及管理方式、人性观、精神境界、管理实践及企业绩效之间的相互影响关系 ● 主要结论： (1) 大多数企业家认同人性向善，并认为员工具有创造力和责任感；企业的持续发展和员工成长是大多数企业家的主要追求，企业家对个人精神境界的评价积极。 (2) 越认同人性向善、精神境界自我评价越高的企业家，其信心和发展动力越强，幸福感越高，同时企业的综合绩效也较好。 (3) 高授权高监控、高激励高期望是企业家最主要的领导风格，并且企业家强调监控多于授权，强调期望多于激励。企业家越认同人性向善、对精神境界自我评价越高，越倾向于高授权高监控和高激励高期望；同时，高授权高监控和高激励高期望企业的综合绩效也更好。 (4) 企业家对人性的看法、精神境界，与其领导风格及企业综合绩效之间有着密切的联系，同时，企业家的成长环境和企业发展环境，在很大程度上影响了企业家对人性的看法和精神境界	4225

续表

调查年份	主　题	样本量/份
2012	● 重点：经济转型与创新 ● 内容：中国企业在应对经济转型方面的现状与问题，企业家对于经济转型及其相关问题的认识与感受，推动经济转型的有效途径 ● 主要结论： （1）大部分企业家对我国经济转型的重要性和迫切性有着较高的认同。从经济发展的角度来看，企业家大都认识到，过去30年对中国经济发展起到重要支撑作用的因素已经发生变化，经济发展方式亟须由主要依靠物质资源投入转变为以创新驱动为主；从企业发展的角度来看，企业家认为成本上升、企业利润过低、产能过剩、缺乏人才、需求不足和缺乏创新能力等已成为当前企业经营发展中面临的最主要困难，转型和创新是解决这些困难和问题的重要途径。 （2）企业家在认识到经济转型的重要性和迫切性的同时，也清醒地意识到经济转型的艰巨性：首先，经济转型面临部分地方政府急功近利、政策支持不到位、经济管理体制不合理、企业创新动力不足和思想观念制约等困难；其次，经济转型会让企业付出多方面的代价，主要包括经营成本上升、风险增加、短期利益受损、管理难度增大、企业家承受更大压力等；再次，面对经济转型，企业自身也面临人才缺乏、风险较大、创新渠道不畅等挑战。 （3）大多数企业家意识到企业成功转型的关键是增强人力资本、提升创新和应变能力。企业的着力点要放在提高技术研发能力、全球化竞争力及对网络经济环境下新商业模式的适应能力等方面；同时，面对经济转型，企业家亟须提升自身的变革领导力，其中团队影响力、战略领导力、精神感召力、创新管理力和资源整合力的提升尤为重要。 （4）政府主导的制度改革和体制创新，是经济转型成功最重要的基本条件。企业家期望政府不断改革完善财税体制，加快垄断行业的改革，深化收入分配制度改革，完善资源价格形成机制，推进市场化改革的不断深入；	4015

续表

调查年份	主题	样本量/份
2012	完善法制化建设,健全法律法规和制度体系,鼓励和保护企业家精神,构建有利于经济发展方式转变的微观基础。同时,作为市场化改革和法制化建设的配套措施,企业家也期待政府能够积极稳妥地推进政治体制改革,加快行政管理体制改革。此外,企业家还期望政府有效治理一些行业中长期存在的恶性竞争和不诚信行为,建设良好的市场秩序和商业文明,营造让企业家"安心经营、放心发展、用心创新"的外部环境,为企业转型创造更加良好的社会生态系统	4015
2013	● 重点:企业家成长 ● 内容:企业家职业化、学习能力与变革领导力的培养,企业家责任与担当意识,企业家精神与组织文化建设成就 ● 主要结论: (1)中国企业家队伍的成长轨迹有3条清晰的主线,一是能力素质的提升,二是责任担当的扩展,三是企业家精神的弘扬与企业文化的孕育。 (2)企业家在能力提升方面,不断适应经济发展和企业成长的需要,迈出三大步。第一步是适应建立现代企业制度的需要,自觉学习现代管理知识,提升专业能力;第二步是适应知识经济时代、建立学习型组织的需要,关注个人和组织的学习能力与创新能力的提高;第三步是适应经济转型和企业转型的需要,逐步提升变革领导力。但同时一些企业领导人在能力结构及自我认识和提升上差距较大,具体表现为3个方面的不平衡:内部协调能力强而外部开拓能力相对较弱,个人学习能力强而组织学习能力相对较弱,日常管理能力强而变革领导能力相对较弱。 (3)企业家在责任担当方面,越来越多地体现出责任意识,对企业应履行的社会责任有了进一步的认识并付诸实践。企业家大都认同对企业各种利益相关者的责任。不少企业家能够超越个人和企业的本位责任,克服各种因素的影响,在带领企业持续发展、关心员工利益、提升企业信用、参与社会公益、助推经济转型与社会发展等方面都表现出积极的态度和行为。但由于市场秩序、管理体制、社会环境等方面的因素及个人价值取向等原因,一些企业领导人的认识及企业文化导向在履行社会责任方面还存在着一定差异。	3545

续表

调查年份	主　题	样本量/份
2013	（4）其精神文化方面，企业家作为企业文化的塑造者、企业发展的引领者、社会资源的组织者，承受着来自各个方面的较大压力。企业家大多具有较强的创新意识和企业家精神，对人性、对员工有积极正面的看法，重视企业的持续发展、员工成长和自身精神境界的提升，同时，比较重视企业文化建设，关注整个社会的商业文明进程	3545
2014	● 重点：经济发展"新常态"与企业创新 ● 内容：中国企业的创新要素投入、创新产出、创新路径选择、创新能力，企业家创新特质与意愿、企业创新环境等创新发展现状与问题应对 ● 主要结论： （1）近年来我国企业在创新方面的进步较为明显，企业家大都具有较强的创新意识，企业创新能力明显提高，创新投入持续增加，大学生员工比重持续提高；企业家越来越重视企业的研发能力，自主研发逐渐成为企业开发新产品的最主要方式；企业创新实践有效地促进了企业绩效的提升，企业家创新意愿强和创新投入多的企业，在经营绩效、盈利水平等方面有更好的表现。 （2）企业在创新方面也面临一些问题，主要包括：创新人才短缺、创新资金来源单一、创新绩效不佳、创新环境不完善、企业家创新动力不足等。创新人才短缺始终被企业家认为是阻碍企业创新的最主要因素；企业创新资金来源仍以自有资金为主，通过资本市场获得创新资金的渠道仍不畅通；作为衡量企业创新产出的重要指标之一，新产品销售占销售总额比重的增速有所减缓，表明当前企业创新成效有待进一步提高；从创新环境看，企业家认为，缺乏鼓励创新的社会环境、创新风险与收益不对称、知识产权保障不力等是阻碍创新的主要因素；企业家未来创新意愿不足，对未来增加创新投入较前几年更为谨慎。 （3）企业创新存在4个特征：行业存在研发投入增长快而创新人才缺乏的现象，其中制造业尤为明显；企业研发投入占比存在显著的分化态势，不同地区、规模、性质的企业间差距进一步拉大；大多数企业的创新模式以渐进式创新为主、突破性创新偏少，企业从注重营销创新转向以技术创新为主；绩效越好、竞争力越强的企业创新意愿越强，而创新意愿越强的企业，创新产出越好。	2446

续表

调查年份	主题	样本量/份
2014	（4）企业家在逐渐意识到创新的重要性的同时，也迫切期待政府进一步创造良好的创新环境。积极推动以简政放权为核心的政府管理体制改革、当地政府支持创新的具体政策的措施，以及提振企业家对宏观环境的信心，可以有效提升企业创新投入和未来创新意愿	2446
2015	● 重点：企业创新活跃期表现 ● 内容：创新要素的投入及规模、创新效果及效益、企业创新战略选择、企业创新能力、企业家创新精神及意愿，企业创新环境，并构建"中国企业创新动向指数" ● 主要结论： （1）当前企业已进入创新活跃期，主要表现在：一是企业创新潜力强劲，企业家精神成为提升创新潜力的最重要动力，尤其表现在重研发、担风险、抓机会等方面；二是企业家创新投入意愿强烈，尤其是创业成长期的企业、技术密集型行业的企业比较突出；三是创新市场环境、文化环境较好，企业注重中长期发展规划和多元化创新信息渠道等。 （2）企业创新尚存在诸多问题、困难乃至挑战，包括：人才环境是当前企业创新最大的瓶颈；中西部地区创新文化亟待培育；企业创新的实际投入与创新成效的持续性有待加强；知识产权保护及创新支持政策力度应给予更多关注；企业创新战略比较单一，过于依赖内部研发，以合作研发为特征的开放式创新亟待加强；等等。 （3）进入创新活跃期的中国企业创新效果初步显现，创新在提升产品质量、改善环境、开拓新市场等方面作用明显，但是距国家创新战略提出的要求依然存在不小差距。一方面，企业家应努力提高自身创新思维与方法水平，打造具备较高创新管理能力的专业化高层管理团队，努力激发一线员工等内部要素的持续创新动力，同时充分利用市场化创新机制，增强合作研发等开放式创新战略，更好地通过多层创新推动企业转型升级；另一方面，要坚决贯彻落实"十三五"的创新理念，抓紧培育创新人才，尤其是培养和发展引领企业持续创新的企业家人才，同时大力培育鼓励创新、容忍失败的制度环境、文化环境和金融环境等促进创新迸发的宽松的外部环境，加快创新驱动力的形成	2526

续表

调查年份	主题	样本量/份
2016	● 重点：新旧增长动能转换与创新环境、战略和未来 ● 内容：企业在持续创新活跃期的创新要素的投入及规模、创新效果及效益、企业创新战略选择、企业创新能力、企业家创新精神及意愿，以及企业创新环境 ● 主要结论： （1）当前中国企业创新动向指数呈上升态势，企业已持续进入创新活跃期，主要表现在：企业家创新投入意愿持续增强，企业创新在提高产出质量等方面取得了较为明显的成效，拥有专利的企业比重明显上升，新产品销售比重也有所回升。调查结果显示，消费结构升级与技术变革成为推动企业创新的"双引擎"，激烈的市场竞争成为推动企业创新的主要动力，企业同业合作创新形成明显趋势，开发新产品成为主要创新途径，外资企业表现相对突出。 （2）当前企业创新动向指数呈上升态势，企业已持续进入创新活跃期，主要表现在：企业家创新投入意愿持续增强，企业创新在提高产出质量等方面取得了较为明显的成效，拥有专利的企业比重明显上升，新产品销售比重也有所回升。调查结果显示，消费结构升级与技术变革成为推动企业创新的"双引擎"，激烈的市场竞争成为推动企业创新的主要动力；企业同业合作创新形成明显趋势，开发新产品成为主要创新途径，民营企业表现相对突出。 （3）企业创新动向指数的增幅仍较小，外部环境亟须进一步改善，企业创新战略水平仍处于相对较低水平，创新投入带来的创新效果仍有待提高。一方面，企业家应合理控制企业创新所面临的风险，努力激发一线员工创新动力，充分挖掘资源与机制潜力，增强合作研发等开放式创新战略，积极转变以成本领先为主的创新方式，强有力地推进差异化创新战略，同时利用与同业企业、客户合作研发等市场化创新机制，更好地通过综合创新推动企业转型升级；另一方面，企业家期待政府深入落实"十三五"规划的创新理念，改变市场短期行为导向，加强知识产权保护，降低企业创新风险，抓紧培育	1960

续表

调查年份	主　题	样本量/份
2016	创新人才，尤其是培养和发展引领企业持续创新的企业家人才，在全社会大力弘扬以创新为核心的企业家精神，大力培育鼓励创新、容忍失败的文化环境，加大知识产权保护力度的制度环境，提高风险承受力的金融环境，促进企业安心经营、放心发展、用心创新，推动中国经济转型升级	1960
2017	● 重点：宏观形势与企业经营状况 ● 内容：对外部经济形势的判断及未来预期，当前企业发展面临的困难及潜在风险，增长动力转换中的政策调整与市场机制改革成效 ● 主要结论： (1) 多数企业家认为当前宏观经济环境处于历史上并不多见的既不冷又不热的正常状态。企业产销逐渐回暖，库存水平趋于正常，企业盈利改善，企业景气明显回升。从对未来的预期看，企业家认为未来市场需求稳中有升，价格保持上涨态势，用工需求温和上升，尤其是对大学生的用工需求上升明显，投资信心有所增强，企业经营前景整体较为乐观。 (2) 产业、区域、规模等结构分化十分显著，新旧发展动力正在转化，质量效率有所提高。IT、医药等为代表的新产业景气持续大幅上升，正逐步替代资源密集型产业成为经济增长的主要引擎；企业创新动力有所增强，创新投入持续增加，新产品销售收入占比持续增加。 (3) 企业经营仍然存在挑战。一是部分行业产能过剩现象依然十分严重，设备利用率低，市场竞争压力仍然较大；二是企业成本问题依然十分突出，长期以来形成的人工成本上升和社保税费负担过重的压力尚未缓解，此外原材料成本、环保支出的增加也较多；三是中小型企业融资难、融资贵问题依然突出，融资成本居高不下；四是房价上涨预期依然较强，二三线城市尤其明显，潜在金融风险不断累积，造成经济波动的可能性加大；五是各地的政府和资本合作项目推进过程中普遍存在民间资本参与热情低、潜在风险积聚等问题。	1495

续表

调查年份	主　题	样本量/份
2017	（4）近年来"放管服"改革取得成效，企业经营的市场环境不断优化，要珍惜当前宏观、微观经济环境改善的良好局面，进一步加大供给侧结构性改革力度，坚决防范潜在的经济风险，更加注重简政放权相关措施的实际成效，通过进一步减税等举措实实在在降低企业成本，积极稳妥有效地推进产业政策，更深程度地调整经济结构，促进经济发展方式的根本转变	1495
2018	● 重点：企业家精神 ● 内容：高质量转型时期，企业家精神的代际升级、影响企业家精神提升的主要因素和有效促进企业家精神的主要措施 ● 主要结论： （1）改革开放以来，我国企业家队伍完成了孕育、发展、壮大并走向成熟的成长过程，为中国经济发展和社会进步做出了巨大贡献。 （2）企业家精神实现了从敢于冒险到重视创新和精益求精的蜕变，并体现出一些新的特征：更加重视诚信、尊重他人；更有责任意识，更愿意回馈社会；更加重视创新，更追求可持续发展模式；敬业精神更加显著，热爱事业并坚韧执着；更加善于思考、终身学习，不断提升自身素质和能力。 （3）当前企业家精神的培育和发展受到诸多新因素的影响。从营商环境来看，法治环境对企业家精神的影响更加重要，而政策环境的重要性有所下降；从社会文化环境来看，显性规范对企业家精神的影响更加重要，而隐性规则的重要性明显下降；从企业层面来看，保持动力、提升能力、营造良好的企业创新氛围有利于提升企业家精神；从企业家个人层面来看，务实进取、自强自律等积极价值导向的企业经营者更具企业家精神。 （4）企业家期望的关于促进企业家精神提升的主要举措包括：政府层面，加大改革开放力度，保持政策连续性和稳定性，营造更好的营商环境，尤其是包括产权保护在内的法治环境和社会诚信环境；社会层面，鼓励突破区域隐性规则的束缚，共同打造商业生态圈，努力创建现代商业文明；企业层面，冷静应对当前经营困难，稳定企业发展预期，提振企业家信心；企业家个人层面，加强韧性，平衡工作-生活关系，通过坚守诚信底线，动态适应、把握和引领新环境	1562

续表

调查年份	主　题	样本量/份
2019	● 重点：企业传承与创新 ● 内容：了解企业家对转型时期企业传承和创新的认识和评价，研究企业传承和创新的内涵及其影响，探索企业传承和创新的挑战与解决之道。 ● 主要结论： （1）我国经济迈入创新转型的关键时期，企业传承与创新已然成为未来经济持续、健康、稳定发展的核心保障。企业家大都重视企业传承，逾70%企业传承正在进行或已经完成。企业家最想传承的是诚信、敬业、创新等企业家精神和企业文化；民营企业、成长期企业、中西部地区企业等企业传承面临较大挑战。 （2）企业传承受到诸多因素的影响。从外部环境来看，企业传承的市场环境亟须改善，政策环境对成长期企业的企业传承更为有利，而文化环境对于成熟期企业的企业传承较为不利，经过改革开放40年，我国企业大多进入成熟期，表明文化环境亟须改善以促进经济进一步转型升级；从企业内部环境来看，文化价值观、治理结构及传承机制是影响企业传承的主要因素，女性企业家、年轻企业家及高学历企业家更认同引入外部市场竞争机制以促进企业传承。 （3）企业发展过程中是否经历过重大危机，对企业传承意识、经验与现实安排等方面影响较大。企业的早期重大危机经历，显著正向影响企业传承进度。调查分析还发现，企业盈利水平越高、越坚持长期战略导向与高管团队创新管理越好的企业，其传承进度越好，企业领导人的信心与积极乐观精神越高，越有利于促进企业传承。 （4）企业家期望：政府层面，进一步改善企业营商环境，努力提高政府效率，减少不必要的干预，加强产权保护；产业层面，贯彻创新驱动发展战略，积极促进经济转型，加速企业传承；企业层面，保持企业创新的连续性，努力采取自主创新战略，坚持在创新中传承；企业家个人层面，优选接班人传承方式，积极加强与高管团队的沟通，尤其是通过增加非正式活动加强沟通，培养企业传承班子力量，为企业持续健康发展和中国经济转型升级做出更大的贡献	1124

续表

调查年份	主 题	样本量/份
2020	● 重点：企业韧性与企业家精神 ● 内容：新冠病毒疫情下企业的外部环境与经营发展挑战、企业韧性的影响因素、企业韧性对创新的影响 ● 主要结论： （1）新冠病毒疫情造成的重大危机，进一步要求企业在保持韧性的同时持续创新，已然成为未来经济持续、健康、稳定发展的核心保障。新冠病毒疫情尤其对中小型企业和外资企业造成了明显冲击，企业盈利呈现明显下滑趋势。企业面临的外部环境出现新的挑战，未来发展不确定性增强，资源、环境约束不断加大，人才缺乏问题依然未能得到改善。同时，我国实施降本增效改革措施成效显著，企业的社保税费负担重与人工成本高等困难明显得到改善。 （2）维持凝聚力、从挫折中复原甚至逆势成长的组织韧性尤为重要。调查表明，企业组织韧性中的危机感知能力较强、危机适应能力相对较低，这主要受到企业"能人"与外部危机应对专业人士等第三方服务机构发展程度的影响。 （3）企业组织韧性发展受到诸多因素的影响：从行业环境来看，技术竞争强度与市场竞争的过程显著提升组织韧性，而市场竞争的失败预期显著降低组织韧性；从企业层面来看，企业文化塑造组织韧性，民营经济的企业文化既重视集体主义又鼓励个人主义；从企业家个人层面来看，务实进取型的企业家增强组织韧性，而负面情绪较高、职业倦怠的企业家则削弱组织韧性，并且小型企业、科技型企业受企业家个人影响尤为明显。 （4）组织韧性与企业创新具有显著的相关关系。组织韧性高的企业更倾向于选择突破式创新模式，更具有创新性、主动性和风险承担性，更有可能实施探索与利用并举的双元创新战略。组织韧性显著提升企业创新绩效，尤其是显著提高了产品或服务质量，提升了对健康和安全的影响，扩大了产品或服务的类别，增强了企业在业务流程上的灵活性，而在降低单位产出的劳动力成本、减少单位产出材料和能源的消耗方面作用较弱。	1243

续表

调查年份	主　题	样本量/份
2020	（5）企业家期望有关措施帮助培养组织韧性：政府层面应健全国家应急管理体系、深化改革开放、完善社会保障体系，为企业发展创造更好环境；企业自身应对危机需要未雨绸缪，灵活调动资源，创新应对危机的方式和方法，坚持长期导向，制定并充分发挥应对危机/紧急事件计划的作用，多措并举应对资金链危机，转危为机，增强企业文化氛围；从企业长期发展来看，加强学习修炼"内功"，健全治理结构，加快数字化转型，提升管理水平，创新核心商业模式，增强研发创新能力，培育和发展融合线上线下新渠道的市场营销能力，创新商业模式，全面提升核心竞争力，为推动更高水平的开放型经济新体制的形成、增强社会文明程度、推进民生福祉新高度而努力	1243
2021	● 重点：数字化转型 ● 内容：企业家对数字化转型的认知、动机与目标；企业数字化转型的组织保障与战略投入；数字化能力建设及其对绩效的影响；转型过程中的问题及对策建议 ● 主要结论： （1）企业家对数字经济认识深刻、对数字化转型的战略选择理性务实。企业家推动数字化转型的主要内部动力是寻求未来的发展机会和空间，主要外部动力来自客户行为的变化和政府政策的引导。企业家启动数字化转型的首要目标是降本增效。 （2）企业家对环境、现状和未来看法越积极、越有信心，对数字经济政策关注度越高，对数字化战略和数字化转型重视度越高，对数字化投入也就越多。在数字化能力建设、数据资产管理方面做得也越好，对财务绩效和非财务绩效的影响也更正向。领先者在数字化转型中扮演领头羊和探路者的角色，它们对数字化战略高度重视，对数字化转型投入更大、行动更快、规划更长远，数字化能力建设成熟度也更高。快速追随者紧跟步伐，模仿领先者相关做法，以期快速复制成功。谨慎采纳者和观望者在数字化转型中面临的困难更多，参与度较低，怀疑者对数字化转型仍有疑虑，参与度较低或不参与。	1247

续表

调查年份	主　　题	样本量/份
2021	（3）在组织保障方面，多数企业将数字化转型作为"一把手工程"，数字化战略地位越高，"一把手"主抓的比例越高，其中数字化转型主要负责人的关键能力是整体规划和决策。在组织体系上，多数企业未设立专门的负责数字化转型部门，大多数工作交给IT部门等中层职能部门负责，这在组织保障上弱化了数字化的整体性和协同性要求。 （4）在数字化转型投入方面，中小型企业投入普遍不足。多数企业的技术投入集中在管理信息系统，信息化任务尚未完成，处于数字化发展的初级阶段，整体数字化能力建设仍偏弱。 （5）企业推动数字化转型的主要困难是数字化人才和转型方法论的缺失，小型企业、民营企业数字化转型的困难更加突出。数字化转型是一项专业性较强的工作，涉及战略、技术、业务、项目管理等多个专业，政府、高校、企业和社会组织应就人才培养模式进行统筹规划，推进协同创新。在当前复杂多变的国际局势和经济形势下，建议企业家要有坚定的信念，加强对数字化转型的长期投入，加速战略领导者、数字化落地推动者等重点人才的选用育留，打造"人才雁阵"。政府、高校、科研机构等应创新开发数字化人才联合培训机制，提供更多的案例研究和公共知识产品。同时，政府在制定数字化转型政策时应更多考虑中小型企业，激励大型企业分享平台能力资源，避免在不同规模企业中出现"数字鸿沟"	1247

附录三
企业外部营商环境分省（自治区、直辖市）比较

附表3-1 企业外部营商环境分省（自治区、直辖市）比较

省（自治区、直辖市）	评价值（5分制）						
	2021年	2019年	2018年	2012年	2010年	2008年	2006年
总体（综合评价）	3.41	3.36	3.25	3.04	3.01	3.05	2.84
北京	3.30	3.23	2.92	⑥3.09	④3.13	③3.16	⑤2.91
天津	①3.86	①3.58	⑨3.27	⑤3.42	⑤3.11	⑤3.12	⑥2.90
河北	3.34	3.25	3.02	2.90	2.89	⑨3.02	2.76
山西	3.30	2.98	②3.49	2.85	2.88	2.89	2.70
内蒙古	3.28	②3.53	3.25	2.94	2.76	2.88	2.63
辽宁	②3.57	②3.53	④3.39	2.99	⑩3.00	⑨3.02	⑧2.88
吉林	3.26	⑤3.50	⑦3.34	⑦3.07	2.88	2.92	2.62
黑龙江	3.11	⑩3.38	3.26	⑦3.07	2.94	⑨3.02	2.60
上海	⑩3.37	⑥3.48	①3.65	②3.21	①3.22	①3.29	②3.03
江苏	③3.55	⑧3.44	⑨3.27	④3.11	④3.15	④3.15	④2.97
浙江	⑧3.42	④3.52	④3.39	③3.14	③3.14	②3.18	①3.07
安徽	⑦3.50	3.21	3.12	2.99	⑥3.08	⑦3.04	⑩2.85
福建	③3.55	3.20	⑥3.38	3.00	⑨3.01	⑥3.05	⑥2.90
江西	③3.55	3.14	3.23	2.89	2.95	2.95	2.62
山东	⑥3.52	⑨3.38	3.25	⑩3.04	2.98	⑨3.02	⑨2.87
河南	2.95	3.30	⑧3.28	⑩3.04	⑥3.08	3.00	2.79
湖北	3.06	3.29	2.94	2.98	2.96	2.96	2.69
湖南	3.07	3.20	3.13	2.93	2.91	2.88	2.65
广东	⑨3.42	3.28	3.22	3.03	2.98	⑧3.03	④2.92
广西	3.15	3.34	3.19	⑦3.07	2.81	2.96	2.69
海南	3.34		3.64	2.86	2.77	2.65	2.72

续表

省（自治区、直辖市）	评价值（5分制）						
	2021年	2019年	2018年	2012年	2010年	2008年	2006年
重庆	3.04	3.28	2.98	④3.11	⑧3.02	2.95	2.67
四川	3.34	3.18	3.19	2.97	2.99	2.98	2.77
贵州	2.39	3.21	③3.48	2.92	2.75	2.91	2.59
云南	3.36	3.34	3.03	2.85	2.91	2.92	2.71
西藏				2.46		2.96	2.77
陕西	3.30	3.31	3.04	2.95	2.80	2.91	2.60
甘肃	3.21	3.02	3.19	2.77	2.88	2.82	2.41
宁夏	3.45	3.49	3.15	2.91	2.71	3.04	2.57
青海	3.69	3.91	2.31	1.97	2.74	2.92	2.73
新疆	2.73	⑥3.48	2.85	2.81	2.58	2.79	2.63

注：因海南、西藏、宁夏、青海等省（自治区）参与调查的企业数量过少，故未将其列入排序范围。

附录四
企业家人生观、价值观和心理担忧的调查

附表4-1 对有关说法的认同程度（2022年，评价值）

项目	总体	性别		年龄				学历			
		男	女	44岁及以下	45～49岁	50～54岁	55岁及以上	高中及以下	大专	大学本科	硕士及以上
企业家的人生观	5.03	5.01	5.32	5.02	5.10	5.05	4.99	4.88	5.05	5.00	5.14
我所经历的人生是有意义的	5.08	5.06	5.30	5.03	5.14	5.14	5.07	4.97	5.11	5.04	5.20
我有一种使命感	5.04	5.02	5.27	5.00	5.09	5.07	5.05	4.95	5.04	5.01	5.19
我很高兴我成为现在的自己	4.87	4.84	5.20	4.82	4.86	4.93	4.90	4.82	4.93	4.80	4.97
所有的生命都值得尊重	5.33	5.31	5.59	5.26	5.47	5.39	5.30	5.17	5.35	5.33	5.40
我可以从他人那里获得真情	4.61	4.58	4.95	4.74	4.66	4.54	4.43	4.42	4.58	4.59	4.80
我尊重人与人之间的不同	5.10	5.08	5.42	5.10	5.18	5.16	5.02	4.90	5.13	5.10	5.18
我追求自己的内心精神世界	4.95	4.92	5.28	4.96	4.99	4.96	4.89	4.74	4.96	4.92	5.09
精神世界赋予我内在的力量	4.97	4.94	5.32	5.00	5.01	4.94	4.94	4.84	4.98	4.95	5.10
生命中有很多值得我感激的事情	5.16	5.14	5.43	5.13	5.27	5.17	5.12	5.02	5.19	5.13	5.25

续表

项　目	总体	性别		年龄				学历			
		男	女	44岁及以下	45～49岁	50～54岁	55岁及以上	高中及以下	大专	大学本科	硕士及以上
我对人生旅途中的很多人都充满感激	5.19	5.17	5.42	5.16	5.32	5.20	5.14	5.02	5.23	5.17	5.26
企业家的价值观	4.22	4.22	4.25	4.38	4.27	4.22	3.98	4.19	4.22	4.26	4.13
金钱使人们的生活变得更幸福	4.36	4.33	4.78	4.56	4.40	4.40	4.06	4.19	4.27	4.47	4.33
做人就是要出人头地	4.06	4.07	3.93	4.39	4.15	4.04	3.57	3.90	4.05	4.14	3.90
只有工作和事业取得成绩，人活着才有意义	4.46	4.49	4.14	4.44	4.46	4.43	4.52	4.52	4.52	4.43	4.44
企业家的价值得到了全社会的承认	4.00	3.98	4.17	4.13	4.06	4.01	3.76	4.16	4.04	3.99	3.84
企业家的心理担忧	4.40	4.42	4.24	4.41	4.45	4.35	4.40	4.32	4.42	4.38	4.48
不少人对企业家存在误解	4.51	4.53	4.28	4.46	4.56	4.48	4.56	4.49	4.54	4.47	4.57
不少人对企业家有一种仇富心理	4.30	4.30	4.20	4.36	4.34	4.22	4.24	4.16	4.31	4.28	4.39

附表4-2 对有关说法的认同程度（2022年，评价值）

项目	总体	地区			规模	
		东部地区	中部地区	西部地区	大型企业	中小型企业
企业家的人生观	5.03	5.01	5.16	5.02	5.09	5.03
我所经历的人生是有意义的	5.08	5.07	5.24	5.04	5.21	5.07
我有一种使命感	5.04	5.03	5.22	5.00	5.14	5.04
我很高兴我成为现在的自己	4.87	4.87	4.99	4.80	4.90	4.87
所有的生命都值得尊重	5.33	5.32	5.35	5.36	5.34	5.33
我可以从他人那里获得真情	4.61	4.59	4.71	4.60	4.61	4.61
我尊重人与人之间的不同	5.10	5.09	5.15	5.14	5.13	5.10
我追求自己的内心精神世界	4.95	4.93	5.12	4.91	5.02	4.94
精神世界赋予我内在的力量	4.97	4.96	5.19	4.91	5.03	4.97
生命中有很多值得我感激的事情	5.16	5.13	5.30	5.18	5.22	5.15
我对人生旅途中的很多人都充满感激	5.19	5.16	5.34	5.22	5.30	5.18
企业家的价值观	4.22	4.22	4.29	4.20	4.16	4.22
金钱使人们的生活变得更幸福	4.36	4.38	4.41	4.29	4.15	4.38
做人就是要出人头地	4.06	4.07	4.01	4.04	3.91	4.07
只有工作和事业取得成绩，人活着才有意义	4.46	4.44	4.53	4.49	4.56	4.46
企业家的价值得到了全社会的承认	4.00	3.97	4.22	3.96	4.04	3.99
企业家的心理担忧	4.40	4.37	4.59	4.41	4.36	4.41
不少人对企业家存在误解	4.51	4.49	4.68	4.50	4.49	4.51
不少人对企业家有一种仇富心理	4.30	4.26	4.51	4.31	4.23	4.30

附表4-3 对有关说法的认同程度（2022年，评价值）

项　目	总体	企业性质			生产状况			
		国有企业	民营企业	外资企业	超负荷生产	正常运作	半停产	停产
企业家的人生观	5.03	4.87	5.05	4.85	4.95	5.08	4.91	5.03
我所经历的人生是有意义的	5.08	4.90	5.10	4.81	5.00	5.13	4.97	5.04
我有一种使命感	5.04	4.81	5.06	4.83	5.15	5.08	4.95	5.13
我很高兴我成为现在的自己	4.87	4.71	4.88	4.79	5.06	4.95	4.68	4.92
所有的生命都值得尊重	5.33	5.09	5.37	5.31	5.00	5.37	5.27	5.33
我可以从他人那里获得真情	4.61	4.57	4.61	4.42	4.58	4.69	4.41	4.63
我尊重人与人之间的不同	5.10	4.95	5.13	5.06	5.06	5.15	5.00	5.21
我追求自己的内心精神世界	4.95	4.83	4.98	4.65	4.85	4.99	4.85	4.88
精神世界赋予我内在的力量	4.97	4.83	5.00	4.63	4.82	5.03	4.86	4.88
生命中有很多值得我感激的事情	5.16	4.99	5.19	4.94	5.00	5.21	5.04	5.17
我对人生旅途中的很多人都充满感激	5.19	5.01	5.22	5.04	5.00	5.24	5.09	5.17
企业家的价值观	4.22	4.04	4.24	3.93	4.26	4.24	4.19	4.00
金钱使人们的生活变得更幸福	4.36	4.15	4.38	4.13	4.24	4.40	4.32	4.29
做人就是要出人头地	4.06	3.83	4.09	3.75	3.88	4.06	4.10	3.67
只有工作和事业取得成绩，人活着才有意义	4.46	4.24	4.50	4.15	4.88	4.45	4.48	4.33
企业家的价值得到了全社会的承认	4.00	3.94	4.00	3.70	4.03	4.06	3.87	3.71
企业家的心理担忧	4.40	4.19	4.44	4.07	4.26	4.36	4.49	4.77
不少人对企业家存在误解	4.51	4.29	4.54	4.13	4.55	4.46	4.59	5.00
不少人对企业家有一种仇富心理	4.30	4.10	4.34	4.02	3.97	4.26	4.40	4.54